5분 인생특강

5분
인생특강

에릭 카플란 저자 | 이지민 번역

파주Books

목
차

오늘 걷지 않으면
내일은 뛰어야 한다

성공은 우리의 태도에 달려있고 태도는 시간이 흐르면서 변할 수 있다. 우리 모두는 똑같이 약 70만 시간을 갖고 태어났다. 삶과 죽음의 가장 큰 차이는 삶은 우리에게 선택을 주지만 죽음은 수수께끼를 안겨줄 뿐이라는 사실이다. 우리는 이 70만 시간을 어떻게 살아야 할지 선택할 수 있으며 삶이라는 여행을 어떻게 보내야 할지 결정할 수 있다. 많은 사람들이 혼란스러운 삶을 산다. 모두가 성공하기를 원하지만 어떠한 방향으로 가야할지를 모르기 때문이다.

《5분 인생특강》은 우리가 보통 취하는 5분의 휴식시간을 동기를 부여하는 시간으로 바꿈으로써 엔돌핀을 계속 활성화시키는 것을 목표로 한다. 단 5분만 투자해 이 책의 아무 장이나 읽어보라. 그것만으로도 우리의 생활 방식이 바뀔 것이고 꿈이 현실이 될 것이며 이를 본 다른 사람들 또한 자신의 꿈을 이룰 수 있게 될 것이다. 이 책은 성공의 열쇠를 가르쳐줄 여러가지 기술들을 알려줄 것이다. 그리고 우리가 스스로 마음속에 내재된 능력을 발휘해 성공으로 향하는데 도움을 줄, 입증된 원칙들을 제시할 것이다.

이 책에는 개인들의 경험에서 비롯된 성공 비법이 담겨있다. 각 성공비법은 아이디어, 기법, 동기를 부여하는 이야기들로 구성되어 있다. 하루에 5분만 투자해 각 내용을 읽어보고 원할 경우 언제든지 그 부분을 다시 읽어보라. 물론 성공, 건강, 행복에 관한 원칙을 제공하는 책들은 이미 널려 있다. 하지만 이 책은 그런 책들과는 다르다. 특히 이 책에서는 그런 책들이 제안하는 원칙들을 다듬어 독자들이 이를 보다 쉽게 자신의 삶에 적용할 수 있도록 했다. 또한 독자들이 흥미를 잃지 않으면서도 인생이라는 게임에서 승승장구하도록 도움이 되는 전략을 제공한다.

삶은 숫자로 이루어져 있다. 1분은 60초로, 1시간은 60분으로, 하루는 24시간으로, 1주일은 7일로, 한 달은 4~5주로, 1년은 12개월로, 삶은 몇 년으로 이루어져 있는 것이다. 그리고 인간의 신체를 구성하는 세포는 약 1조 개 정도 된다. 이 세포들은 하루에 24시간을, 1주일에 7일을, 1년에 365일을 일하며 결코 쉬는 법이 없다. 심장은 1분에 평균 72번 뛰는데, 하루에 10만 번, 1주일에

70만 번, 한 달에는 300만 번, 1년에는 3400만 번 뛴다. 결코 멈추는 법이 없는 것이다. 이것만 봐도 우리의 삶이 얼마나 시간에 좌우되는지를 알 수 있다. 그러므로 우리는 삶이 우리에게 주는 모든 것을 경험하기 위해 이 시간을 효율적으로 활용해야 한다. 삶은 자물쇠나 다름없다. 단지 숫자가 훨씬 더 많을 뿐이다. 올바른 때에 올바른 숫자를 고르면 건강, 행복, 성공이 담긴 보물함을 열 수 있다. 그리고 이를 위해 단 5분만 투자하면 우리는 자신의 운명을 스스로 개척할 수 있게 된다. 5분만 투자하면 자신의 심리 상태, 건강 상태를 변화시키고 자신이 원하는 모습으로 변할 수 있는 것이다. 나쁜 습관을 버리는 유일한 방법은 그 행동을 더 이상 하지 않는 것뿐이다. 우리에게 필요한 것은 건강하고 행복하고 긍정적인 습관을 만드는 것이다. 이 책은 하루에 5분이라는 아주 적은 시간을 투자해 말 그대로 우리의 운명을 바꿔줄 여러 방법들을 제공해 줄 것이다. 하루에 겨우 5분을 투자해 성공적인 삶을 살 수 있게 되는 것이다. 생각만 해도 행복하지 않은가?

월트 디즈니는 이렇게 말했다. "여러분의 상상력이 여러분의 현실을 만듭니다." 지금 당장 눈을 감아 보라. 그리고 내면의 눈인 잠재의식을 들여다보라. 무엇이 보이는가? 건축가처럼 우리는 각자 인생의 청사진을 그려야 한다. 섬이 됐든, 산이 됐든, 바다가 됐든 원하는 곳은 어디든 갈 수 있다고 상상해 보라. 그리고 상상한 그곳에 자신이 있다고 생각해 보라. 공기를 들이마시고 태양과 바람을 느껴보라. 새들이 지저귀는 소리를 들어보라. 평화로운 상태에 놓여 있고 행복한 미소를 짓고 있다고 생각해 보라. 원하는 모든 것을 상상해 보라. 마음속에 그려보면 이는 현실이 되는 것이다. 이를 깨달았다면 이제 내면의 꿈에 다가가는 첫 번째 열쇠를 손에 쥐게 된 것이다. 그 첫 번째 열쇠는 바로 "상상력이 현실을 만든다."이다.

이제 이 책을 통해 성공, 건강, 행복에 이르는 비법을 들어보자.

1 장

삶은
힘겹다

500만 부 이상 팔린 스콧 팩 **M. Scott Peck** 박사의 《아직도 가야할 길 **The Road Less Traveled**》에서 가장 인상 깊게 읽은 구절은 다음과 같다. "삶은 힘겹다." 삶은 긍정적인 생각인가 부정적인 생각인가? 아니면 그저 하나의 사실에 불과한가? 우리는 성공에 이르는 길이 쉽지만은 않다는 사실을 인정해야 한다. 삶에서 접하는 여러 말들은 사실 큰 의미가 없으며 그런 말들 자체는 마음가짐을 통제할 수 없다. 삶을 규정하고 성공에 이르는 길에 훼방을 놓는 그런 말들이 상상이 바로 우리의 마음가짐을 통제하는 것이다.

5분 혹은 300초 동안 우리는 스스로의 마음가짐과 삶을 통제할 수 있다. 자신이 처한 환경을 받아들이고 태도를 바꾸면 되는 것이다.

아내와 나는 성형 수술을 받은 후 몸이 완전히 마비되는 상황을 겪었다. 몸의 근육을 쓸 수가 없었다. 눈을 뜨는 것조차 불가능했다. 의사와 간호사들은 살지 죽을지 확신할 수 없었다. 미래는 암울했다. 설사 살아남는다 해도 어떤 상태로 살게 될지 알 수 없었다. 우리는 휠체어나 산소 호흡기에 의존해야만 하는 삶을 원치 않았다. 의료진은 생활 방식을 바꾸라고 조언했다. 그리고 집을 팔거나 휠체어를 타고 다닐 수 있게 개조하라고 했다. 당시 현실은 너무 버거웠고 우리는 회복, 성공, 건강, 행복으로 돌아가는 길을 찾아야만 했다. 신을 필요로 할 때 신이 우리를 버리지 않는다는 사실을 깨닫자 그 길을 찾게 됐다. 그 어느 때보다도 열심히 일해야만 했고 그 어느 때보다도 독실하게 살아야 했다. 이는 매일 매일의 마음가짐에서부터 시작됐다. 살면서 시련이 없는 사람은 없다. 미국의 대통령조차도 시련을 겪게 마련이다. 하지만 변화를 통해 그런 시련을 새로운 도전으로 바꿔야 한다.

"삶은 힘겹다."를 "삶은 도전이다."라고 바꿀 수 있을까? 물론 그럴 수 있다. 삶은 도전으로 가득 차있다. 또한 삶은 선택의 과정이다. 우리는 매일 선택을 한다. 옳은 선택을 하는 것이 중요하다. 승자가 될 수도 있고 패자가 될 수도 있다. 행복해 질 수도 있고 불행해 질 수도 있다. 건강해 질 수도 있고 아파질 수도 있으며 승리자가 되거나 희생자가 될 수도 있다. 원해서 할 수도 있고 마지못해 할 수도 있다. 강해질 수도 있으며 약해질 수도 있다. 베스트셀러였던 《생각하는 그대로 As A Man Thinketh》의 저자, 제임스 앨런 **James Allen**은 이렇게 말했다. "사람의 능력을 한정 짓는 것은 자신이 선택한 생각뿐이다." 그는 또한 "한 사람의 인생의 외부 상태는 내면의 마음 상태와 항상 조화를 이루게 돼있다. 사람은 자신이 원하는 것을 끌어들이지 않는다. 그들이 끌어들이는 것은 자기 자신이다."라고도 말했다.

삶에 적극적으로 뛰어들어야 한다. 삶이 망설임과 후회로 가득차서는 안 된다. 평균 이상의 삶을 살아야 한다. 여기서 평균이란 최악 중 최상인 것과 최상 중 최악인 것을 의미한다. 삶에는 타협이란 없다. 진정한 자아를 찾는 일을 두려워해서는 안 되며 우리의 생각을 들여다보는 일을 두려워해서도 안 된다. 두려움에 굴복해서는 안 된다. 스스로의 개성을 포기하고 유명 인물들의 삶을 그대로 따라하려고 해서도 안 된다. 자신만의 개성을 잘 활용할 줄 알아야 한다.

> 행동에 옮기지 않는 한, 목표, 계획은 세상에 아무런 도움이 되지 않는다. 꿈꾸는 이들은 세상을 구원하는 사람들이다. 보이지 않는 정신세계가 보이는 물질세계를 지탱하듯이, 사람은 시련과 죄악, 탐욕스러운 일을 겪으면서도 고독한 몽상가의 아름다운 비전이 있기에 살맛이 나는 것이다.
>
> — 제임스 앨런(James Allen)

산다는 것은 위험을 감수하는 일이다. 올바른 결정을 내렸다고 생각되면, 신념을 갖고 밀어붙여라. 현자는 이런 말을 했다. "확신이 들 때까지 모든 것을 미루면 아무 것도 이룰 수 없다." 삶이 우리에게 다가오는 방식대로 삶을 살 필요는 없다. 비켜가거나 한 걸음 뒤로 물러날 수 있는 능력이 있다. 우리는 목표를 정하고 이를 지키겠다고 결심할 수 있다. 삶은 살기 위한 것이며 꿈을 꾸어야 그 꿈이 현실이 된다. 에디슨이 빛을 연구하지 않았다면? 모스가 부호를 연구하지 않았다면? 그레이엄이 벨 소리를 연구하지 않았다면? 라이트 형제가 비행할 생각을 하지 않았다면? 갈릴레오가 올빼미형 인간이 아니었다면? 콜럼버스가 항해를 싫어했다면? 아인슈타인이 수학을 좋아하지 않았거나 수학 공부를 할 시간이 없었다면? 그랬다면 그들이 꿈을 이룰 수 있었을까?

꿈을 목표로 전환시키고, 그 목표를 구체적인 계획으로 전환시킴으로써 스스로가 원하는 방식으로 삶을 설계할 수 있다. 우연대로 살아가는 것이 아닌 목적을 갖고 살 수 있게 되는 것이다. 스스로의 잠재력을 믿는 습관을 들이도록 하라. 주위의 수많은 사람들이 할 수 없다고 말할 것이다. 그러므로 일부러 시간을 내어 왜 내가 이 일을 할 수 있고 무언가 대단한 일을 잘 할 수 있는지 그 이유를 생각해 보라. 잠재의식을 들여다보고 스스로를 변화시키는 데에는 5분이면 충분하다. 우리는 매일 긍정적인 생각을 해야 한다. 자신의 내면을 들여다보고 일종의 주문을 외워야 하는 것이다. 상상하지 않기 때문에 기회를 잡을 수 없는 것이다. 상상하라. 그리고 기회를 잡아라.

> 비전을 품어라. 높은 이상을 꿈꾸어라. 가슴 떨리게 하는 음악과 마음속에서 우러나오는 아름다움과 순수한 생각을 드리운 사랑스러움을 간직하라. 진실하기만 하다면 마침내 당신이 꿈꾸던 세계가 눈앞에 펼쳐지게 될 것이다.
>
> – 제임스 앨런(James Allen)

어떤 태도를 취하느냐에 따라 삶에서 택하는 길이 정해진다. 세상을 어떻게 바라보는 지에 따라 세상이 우리를 바라보는 방식이 달라지는 것이다. 긍정적인 사람인가? 하루에 5분을 투자해 삶을 바꾸고 항상 꿈꿔온, 마땅히 누려야 하는 삶을 살고자 하는가? 혹시 매 번 똑같은 방식으로 똑같은 일만 반복하면서 다른 결과가 나오기를 기대하고 있지는 않은가? 우리는 살면서 뭔가 멋진 일을 하려고 이 세상에 던져졌다. 그 멋진 일이 무엇인지를 찾아내 그 일을 잘 하기 위해 혼신의 힘을 다해야 한다.

다음은 삶의 태도를 보여주는 이야기이다.

한 여행자가 있었다. 그는 마을에서 다른 마을로 여행 중이었다. 길을 가다가 밭에서 일을 하고 있는 스님을 보았다. 스님은 여행자에게 인사를 건넸고 여행자도 이에 답했다.

여행자는 스님에게 이렇게 물었다.

"실례지만 질문 하나만 해도 되겠습니까?"

"물론입니다." 스님이 답했다.

"저는 산마을에서 계곡마을로 이동 중입니다. 혹시 계곡 마을 사람들이 어떤지 알고 계십니까?"

그러자 스님이 대답했다. "산마을에서는 어떻게 지내셨나요?"

"끔찍했죠." 여행자가 대답했다. "솔직히 말하면 그 곳을 떠나서 어찌나 다행인지 모르겠습니다. 그 사람들은 아무도 저를 환영하지 않았어요. 제가 처음 마을에 도착했을 때 모두가 저에게 냉담하게 굴었지요. 아무리 노력해도 그 마을에서 지내는 건 영 불편했어요. 마을 사람들은 자기들끼리만 어울릴 뿐 외지인에게는 불친절하게 굴었죠. 그래서 말인데, 계곡 마을 사람들은 좀 다를까요?"

"안됐지만, 그곳에서도 마찬가지일 것 같습니다." 스님이 대답했다.

대답을 들은 여행자는 낙심한 채로 가던 길을 계속 갔다.

그 날 오후 또 다른 여행자가 같은 길을 여행했고, 그 또한 스님을 만났다.

"저는 계곡 마을로 가는 중인데요, 그 곳 마을 사람들이 어떤지 혹시 아시나요?" 두 번째 여행자가 스님에게 물었다.

"알죠. 하지만 우선 어느 마을에 들렸다 오신 건지 말씀해 주실 수 있나요?"

"조금 전에 산마을에 들렸다 왔습니다."

"그곳은 어땠나요?"

"정말 근사한 곳이었어요. 원한다면 더 머무를 수 있었지만 계속 여행을 해야 해서 아쉽지만 떠날 수밖에 없었어요. 마을의 일원처럼 느껴질 정도였어요. 어르신들은 저에게 조언을 해 주셨고 아이들은 저를 보고 웃고 농담을 했고 사람들 모두가 친절하고 인심도 후했죠. 그곳을 떠나서 무척 아쉬워요. 하지만 좋은 추억은 영원히 잊지 못할 겁니다. 그래서 말인데 계곡마을은 어떤가요?" 두 번째 여행자가 다시 물었다.

"그 곳에서도 같은 경험을 하실 거라는 생각이 드네요." 스님이 대답했다.

두 번째 여행자는 미소 지으며 가던 길을 계속 갔다.

위의 이야기에서처럼 실제 삶에서 어떤 태도를 취하느냐에 따라 주변 사람과의 관계나 상황이 달라질 수 있다. 우리는 태도를 변화시킬 수 있다. 그저 우리의 사고방식에 변화를 주기만 하면 스스로의 생각과 운명을 통제할 수 있다. 생각은 행동의 씨앗이며 행동은 미래의 씨앗이다. 매일 긍정적인 생각의 씨앗을 뿌려라. 그러면 그 씨앗들이 자라나 긍정적인 행동으로 이어질 것이다.

원하는 모습을 상상하면 우리는 그런 사람이 될 수 있다. 매일 5분을 투자해 스스로를 믿어 보라. 난관을 뛰어넘어 목표를 달성할 수 있다고 믿어라. 이것이 바로 성공으로 향하는 길이다. 자신감을 얻는 가장 효율적인 방법은 심상화 **Visualization**인 것이다.

꿈을 찾았으면 실제로 그 꿈을 달성한 모습을 마음속에 그려보라. 심상화는 자신의 마음과 상상력을 이용해 삶에서 가장 얻고 싶은 것을 실제로 구현해 볼 수 있게 도와준다. 이 기법은 수 세기 동안 입증된 가장 효율적인 방법이다.

심상화를 제대로 활용하려면 스스로의 삶에 작용하는 놀라운 힘을 진심으로 믿어야 한다. 자기 자신을 믿지 못하면 성공하기 위한 모든 노력이 물거품이 되고 말 것이다. 긍정적인 마음가짐과 태도를 가지면 우리는 놀라운 일을 경험할 수 있다. 그러나 스스로를 어리석다고 여기며 '나는 운이 없어.' 라고 말한다든지 부정적인 말을 할 경우 계속 머릿속에 그리게 되고 결국 그런 일들이 현실이 될 것이다. 이 책은 심상화를 통해 성공으로 가는 길을 알려줄 것이다. 제임스 앨런은 이렇게 말했다. "인간의 마음은 정원과도 같다. 우리는 이를 열심히 가꿀 수도, 방치할 수도 있다. 하지만 열심히 가꾸든 방치하든 제대로 된 씨를 심지 않는 한, 쓸데없는 잡초들만 무성할 것이다."

긍정적으로 생각하고 스스로를 칭찬하며 좋은 일이 일어날 거라고 기대하는 사람은 자신이 말하는 바를 현실화하기 위한 이미지를 마음속에 성공적으로 그릴 확률이 높다. 나는 자신과의 대화를 자기 확신이라고 부른다. 자기 확신은 자신과의 긍정적인 대화이다. 매 번 최고의 결과가 나올 거라고 스스로에게 얘기하라. 자기 확신과 심상화를 이용해 마치 그 목표가 이미 이뤄진 것 같이 자신의 목표에 대한 생생한 이미지를 만들어 내라. 사실 이런 심상화 과정은 우리도 모르는 사이에 일어나고 있다. 우리는 걷기 전에 걷는 모습을 머릿속에 그려보고 사랑에 빠지기 전에 이미 사랑에 빠진 모습을 그려본다. 이것을 우연이라고 부르는 사람들도 있다. 하지만 이 세상에 우연은 없다. 삶에서 일어나는 모든 일들은 우리의 책임이다.

우리의 뇌와 정신은 이 세상에서 가장 강력한 힘을 지니고 있다. 이를 긍정적으로 사용하는 법을 배우면 배울수록 더욱 풍요로운 삶을 살 수 있다. 우리가 원하는 환경과 능력에 대한 강하고 생생한 이미지를 그려봄으로써 원하는 것을 얻을 수 있다.

나는 목표 달성을 위해서는 무슨 일이든 해야 한다고 스스로 믿고 있다. 성공에 이르는 길에는 끊임없는 노력이 수반되어야 한다. 인생에 무임승차는 없다. 물론 성공에 이르는 길에는 우회로도 많다. 하지만 그런 우회로를 택하지는 말자. 그보다는 하루 5분만 투자해서 삶에서 진정으로 원하는 것을 그려보아라. 원하는 직장, 자동차, 인간관계, 집, 가족 등 어떤 것이든 상관없다. 매일 건축가처럼 스스로가 꿈꾸는 삶을 그려보라. 그러기 위해 필요한 것들, 소요 시간 등을 생각해 보라. 우리는 스스로의 꿈과 운명의 설계자이다.

신이 이렇게 말했다고 상상해 보라. "인생의 설계자가 되라. 어떤 것을 그리든 다 이루어질 수 있다." 이제 무엇이든 할 수 있다. 꿈을 이루기 위해 필요한 것들, 능력들이 우리에게 있기 때문이다. 설계도를 그리고 미래를 건설하는 것은 이제 각자의 몫이다. 성공의 씨앗을 심는 데는 하루에 겨우 5분이 걸릴 뿐이다. 그리고 이 씨앗은 풍요로운 수확을 안겨줄 것이다. 이제 이 씨앗을 마음과 정신에 심어보자. 그러면 그 뿌리가 우리의 이상에 단단히 고정되어 꿈을 현실로 만들어줄 것이다.

2장

자각

이제 타임머신을 타고 과거로 돌아가 보자. 마음에는 상당히 놀라운 능력이 있다. 마음먹은 대로 현재에서 과거로, 다시 과거에서 현재로 혹은 현재에서 미래로 옮겨 다닐 수 있기 때문이다. 이번 장에서는 과거의 경험으로부터 교훈을 얻고 현재 상황을 우리들이 원하는 대로 통제해 미래에 성공을 쟁취할 수 있는 방법을 살펴보도록 하자.

　과거는 이미 지나간 일이고 미래는 알 수 없는 수수께끼로 가득 차 있지만 현재, 지금 이 순간은 축복이자 선물이다. 그래서 현재를 'present(선물이라는 뜻)' 라고 부르는 것이다. 이번 장의 목표는 그 선물을 풀어보고 잘 활용하는 것이다.

　과거에 일어난 일은 이미 지나간 일이다. 그러므로 과거의 안 좋았던 기억에 매달려 있어서는 안 된다. 과거의 경험에서부터 배우고 난 뒤에는 미련 없이 계속해서 앞으로 나아가야 한다. 과거의 일을 되돌릴 수는 없다. 과거를 받아들이는 순간 우리는 앞으로 나아갈 수 있고 현재를 즐길 수도 있는 것이다. 과거에 누군가로부터 상처를 받았다면 안 된 일이지만 계속 과거에 집착하는 것은 미래에 도움이 되지 않는다. 마찬가지로 미래는 삶이 우리에게 준 선물인 현재의 마음가짐, 생각, 느낌, 행동 등에 의해 결정된다.

> 아무도 과거를 되돌릴 수는 없다.
> 앞을 내다보라. 그 곳에 우리의 미래가 놓여 있다. - 앤 랜더스(Ann landers)

이제 타임머신을 타고 과거로 돌아가 헨리 포드라는 사람을 만나보자. 헨리 포드는 정규 교육은 조금 밖에 받지 못했지만 뛰어난 학식을 가진 사람이었다. 그는 경제에 자연을 접목시킬 줄 아는 사람이었고 자원의 가치를 이해했다. 헨리 포드는 똑똑한 사람들을 지휘함으로써 그가 원하는 능력을 모두 가질 수 있다는 사실을 알게 되었다. 하지만 언제나 그렇듯이 그런 사람들에게는 적이 존재하기 마련이다.

제 1차 세계대전 동안 포드는 시카고 트리뷴을 상대로 소송을 제기하게 된다. 시카고 트리뷴지가 헨리 포드를 무식한 평화주의자로 묘사했기 때문이었다. 재판이 열리자 트리뷴 측 변호사는 헨리 포드가 정말로 무식하다는 것을 입증하고 싶었다.

그래서 반대 심문 자리에서 변호사는 이렇게 물었다. "1776년, 식민지 국가에서 일어난 반란을 잠재우기 위해 영국이 얼마나 많은 군대를 보냈지요?" 그러자 헨리 포드가 활짝 웃으며 이렇게 대답했다. "얼마나 많은 군대를 보냈는지는 잘 모릅니다. 하지만 보낸 사람보다 돌아온 사람이 더 적다고만 들었습니다." 물론 이 대답 때문에 재판에 참석한 사람들은 한 바탕 웃었고 상대측 변호사는 몹시 화가 났다. 이런 식의 심문이 한 시간 이상이나 지속됐고, 피고측 변호사는 헨리 포드의 평판을 떨어뜨리려고 의미 없는 질문을 계속했다. 몹시 기분 나쁘고 모욕적인 질문들이었다. 하지만 포드는 심문 기간 내내 평정심을 유지한 채 그 자리에 앉아 있었다. 마침내 그는 자리에서 일어나 피고측 변호사를 손으로 가리키며 말했다. "제가 당신이 하는 어리석은 질문에 일일이 답해야 한다면 이거 하나만 확실히 하죠. 제 책상 위에는 전기 벨이 여러 개 달려 있습니다. 언제라도 그 벨을 눌러서 지금 당신이 하는 질문에 제대로 된 대답을 저에게 줄 수 있는 사람을 각각 부를 수 있습니다. 이제 왜 이런 어리석은 질문에 대답하기 위해 필요한 지식들을 제 머리에 채워 넣어야 하는지 이유를 말씀해 주시겠습니까? 벨만 누르면 제가 원하는 것들을 말해주는 사람을 부릴 수 있는 데 말이죠."

그가 말을 마치자 법정은 찬물을 끼얹은 듯 조용해졌다. 심문하던 변호사도 놀라서 말을 잇지 못했다. 판사는 몸을 앞으로 기울여 믿을 수 없다는 듯이 포드의 눈을 똑바로 쳐다봤다. 배심원들 또한 큰 충격을 받은 냥 깜짝 놀라 아무 말도 하지 못했다. 결국 헨리 포드는 승소했다. 그는 교육이란 그 교육을 받는 사람의 마음가짐과 자원을 어떻게 활용하느냐에 달려 있다는 것을 모두에게 입증한 셈이었다. 물론 그는 각 국가의 수도 이름 하나 제대로 대지 못했다. 하지만 그는 누구라도 다른 사람이 소유한 지식을 자신의 목적에 맞게 현명하게 사용할 수 있다는 사실을 보여주었다. 이 사실을 아는 사람은 지식이 풍부하지만 그 지식을 제대로 활용할 줄 모르는 사람보다 훨씬 더 똑똑해질 수 있는 것이다. 결국 중요한 것은 그런 지식을 잘 활용하는 방법인 것이다.

자료가 넘쳐나는 세상에 살고 있다. 하지만 부의 축적에만 너무 혈안이 되어 있어서 이미 얼마나 부자인지 잊고 있다. 그렇기 때문에 개인의 부(富)란 개인 소유의 것들(얼마나 큰 집을 갖고 있는지, 자산은 얼마나 되는지, 통장 잔고는 얼마나 되는 지 등)을 일컫는다고 생각한다. 하지만 스스로가 소유하고 있는 다른 많은 자원들을 알지 못한다. 이 거대한 국가에서 우리가 소유하고 있는 것들은 많다. 원할 경우 공원, 해변, 야생동물 보호구역 등에 갈 수 있으며 이 모든 것들은 우리의 소유물이다. 도서관은 또 어떠한가? 인터넷은? 이 세상은 지식이 넘쳐난다. 5분 안에 당대 최고의 지식을 얻을 수 있다. 삶은 개인의 자산만으로 규정되지 않는다. 우리는 이기적으로 개인의 이상에만 너무 집착한 나머지 주위에 존재하는 현실을 잊고 있다. 왜 개인 사유지를 사서 문을 꽁꽁 걸어 잠그고 스스로를 주위와 단절시키는가? 자산을 축적하기 위해서만 일할 뿐 삶의 보물은 우리 주위에 넘쳐 있는데 그것을 모르고 있는 것이다. '공공'은 나의 것, 너의 것, 우리 모두의 것이다. 왜 스스로를 소외시키고 남들과 공유하려 하지 않는가?

이제 하루에 5분씩 투자해 우리 모두의 것을 즐기도록 하자. 공원이나 해변으로 산책을 나가보자. 박물관을 보거나 도서관을 방문해 보자. 이 모든 보물들이 내 손 안에 있다고 생각해 보자. 단 5분이면 된다!

《성공의 법칙 Psycho-Cybernetics》의 저자 맥스웰 몰츠 Maxwell Maltz는 이렇게 말했다. 무언가를 21일 연속으로 하면 습관이 된다. 예를 들어 매일 5분 동안 무언가 긍정적인 문구를 읽는 것을 21일 연속으로 하면 이것이 습관이 되는 것이다. 다음은 하루하루를 행복하게 보내기 위한 나만의 습관이다.

〈행복한 하루를 보내기 위한 10가지 방법〉

❶ 평소 때보다 5분 일찍 일어나라.

알람이 울리기 5분 전에 일어나서 그 5분을 자신을 위해 사용하라. 운동을 하고 명상을 하고 하루의 목표를 적어보고 긍정의 말을 읊어보고 가족이나 배우자를 껴안아 주어라. 시를 읽고 떠오르는 태양을 감상해 보라. 5분을 투자해 목표를 다시 한 번 새겨 보라. 하루가 정신없이 돌아가기 시작하면 우리 자신을 위한 시간은 결코 없기 때문이다.

❷ 희망을 주는 것을 읽고 듣고 보아라.

우리는 미디어의 홍수 속에 살고 있다. 책과 TV 프로그램을 고를 때에는 긍정적인 기운을 줄 수 있는 것으로 골라라. 긍정의 말을 읽는 것을 하루의 습관으로 삼아라. TV나 라디오 신문에 등장하는 부정적인 기사를 읽으면서 행복한 하루를 열 수 없다. 긍정적인 에너지, 위대한 사상으로 행복한 하루를 시작하라.

❸ 건강한 아침식사를 하라.

나는 아침식사로 단백질 쉐이크를 먹는다. 매일 아침 건강한 음식으로 하루를 시작하라. 단백질protein이라는 단어는 '가장 중요한' 이라는 뜻을 지닌 그리스어 프로테우스 proteus에서 나왔다. 하루 동안 신체가 얼마만큼의 에너지를 필요로 할지 생각해 보라. 인생은 단거리 경주가 아니다. 인생은 마라톤이다. 이 마라톤에서 승리하기 위해서 무엇을 먹고 마셔야 할지 생각해 보아라.

❹ 이길 수 있다는 사고방식을 가져라.

사고방식은 우리가 매일 취하는 가장 첫 번째 선택이다. 매일 5분을 투자해 마음속에 내재되어 있는 이기는 마음가짐을 깨워라. 그리고 하루 종일 그런 긍정적인 자세를 유지하도록 하라. 좋은 태도와 좋은 미소는 하루를 즐겁게 해 준다.

❺ 가족과 친구의 말에 귀 기울여라.

나의 아버지는 이런 말씀을 하셨다. "신이 우리에게 귀 두 개와 입 하나를 주신 데에는 이유가 있다." 그만큼 듣는 게 중요하다는 것이다. 주변 사람의 말에 귀 기울여라. 그들은 우리의 인생에 지대한 영향을 끼치기 때문이다. 나와 가장 가까운 친구와 가족들이 인생에 끼치는 영향력이 가장 크다고 할 수 있다. 인생에서 가장 훌륭한 조언자인 그들의 말에 귀 기울여라.

❻ 하루를 최대한 활용하라.

매일을 긍정적으로 시작하라. 회사에 나가면 스스로를 위해서 뿐만 아니라 주변 사람을 위해서 그곳을 최상의 장소로 만들라. 매 초, 매 분, 매 시간에 감사할 줄 알아라. 직장을 행복이 넘쳐나는 장소로 만들어라. 많은 사람들이 직장을 행복하고 즐거운 장소로 여기지 않는다. 하지만 사무실 분위기를 활성화시키면 미래가 밝아진다. 스스로의 능력을 믿어라. 이 사무실에서 없으면 안 되는 사람이 되도록 하라. 매일 매일 하루를 최대한 활용하라.

❼ 낮말은 새가 듣고 밤말은 쥐가 듣는다는 말을 명심하라.

다른 사람들에 대해 좋은 얘기만 해라. 다른 사람들의 인생이 행복해지기를 기도하라. 그러면 그들도 우리를 위해 기도해 줄 것이다. 반드시 명심하라. 자기가 내뱉은 말은 다시 자신에게 돌아온다는 것을. 다른 사람들의 험담을 하지 말라. 그들과 그들의 인생과 그들이 처한 환경을 이해하려고 노력하라. 친구와 가족, 직장 동료들이 의지할 수 있는 사람이 되어라. 세상은 우리를 필요로 한다.

❽ 모두에게 공정하고 정직하게 대하라.

정직은 차이를 만든다. 정직은 다른 사람들과의 관계에 큰 영향을 준다. 그러므로 누구에게든 항상 정직하게 대하라. 보통 사람들은 다른 사람들에게 대우받은 대로 그들을 대한다. 내가 정직하게 대하면 그들도 나에게 그렇게 대할 것이다. 나의 진심을 다른 사람들이 보고 느끼고 감지할 수 있도록 하라. 말하는 내용과 말하는 방식을 항상 의식적으로 자각하는 연습을 하라. 다른 사람들과의 대화에서 내가 택하는 어조 또한 그들과의 관계에 큰 영향을 준다. 그러므로 항상 말하는 방식을 연습하라. 더 많은 사람들이 우리를 신뢰하도록 만들어라.

❾ 에너지를 조절해 하루 종일 지속되도록 하라.

에너지가 하루 종일 잘 지속될 수 있도록 신경 써라. 쓸데없는 에너지 낭비를 조심하라. 아침부터 에너지를 소진시키지 말라. 반드시 친구와 가족에게 쓸 에너지를 남겨두도록 하라. 반드시 명심해라. 우리는 초가 아니라는 사실을. 초는 자신의 의지와 관계없이 시간이 지나면 타들어가 없어진다. 하지만 우리는 자신이 내뿜는 빛을 조절할 수 있다. 하루 동안 자신의 에너지를 잘 관리하라. 그러기 위해서는 하루를 시작하기 전, 5분을 투자해 하루를 계획하면 된다. 하루 종일 활기 넘치는 사람이 되라.

❿ 일찍 잠자리에 들고 일찍 일어나라.

잠자기 전 긍정적인 문구를 읽는 습관을 들여라. 읽지 않으면 성공할 수 없다.

반드시 명심해라. 삶은 스스로 만들어 간다는 사실을. 매일 매일을 최선을 다해 살아라. 그러면 그것들이 모여 훌륭한 인생이 될 것이다. 그리고 1번을 명심하라. 하루 5분 일찍 일어나 긍정적으로 하루를 맞이할 준비를 하는 것이다.

위의 내용을 습관으로 만들도록 하자. 반드시 명심해라. 우리에게는 좋은 습관도 있고 나쁜 습관도 있다. 나쁜 습관에서 벗어나는 가장 좋은 방법은 그 습관을 버리는 것이다. 건강과 행복에 이르는 비법을 터득하는 것은 그리 쉬운 일이 아니다. 하지만 그렇기 때문에 이 책을 펼쳐든 것이 아닌가? 하루 5분 투자는 그만큼의 값어치를 할 것이다.

철학자 세네카는 이렇게 말했다. "최고에 이르는 길은 험난하다." 우리가 선택한 험난한 길이 우리를 최고의 자리로 이끌 수 있다. 부자가 되는 길이 쉽다면 모두가 부자가 될 수 있을 것이다. 하지만 사실 모든 사람은 이미 부자일지도 모른다. 다만 그 사실을 모르고 있을 뿐이다. 다른 사람들의 생각을 맹목적으로 따르지 마라. 각각의 사람들에게는 자신만의 정신, 욕구, 마음가짐, 지식이 존재한다. 그리고 우리는 특정한 이유 때문에 이 땅에 던져졌다. 이 땅에 살게 하신 신의 목적이 무엇이었을까? 신이 준 선물이 삶이라면, 신에게 줄 선물은 그 삶을 사는 것이다. 우리는 선택을 할 수 있다. 어느 쪽으로도 갈 수 있는 것이다. 하지만 대안이 없기 때문에 하나의 선택만이 남아 있다. 즉 계속 그 삶을 사는 것뿐이다.

〰 내일 죽을 것처럼 살고, 영원히 살 것처럼 배워라. – 간디(Gandhi)

3장

삶의 비밀

고대 그리스 신화에 따르면, 올림푸스 산에서 신들의 모임이 열렸다고 한다. 세상이 만들어진 지 얼마 되지 않은 때였다. 지구, 인간, 온갖 동물과 새, 바다, 꽃, 식물을 비롯한 다양한 생명체를 만든 신들에게는 한 가지 과제가 남아 있었다. 바로 삶의 비밀을 숨겨야 했던 것이다. 인간들이 성숙해져서 지혜와 이해력이 충분해 질 때까지 발견할 수 없는 곳에 삶의 비밀을 숨겨야 했다. 삶의 비밀을 어디에 숨길지를 두고 신들 사이에는 의견이 충돌했다. 한 신은 이렇게 말했다.

"가장 높은 산의 봉우리에 숨깁시다. 인간들이 분명 찾을 수 없을 겁니다."

하지만 다른 신은 이렇게 반박했다.

"우리는 인간들이 지식에 대한 영원한 열망, 지칠 줄 모르는 호기심, 열정 등을 갖도록 만들었소. 그렇기 때문에 그들은 언젠가 산을 정복하고 그 비밀을 찾을 수 있을 거요."

신들은 인간의 강점과 약점을 두고 논쟁을 계속했고 결국 인간의 강점은 약점에서 기인한다는 사실을 깨달았다. 인간은 산을 오를 수 있는 능력을 갖고 태어나지 않았다. 하지만 이 약점은 언제라도 강점으로 바뀔 수 있었다. 그 약점은 산을 오르는 방법을 배우고자 하는 동기가 될 수 있기 때문이었다. 인간은 또한 태어날 때부터 수영하는 법을 알았던 것이 아니었다. 따라서 수영을 하지 못하는 것은 인간의 약점이었다. 하지만 수영하는 법을 배울 수 있는 능력은 인간의 강점이었다.

"인간의 능력을 과소평가해서는 안 되오."
한 신이 다른 신에게 말했다. 그들은 계속해서 논쟁했고 결국 한 신이 이런 제안을 했다.
"그렇다면 삶의 비밀을 가장 먼 바다에 깊숙이 숨겨둡시다."
그러자 다른 신이 이렇게 반박했다.
"그것도 좋은 방법은 아니오. 우리는 인간들이 무한한 에너지와 상상력을 갖도록 만들었소. 이 세상을 탐구하고 연구할 불타는 듯한 열정을 갖도록 만들었단 말이오. 그들은 무슨 수단을 써서라도 이를 달성할 것이오. 성공을 쟁취하고자 하는 인류의 내제된 능력 앞에 가장 깊은 바다 따위는 아무것도 아닐 것이오."
결국 신들 중 한 명이 자리에서 일어나 해결책을 제안했다.
"인간들이 절대 못 찾을 장소가 있소. 모든 노력을 다하고 나서 지친 그들이 마침내 들여다볼 장소요."
다른 신들이 물었다.
"그곳이 도대체 어디란 말이요?"
그러자 제우스는 자리에서 일어나 이렇게 대답했다.

"그곳은 바로 인간의 마음속이오. 그곳에 인생의 비밀을 숨겨야 하오. 인간들은 진정으로 성숙하기 전까지는 자신의 마음속을 절대 들여다보지 않을 것이기 때문이오."

삶의 비밀을 캐내려는 인간의 노력은 5천년이나 지속되고 있다. 세상에서 가장 현명한 사람들과 종교 지도자들은 이를 알아내기 위해 고군분투하고 있다. 하지만 사실 성공에 이르는 길을 알려줄 열쇠는 각자의 마음 속 깊은 곳에 있다. 답을 찾기 위해 외적인 요소만 찾아 헤맬 필요가 없다. 모든 대답은 우리 안에 있기 때문이다.

한 떠돌이 남자가 여행을 떠나기로 했다. 자신이 성취한 것들을 살펴본 그는 성취하지 못한 것들에 더 관심을 갖기 시작했다. 삶의 비밀은 그가 찾지 못한 것이었다. 그래서 그는 자신의 세속적 소유물을 다 팔아 버리고 삶의 비밀을 찾기 위해 인도로 떠났다. 인도에 도착하자마자 현지인들이 그에게 물었다.
"무슨 일이시죠?" 그러자 그는 이렇게 대답했다.
"저는 삶의 비밀을 찾기 위해 이곳에 왔습니다."
인도인들은 산을 가리키며 이렇게 말했다.
"저 산에 올라가서 마하라자 무케시라는 사람에게 물으면 그가 삶의 비밀을 가르쳐줄 것입니다."
그래서 남자는 장비를 갖춘 후 산으로 올라갔다. 산꼭대기에는 양들로 둘러싸인 판잣집이 하나 있었다. 그 판잣집 안에는 누더기를 걸쳤지만 눈빛에서 강인함이 느껴지는 노인이 앉아 있었다. 마하라자는 그를 보고 물었다.
"아들아, 무슨 도움이 필요하느냐?"
"저는 삶의 비밀을 알고자 이곳에 왔습니다." 그가 대답했다.

"아들아!"

마하라자가 말했다.

"너는 이미 네가 알고 있는 것을 배우려고 이 먼 여행을 떠났구나."

남자는 노승을 보고 말했다.

"마하라자님, 만약 제가 그 답을 알고 있다면, 질문을 하지 않았을 겁니다."

"답은 말이다, 아들아, 복잡하지 않단다."

노인이 말했다.

"하지만 새겨 듣거라. 삶의 비밀은 바로 '너' 다."

남자는 놀라서 되물었다.

"저라구요?"

노인은 지친 여행자의 눈동자를 보고 대답했다.

"그래, 아들아. 바로 너다."

남자는 화가 나서 소리쳤다.

"하지만 그렇게 단순할 리가 없어요. 그건 저도 이미 아는 사실이라구요."

노승은 남자를 쳐다보고 말했다.

"하지만 너는 그것을 믿고 있느냐?"

그러자 남자는 "당신은 사기꾼이에요."라고 말하고는 그 자리를 떠났다. 산 아래로 내려온 그는 자신에게 노승을 찾아가라고 한 사람을 찾아갔다. 남자는 분개하며 이렇게 말했다.

"그 노승은 아무런 식견도 없었어요. 삶의 비밀이 무엇인지 제대로 된 대답을 해주지 못했다구요. 그가 어떻게 살고 있는지 보기나 했나요? 거의 쓰러질 듯한 판자집에서 누더기를 걸치고 있었어요. 판잣집 근처에는 양들만 득실댔구요. 그 노승이 삶의 비밀을 알고 있을 리 없다구요!"

그러자 노승에게 가보라고 했던 사람은 이렇게 대답했다.

"그 노승과 견줄만한 식견을 가진 현자는 딱 한 명 더 있소. 하지만 그를 보기 위해서는 아주 먼 장거리를 여행해야 할 거요. 아마 온갖 산들을 넘다보면 그가 있는 히말라야 꼭대기까지 갈 수 있을 거요."

그래서 그 남자는 함께 길을 떠날 사람들을 모았고 열흘 걸려 히말라야에 당도했다. 10일 째 되던 날, 그들이 이동하려고 하자 태양이 떠올랐고 그의 눈앞에 그가 여지껏 본 것 중 가장 아름다운 사원이 나타났다. 금빛, 은빛으로 반짝였으며 가까이 갈수록 그는 사원의 아름다움에 매료됐다. 그는 안으로 들어가서 현자를 만나게 해 달라고 요청했다. 그러자 곧이어 현자가 여행자를 만나러 나왔다. 은빛 머리에 반짝이는 눈을 가진 현자 주위에는 평화와 만족의 기운이 느껴졌다. 그는 목소리 또한 아주 부드러웠다.

"아들아, 먼 거리를 왔구나. 무슨 도움이 필요하느냐?"

그러자 남자는 대답했다.

"저는 삶의 비밀을 알고자 이곳에 왔습니다."

"삶의 비밀이라. 수많은 사람들이 자신들이 이미 알고 있는 사실을 알기 위해 이곳에 오지."

"맞습니다. 저는 똑같은 질문을 무케시라는 노승에게도 했습니다. 하지만 그는 제 자신이 삶의 비밀이라는 답을 주었을 뿐입니다. 하지만 냄새나는 양이 들끓는, 다 쓰러져가는 판잣집에 사는 그런 사람이 어떻게 삶의 비밀을 알 수 있습니까?"

현자는 그를 보고 부드러운 목소리로 이렇게 말했다.

"아들아, 너는 삶의 비밀을 모르는 듯하구나. 내가 너에게 가르쳐주겠다. 하지만 공짜가 아니다."

남자는 웃으며 이렇게 말했다.

"물론이죠, 얼마면 되죠? 얼마든지 드릴 준비가 되어 있습니다."

"아들아. 주위를 둘러보아라. 삶의 비밀을 돈으로 살 수는 없단다. 삶의 비밀은 시간을 들여서 알아내야만 하는 것이다. 네가 5년 동안 내 헛간에서 동물들과 살면서 그것들을 잘 돌봐주면 6년째 되는 날, 내가 삶의 비밀을 알려주겠다."

남자는 그 말에 동의했다.

그래서 5년 동안 남자는 헛간에 살았다. 소의 젖을 짜고 말의 털을 빗질해주고 염소를 몰고 바닥을 쓸었다. 6년째 되던 날, 남자는 절로 다시 들어갔다. 5년이라는 시간 동안 그는 아주 많이 변했다. 그는 행복해 보이지 않았다. 얼굴은 창백했고 눈은 퀭했다. 머리카락은 회색이 다 되었고 몸 상태도 좋지 않았으며 치아는 변색됐다. 그는 현자 앞에 서서 이렇게 말했다.

"당신이 시키는 대로 전부 다 했습니다. 지난 5년 동안 동물들과 살면서 그들을 잘 돌봤어요. 이제 약속한 시간이 됐으니 삶의 비밀을 가르쳐주십시오."

현자는 자리에 앉으며 이렇게 말했다.

"손을 다오."

남자는 거칠어진 손을 현자에게 내밀었다. 현자의 손은 실크처럼 부드러웠다. 하지만 여전히 강인한 힘을 내뿜고 있었고 동시에 따뜻함도 느껴졌다. 지치고 피곤한 여행자의 손에도 그 온기가 느껴졌다. 현자는 여행자의 눈을 들여다보며 말했다.

"아들아. 삶의 비밀은 우리의 내면에 있단다. 삶의 비밀은 언제나 네 안에 있었단다. 삶의 비밀은 바로 '너' 다."

여행자는 자신의 손을 빼며 소리쳤다.

"저라구요? 제가 뭐라구요? 저는 5살이나 더 먹었어요. 5년 전에 비해 더 지쳤구요. 그런데 당신은 지금 제가 알고 있는 것을 또 말하고 있는 건가요? 어떻게 이렇게 날 속일 수 있죠?"

그러자 현자는 자리에서 일어나 이렇게 말했다.

"너를 속였다고? 나는 너를 속인 적이 없다. 5년 전 바로 오늘, 너는 한 때 나의 스승이었던 무케시에게 다녀갔었지. 그리고는 그가 양들에 둘러싸인 판잣집에 산다고 그를 무시했어. 너는 삶의 비밀을 물었고 그는 '너' 라는 답을 주었지. 하지만 그걸로 만족하지 않았어. 너무 쉽고 단순한 답이라고 생각했던 거야. 그래서 결국 나의 화려한 사원으로 와서 나에게 같은 질문을 했어. 답은 이미 들었으면서도 말이지. 삶의 비밀은 우리 안에 존재한다는 게 답이었지. 내가 만약 그 때 너에게 같은 답을 해주었으면 아마 더 화려한 사원에 가서 똑같은 질문을 했을 거야. 하지만 어딜 가나 답은 똑같을 뿐이야. 아들아, 나는 내가 앉아 있는 이 자리에 대한 책임이 있단다. 내가 이룬 모든 것에 책임이 있는 거지. 그건 너도 마찬가지야. 너는 나에게 오겠다는 선택을 했어. 헛간에 살겠다는 선택도 했고. 아무도 너에게 강요하지 않았어. 네가 원한다면 언제든 헛간을 떠날 수 있었으니까. 하지만 답을 알고자 하는 욕망 때문에 그곳에 머물렀던 거야. 그 답을 알기 위해 네가 치른 대가가 높았을지도 몰라. 하지만 운명은 네 스스로 선택하는 거라는 사실을 깨달아야 할 거야. 너는 인도로 오겠다고 선택했어. 내 헛간에서 살겠다고도 선택했고. 이것들을 하겠다고 선택했기 때문에 그 선택들이 모여 인생의 방향이 결정된 거야. 아들아. 우리 각자가 삶의 비밀이란다. 삶의 비밀이란 내 안에 존재한단다."

우리 모두는 각자가 선택한 삶을 산다. 물론 그 선택들이 대단한 선택은 아니다. 내가 말하는 선택은 매일, 매 시간, 매 순간 하는 선택들이다. 뭔가 새로운 것을 하려고 노력하는가? 아니면 언제나 뻔하지만 안정적인 것들을 추구하는가? 위험을 무릅쓰는가? 아니면 주어진 상황에만 만족하는가? 짜릿한 모험을 즐기는가? 아니면 TV나 보면서 시간을 낭비하는가? 밖에 나가서 새로운 사람들을 만나는가? 아니면 매일 보는 사람들만 만나는가? 가슴이 따르는 일을 하는가? 아니면 잘 하는 일에 그냥 만족하는가? 자신이 정말 원하는 일을 하는가? 아니면 편하기 때문에 현재 일을 하고 있는가?

사람들은 거의 대부분 안정을 추구한다. 익숙하고 관습적이고 다소 진부하기는 하지만 잘 알려진 것을 추구한다. 평생 동안 안정과 위험 사이에서 무엇을 추구할지 고민한 끝에 현재와 같은 삶을 살고 있는 것이다. 하지만 지금 당장 새로운 모험을 시작할 수 있다. 단지 5분만 투자하면 된다. 준비가 됐는가? 삶의 비밀은 바로 자신이다.

목표와 그 목표에 이르기 위한 계획이 없는 것은 목적지 없는 배와도 같다.

– 피츠휴 도슨(Fitzhugh Dodson)

4장

성공을 위한
7개의 C로
가는 길

이제 성공에 이르기 위한 7개의 C라는 배를 탈 준비를 하자. 이 배에 올라타 삶이라는 해협을 따라 항해를 해야 한다. 성공에 이르기 위해서는 이 7개의 C를 완전히 통달해야 한다. 하루에 5분을 투자해 이 7개의 C를 연습해 보자. 이번 장을 살펴보면서 하루 5분을 투자해 이 7개의 C를 적어보고 실행해 옮겨보라. 이 C를 완전히 익히면 성공적으로 항해를 마칠 수 있다.

❶ 배려심 Caring

　이는 인간관계의 비타민이라 할 수 있다. 친구를 얻고 싶으면 우리 스스로 누군가의 친구가 되어야 한다. 이 세상에서 진정한 성공은 경제적인 것만은 아니다. 진정한 성공이란 인간관계에서의 성공이 그 기반이 돼야 한다. 개인적인 목표 성취보다 큰 목표를 가져야 한다. 진정한 성공을 거둔 사람은 다른 사람을 진정으로 아끼는 사람이다. 그들은 A형 행동 양식의 사람(긴장하고 성급

하며 경쟁적인 것이 특징)일 수도 있고 공격적인 사람일 수도 있다. 하지만 분명 다른 사람들을 함부로 대하는 사람은 아니다.

> 우리에게 무례하게 구는 사람에게도 예의를 갖춰 대하라.
> 그들이 친절하기 때문이 아니다. 우리 자신이 친절한 사람이기 때문이다.

❷ 인격 Character

통장 잔고를 늘리는 것아 성공의 전부는 아니다. 우리는 살아가면서 언제나 더 많은 돈을 벌 수 있다. 하지만 시간은 한정돼 있고 그 시간을 무엇을 하면서 쓰는지에 따라 인격이 달라질 수 있다. 인격형성에는 노력과 절제가 필요하다. 중요한 것은 다양한 경험을 할 때 그 경험들이 우리의 인격형성에 도움이 되도록 하는 것이다. 항상 앞으로 나아가도록 노력해야 하고 부정적인 상황이 우리를 파괴하는 것이 아니라 더욱 강하게 만들도록 해야 한다. 이것이야말로 진정한 성공이다.

세상은 이런 사람을 필요로 한다.

돈으로 살 수 없고

자신이 한 말에 책임을 지고

인격을 중요시하고

나름의 견해와 강한 의지를 지니고 있고

일을 전부라 생각하지 않고

주저하지 않고 위험을 무릅쓰고

군중들 속에서도 개성을 잃지 않고

큰일에서뿐만 아니라 작은 일에서도 정직하고

잘못된 일과 타협하지 않고

스스로의 이기적인 욕구에만 집착하지 않고

'모두가 하기 때문에' 그 일을 따라서 하지 않고

좋을 때나 나쁠 때나 힘들 때나 행복할 때나 진실로 친구가 되어주고

약삭빠르고 교활하며 실리를 추구하는 것이 성공에 이르는 가장 빠른 방법이라고 생

각하지 않고

진실이 외면 받을 때 부끄러워하거나 두려워하지 않고 이를 대변할 줄 알고

세상 모두가 '예' 라고 얘기할 때 '아니오' 라고 자신 있게 말할 수 있는 사람.

❸ 선택 Choice

삶은 선택의 연속이다. 매일 아침, 잠에서 깨는 순간부터 선택을 한다. 매 순간 성공을 향해 전진하는 것도 우리가 그렇게 하기로 선택했기 때문이다. 매일 하는 선택들이 오랜 시간 누적돼 결국 최종 목적지에 이르게 해 준다. 선택을 할 수 있는 능력은 인류에게 선사된 가장 큰 선물 중 하나이다.

～ 모든 예술과 탐구, 모든 행동과 선택은 선을 목표로 한다고 여겨진다.
　그렇기 때문에 모든 선택의 목표가 선인 것이 당연하다.

– 아리스토텔레스(Aristotle)

❹ 명료함 Clarity

성공의 80%는 우리가 누구인지, 믿는 것은 무엇인지, 원하는 것이 무엇인지를 명확히 하는 것에서 기인한다. 이런 것들이 명료한 사람들은 목표를 향해서만 시야가 고정되어 있기 때문에 한눈을 팔지 않는다.

> 〜 나는 자연이 너무 아름다울 때 소름끼칠 만큼 명료한 순간을 경험한다.
>
> 그 순간 나는 내 자신이 아니며 내가 그린 그림은 마치 꿈에서 본 것 같다.
>
> — 빈센트 반 고흐(Vincent Van Gough)

❺ 자신감 Confidence

노력을 하겠다는 자신감이 있으며 성공할 때까지 계속해서 노력할 수 있고 헌신할 수 있는 사람이 성공을 거둘 수 있다. 자신감은 스스로 노력해서 얻는 것이다. 이는 자기 확신과 성공적인 목표수립 등을 통해서 가능하다. 우리가 쟁취하는 성공은 그 크기에 관계없이 전부 자신의 마음속에서 자라난다. 그리고 쟁취하는 모든 승리는 내면에 더 큰 자신감을 심어줄 것이다. 이 자신감 덕분에 다음 번 성공에 이르기 위해 필요한 능력을 얻을 수 있을 것이다. 하루 5분을 투자해 스스로의 내면에 자신감을 키워보자. 필요할 때 이를 꺼내 쓸 수 있을 것이다.

> 〜 무언가를 시도하기 전에 자기 안에 내재돼 있는 것들을 바라고 기대해야 한다.
>
> — 마이클 조던(Michael Jordan)

❻ 일관성 Consistency

성공한 사람들은 성공이 쉽게 얻을 수 있는 것이 아니라는 사실을 잘 알고 있다. 성공한 사람들에게는 자신만의 성공 공식이 있다. 나에게는 열정 Passion, 목적 Purpose, 끈기 Perseverance라는 3개의 P가 있다. 권투선수 로키는 열정과 목적을 갖고 있었으며 결코 포기하지 않았다. 언제나 끈기를 갖고 옳은 일을 하다보면 운명이 결정될 것이다. 성공하는 사람들은 그들에게 성공을 안겨다줄 그런 일들을 한결같이 해왔다.

～ 일관성은 성공의 기본이다. - 프란시스 베이컨(Francis Bacon)

❼ 용기 Courage

용기는 성공에 이르기 위해 필요한 것 중 하나이지만, 그 필요성에 비해 많은 사람들에게 부족한 덕목이다. 용기란 결과에 관계없이 옳다고 생각하는 일을 하려는 의지이다. 지도자는 용감한 사람들이다. 그들은 성공에 이르는 길에 여러 난관이 많이 있는 것을 알지만 그 선두에 서서 한결같이 앞으로 전진 한다. 명료함과 자신감으로 무장한 채 목표를 향해 나아가는 것이다.

～ 용기는 두렵지만 어떻게든 계속해서 나아가는 것이다. - 댄 레더(Dan Rather)

성공으로 가기 위한 7개의 C라는 배에 올라탔으면 항해를 멈춰서는 안 된다. 이는 매우 중요하다. 그 길이 아무리 험난할지라도 절대 포기해서는 안 되는 것이다. 다음은 포기하고 싶을 때 읽으면 도움이 될 것이다. 7개의 C를 항해할 때 이 시를 매일 읽어보라.

포기하지 마라.

일이 잘못 될 때,
우리가 가는 길이 힘겨울 때,
수중에 있는 돈은 적고 빚은 넘쳐날 때,
웃고 싶지만 한숨만 나올 때,
걱정으로 인해 우울할 때,
꼭 그래야만 하는 것이 아니라면, 포기하지 마라.

삶은 우여곡절로 가득 차 있다.

우리 모두 이 사실을 알고 있다.

계속 노력하면 성공할 수 있을 때에는

그 속도가 느려보일지라도 절대 포기하지 마라.

반드시 성공할 수 있을 것이다.

목표는 보이는 것보다 가까이 있을 때가 있다.

열심히 노력하다가 포기하는 사람들이 있다.

그들은 성공에 거의 다다랐는데도

곧 쓰러질 것 같아서 지레 겁먹고 포기한다.

또한 포기한 후에 자신이 성공에 얼마나 가까이 갔었는지

뒤늦게 깨닫기도 한다.

성공은 뒤집혀진 실패와도 같다.

의심이라는 구름에서 보이는 한 줄기 희망의 빛과도 같은 것이다.

성공에 얼마나 가까이 와 있는지 절대 알 수 없을 때

생각보다 성공은 가까이 있을지도 모른다.

그러므로 하던 노력을 계속하라.

최악의 상황에서도 포기해서는 안 된다.

하루 5분을 투자해 다른 사람들을 염려하고, 자신감을 얻고, 필요한 일을 하기 위한 용기도 얻고, 목표에 집중하기 위해 필요한 명료함도 얻는다고 상상해 보라. 이를 위해서는 매일 올바른 선택을 해야 한다. 우선 매일 5분 동안 목표 수립과 자기 확신을 계속해 보라. 그렇게 하면 우리는 성공에 다다를 수 있을 만큼 강해질 것이다. 그러면 사람들은 우리를 따라올 것이고 그들을 이끌 것이다. 7개의 C를 항해할 때에는 기억할 것도, 배워야 할 것도 많다.

성공으로 이르는 7개의 C를 전부 살펴보면서 성공에 이르기 위해 익혀야 할 능력이 많다는 사실을 알게 됐을 것이다. 이 7개의 C를 전부 익히면 자신의 내면에 숨겨져 있는 삶의 비밀이라는 보물을 찾을 수 있을 것이다. 하지만 이 보물들을 찾기 위해서는 열쇠가 필요할 것이다. 다음은 행복하고 성공적인 삶에 이르는 나만의 열쇠이다.

〈하루 5분으로 행복한 삶에 이르는 열쇠〉

1. 매일 5명의 사람들을 칭찬하라.

2. 일출을 보라.

3. 일몰을 보라.

4. 먼저 인사를 건네는 사람이 되라.

5. 검소하게 살라.

6. 분수에 맞게 살라.

7. 운수 나쁜 날에도 웃어라.

8. 대우받고 싶은 대로 남을 대하라.

9. 모두에게 친절하게 굴어라.

10. 다른 이들을 행복하게 해주어라.

11. 무엇이든 절대 포기하지 마라. 기적은 일어난다.

12. 새로운 사람을 만나면 이름을 기억하려고 노력하라.

13. 물질적인 것이 아닌, 지혜와 용기를 얻게 해달라고 기도하라.

14. 정신은 강인하고, 마음은 부드러운 사람이 되라.

15. 하룻밤 사이에 부자가 되기 위해서는 7천 시간의 노력이 필요함을 기억하라.

16. 나로 인해 무엇이든 처음보다 나아지도록 하라.

17. 승자는 패자가 원치 않은 일을 한다는 사실을 명심하라.

18. 아침에 직장에 도착하면 말 한마디로 동료들의 하루를 즐겁게 해주어라.

19. 다른 사람들의 성과를 망치지 말고 더욱 부각시켜줘라.

20. 누군가에게 사랑한다는 말을 할 기회를 낭비하지 말라.

이제 우리는 삶의 보물을 찾기 위해 필요한 20개의 열쇠를 손에 쥐게 됐다. 삶의 보물을 얻기 위해서는 이 열쇠들을 잘 활용해야 한다. 매일 5분을 투자해 앞으로 각각의 열쇠를 완벽하게 익히도록 하자. 그러면 성공으로 이르는 길이 눈앞에 펼쳐질 것이다.

5장

내면의 힘

하루 5분, 눈을 감고 자신의 목표를 다시 점검해 보라. 그러면 세 가지 차원의 의식이 느껴질 것이다. 첫째는 주위에 있는 모든 것을 인식하는 의식이다. 둘째는 우리 안에 내재되어 있는 무의식이다. 행동에는 이 무의식이 깔려 있다. 셋째는 건강과 번영으로 향하는 길을 열어줄 초의식이다. 이 초의식을 통해 그 누구도 하지 못한 일을 할 수 있다.

　수많은 현자들이 삶의 비밀을 터득하는 동안 보통 사람들은 건강, 행복, 부를 얻을 수 있는 비법들을 찾아 헤매고 다닌다. 사람들은 수많은 상업광고, 자기계발 서적, 테이프, DVD, 세미나 등을 통해 비법을 얻으려고 한다. 동기를 부여해 주는 이 같은 수단들 덕분에 우리는 이미 삶의 비밀, 건강과 부를 얻는 비법 등을 알고 있다. 그리고 자신에게 변할 수 있는 능력이 있다는 사실을 안다. 또한 현재 상황에 매여 있어서는 안 되며 스스로를 믿어야 한다는 사실도 안다.

우리는 모두 자연의 산물이다. 스스로를 애벌레와 다를 바 없다고 생각해 보라. 애벌레처럼 누에고치를 뚫고 나와 나비가 되는 것이다. 할 수 있다고 믿기 시작하면 정말로 꿈을 이룰 수 있고 운명을 발견할 수 있다. 누군가에게는 《시크릿 Secret》이 베스트셀러가 될 수 있다. 하지만 다른 이들에게는 그저 믿음의 힘을 언급한 또 다른 책에 불과할 수 있다. 스스로의 능력으로 그 어떤 장애물도 극복할 수 있다. 내 안에 내재된 초의식을 이용하면 이 세상에서 이루지 못할 것은 없다. 위대한 현자들의 상당수가 이 능력의 존재를 인식하고 여기에 적절한 이름을 붙여주었다. 랄프 왈도 에머슨 **Ralph Waldo Emerson**은 이것을 대령 **oversoul**, 전 인류의 정신적 귀일(歸一)인 신이라 불렀다. 그는 이렇게 말했다. "우리는 모든 욕구에 응답해줄 위대한 지식인들의 무릎에 누워있다." 나폴레온 힐 **Napoleon Hill**은 이 능력을 '무한한 지성'이라고 불렀다. 그는 이 지성에 이르는 능력이야말로 그가 오랫동안 연구한 부자들의 비밀이라고 주장했다. 카이로프랙틱(척추지압 치료방법)의 창시자, 다니엘 데이비드 팔머 **D.D. Palmer**와 바트렛 조슈아 팔머 **B.B Palmer**는 내면의 지성인 이 능력이 모두에게 있다고 보았다. 자신 안에 있는 이 능력을 이용해, 원하는 것, 필요로 하는 것, 마땅히 누려야 할 것들을 쟁취할 수 있다. 고전 예술, 음악, 문학 등은 사실 모두 이 창조력을 잘 이용한 사람들이 창시한 것이다. 꿈꾸고, 목표를 정하고, 상상을 현실로 만드는 과정에서 초의식을 이용하기 시작한다. 학습을 통해, 어떻게 하면 이것을 직접 이용할 수 있는지 배울 수 있다. 하지만 상당수가 자신이 갖고 있는 무한한 능력을 온전히 믿거나 사용하지 못하고 있으며 어떻게 사용해야 하는지 제대로 알고 있지도 않다. 이렇게 간단한 것이 왜 그렇게 복잡해 보이는지 아리송할 뿐이다. 하지만 에머슨, 에디슨, 모차르트, 마흐, 베토벤, 디즈니 등 수많은 인물들이 이 방법을 터득했다. 우리라고 못할 이유가 없다.

한 젊은 남자가 소크라테스에게 가서 성공에 이르는 방법을 물어보았다. 그러자 소크라테스는 "나를 따라 오거라."라고 대답하며 발걸음을 옮겼다.

그들은 근처에 있는 호수로 갔다. 그리고 물이 허리춤까지 찰 때까지 호수 안으로 들어갔다. 그 때 갑자기 소크라테스는 젊은 남자의 머리를 물속에 처박았다. 소크라테스가 장난을 치는 거라고 생각한 남자는 처음에는 저항하지 않았다. 하지만 물 아래 있는 시간이 길어지자 그는 흥분하기 시작했다. 폐에 산소가 부족해지면서 숨을 쉴 수 없게 되자 필사적으로 소크라테스의 손을 뿌리치기 위해 노력했다. 내면의 힘을 모두 모아 초의식에 도달한 그는 의식과 무의식까지 모두 끌어 모았다. 이런 힘겨운 노력 끝에 몸을 비틀어 소크라테스의 손을 뿌리칠 수 있었다. 물밖에 나온 그는 콜록거리며 화난 목소리로 소크라테스에게 왜 그랬냐고 물었다.

그러자 소크라테스는 이렇게 말했다. "조금 전에 네가 숨 쉬겠다는 욕구를 충족시키고자 노력했던 정도의 열정으로 성공을 바라면 이 세상에 못 이룰 일이 없다. 물속에 있을 때 공기를 원했던 그 열정으로 성공을 바라면 네 안에 있는 초의식을 완전히 익힐 수 있다. 생존에 필요한 것이 무엇인지를 깨달으면 그것을 얻기 위한 방법도 알 수 있을 것이다."

소크라테스는 모든 비밀은 우리 안에 있다는 사실을 알았던 것이다. 이기거나 지는 것, 살거나 죽는 것 모두 우리의 선택이다. 죽음은 운명이 아니라 선택인 것이다. 각자의 내부에 그 비밀이 놓여 있다. 성공, 건강, 행복은 우리의 손이 닿는 곳에 있는 것이다. 이 모든 것들을 얻기 위해 노력하라. 어제 한 일에 대해 오늘 책임을 져라. 그리고 이를 바탕으로 내일을 설계하라. 모든 것은 자신에게 달려있다. 각자의 삶과 운명을 통제하라. 그렇지 않으면 운명이 우리를 통제할 것이다. 대부분의 경우 단 하나의 장애물만이 존재한다. 바로 자신이다.

올리버 웬델 홈스 **Oliver Wendel Holmes**는 이렇게 말했다. "새로운 생각이 들어와 시야가 넓어진 마음은 원 상태로 돌아가지 않는다." 관점을 넓혀라. 성숙해져야 할 때다. 하루 5분, 즉 300초만 투자해서 우리가 되고자 하는 모습을 머릿속에 그려봐라. 그리고 그런 사람이 되기 위한 계획을 세워라. 각자가 한 선택을 다시 한 번 확인하고, 꿈꾸는 자가 되기 위한 실질적인 단계를 밟아가라.

소크라테스는 그 욕구가 절실하면 성공할 수 있다고 했다. 하지만 성공에 이르는 방법은 누군가에게서 배워야 하지 않을까? 이는 데일 카네기 **Dale Carnegie**에게서 배울 수 있을 것이다. 그 만큼 현시대 사람들에게 영향력이 막대한 작가도 없을 것이다. 그는 1888년 미주리주에서 태어났으며 워렌스버그 주립 사법대학에 다녔다. 배우가 되고자 하는 꿈을 품은 채 판매원으로 일하던 그는 뉴욕으로 가, YMCA에서 성인을 대상으로 커뮤니케이션을 가르치는 일을 시작한다. 그리고 1912년, 전 세계적으로 유명한 리더십 과정인 '데일 카네기 코스 **Dale Carnegie Course**'가 탄생한다.

그는 《인간관계론 **how to win friends & influence people**》을 포함한 여러 베스트셀러의 저자이기도 하다. 카네기의 책은 5천만 부 이상 발행됐고 38개가 넘는 언어로 번역되었다.

당시에 카네기는 굉장히 유명한 교사였고 전 세계 지도자들이 그와의 상담을 원했다. 카네기는 70개를 훌쩍 넘는 국가의 3천명 이상의 교육자와 단체들을 연결시키는 전 세계적인 네트워크를 만들었다. 이쯤에서 그의 황금률을 살펴

보고 넘어가도록 하자. 5분을 투자해 다음의 법칙들을 읽고, 앞으로 평생 동안
이를 실행해 옮겨보도록 하자.

〈카네기의 '인간관계론' 5분 원칙〉
❖ 인간관계를 잘 맺는 9가지 방법

1. 비평이나 비난, 불평을 하지 마라.

2. 솔직하고 진지하게 칭찬하라.

3. 다른 사람들의 열렬한 욕구를 불러일으켜라.

4. 다른 사람들에게 진심으로 관심을 가져라.

5. 미소를 지어라.

6. 상대방의 이름이 그 사람에게는 가장 달콤하고 중요한 단어라는 사실을 명심하라.

   즉 상대방의 이름을 잘 기억하라.

7. 남의 이야기를 경청하라. 다른 사람들이 스스로에 대해 얘기하게 만들어라.

8. 상대방의 관심사에 대해 이야기하라.

9. 상대방으로 하여금 자신이 중요한 사람이라는 느낌이 들게 하라.

   이때 성실한 태도로 임해야 한다.

❖ 상대방을 설득하는 11가지 방법

1. 논쟁에서 최선의 결과를 얻을 수 있는 유일한 방법은 이를 피하는 것이다.

2. 상대방의 의견을 존중하라. 결코 "당신이 틀렸다"고 말하지 마라.

3. 잘못을 저질렀다면 즉시 분명한 태도로 그것을 인정하라.

4. 우호적인 태도로 말을 시작하라.

5. 상대방이 당신의 말에 즉각, "네."라고 대답하게 하라.

6. 상대방으로 하여금 많은 이야기를 하게 하라.

7. 상대방의 관점에서 사물을 볼 수 있도록 성실히 노력하라.

8. 상대방의 생각이나 욕구에 공감하라.

9. 보다 고매한 욕구에 공감하라.

10. 당신의 생각을 극적으로 표현하라.

11. 상대방에게 도전 의욕을 불러일으켜라.

❖ 리더가 되는 9가지 방법

1. 칭찬과 감사의 말로 시작하라.

2. 잘못을 간접적으로 알게 하라.

3. 상대방을 비평하기 전에 자신의 잘못을 먼저 인정하라.

4. 직접적으로 명령하지 말고 요청하라.

5. 상대방의 체면을 세워주어라.

6. 아주 작은 진전에도 칭찬을 아끼지 말라. 또한 진전이 있을 때마다 칭찬을 해주어라.

   동의는 진심으로, 칭찬은 아낌없이 하라.

7. 상대방이 훌륭한 명성을 갖도록 해주어라.

8. 격려해 주어라. 잘못은 쉽게 고칠 수 있다고 느끼게 하라.

9. 당신이 제안하는 것을 상대방이 기꺼이 하도록 만들어라.

〈카네기의 '행복론' 5분 법칙〉
❖ 걱정을 극복하기 위한 방법

1. 하루하루를 충실히 살아라.

2. 걱정을 극복하는 법

① '이 문제를 해결할 수 없을 때 일어날 수 있는 최악의 상황은 무엇인가?'

   하고 스스로에게 물어보라.

② 불가피한 경우에는 최악의 상황을 받아들일 준비를 하라.

③ 그런 뒤에는 침착하게 최악의 상황을 개선하기 위해 노력하라.

3. 걱정을 계속하게 되면 건강을 해치는 엄청난 대가를 치르게 된다는 것을 잊지 마라.

❖ 걱정을 분석하는 기법

1. 사실을 파악하라.

2. 온갖 사실을 면밀하게 검토한 뒤에 결단을 내려라.

3. 일단 결단이 내려지면 실행하라.

4. 어떤 문제에 대해 걱정이 생길 경우, 다음의 물음을 생각해 보라.

① 무엇이 문제인가?

② 문제의 원인은 무엇인가?

③ 문제를 해결할 수 있는 가능한 방법은 무엇인가?

④ 최선의 해결책은 무엇인가?

❖ 고민이 습관이 되기 전에 물리치는 방법

1. 바쁘게 생활하여 마음속에서 고민을 몰아내라.

2. 사소한 일에 야단법석을 떨지 마라.

3. 고민을 몰아내기 위해 평균율 법칙을 적용하라.

　　즉 '이 일이 일어날 가능성은 몇 퍼센트나 되는가?' 를 자문하라.

4. 불가피한 일은 받아들여라.

5. 고민에 대해 '손실정지' 명령을 내려라.

　　적당한 고민의 한도를 정해 그 이상의 고민은 거부하라.

6. 과거일은 과거로 묻어버려라.

❖ 평화롭고 행복한 정신 상태를 기르는 7가지 방법

1. 우리의 마음을 평화와 용기와 건강과 희망에 대한 생각으로 가득 채워라.

   우리의 생각이 우리의 인생을 만들기 때문이다.

2. 적에게 보복하려 하지 마라.

   적에 대한 보복은 적보다 자기 자신에게 더 많은 상처를 줄 뿐이다.

3. 남들이 은혜를 모른다고 고민하지 마라.

   행복을 발견하는 유일한 방법은 감사를 기대하지 않는 것이다.

4. 고민의 수 대신 받을 축복의 수를 헤아려라.

5. 남을 모방하지 마라. 자신을 발견하고 자기 자신이 되어라.

6. 손해를 보더라도 그 손해로부터 나름의 이득을 취하려고 노력하라.

   도움이 되지 않는 경험은 없다.

7. 남의 행복을 위해 노력함으로써 자신의 불행을 잊어 버려라.

❖ 다른 사람의 비평에 대해 걱정하지 않는 법

1. 부당한 비평은 대개 위장된 찬사임을 기억하라.

   이는 당신이 남들로부터 질투나 선망을 받을 만큼 잘하고 있다는 증거다.

2. 최선을 다하라.

3. 스스로의 실수를 분석하고 스스로를 비판하라.

4. 피로와 걱정은 멀리하고 항상 에너지를 비축하여 활기왕성하게 유지하라.

5. 피로해지기 전에 휴식을 취하라.

6. 일을 하면서 피로를 푸는 법을 배워라.

7. 집에서 휴식을 취하면서 건강과 외모를 유지하라.

8. 다음 네 가지의 좋은 작업습관을 길러라.

① 당면한 문제와 관계있는 서류를 제외하고는 책상에서 모두 치워버려라.

② 중요한 것부터 일을 처리하라.

③ 문제에 직면하면 바로 그 자리에서 해결하라.

④ 조직화, 대리화, 지휘화 하는 것을 배워라.

9. 일에 열정을 가져라.

10. 불면증으로 인해 죽은 사람이 없다는 것을 기억하라. 불면증에 대한 고민이 해를 끼치는 것이지 불면증 자체가 해를 주는 것은 아니다.

이제 데일 카네기의 책들이 왜 그렇게 많이 팔렸는지 알 수 있을 것이다. 그는 우리가 살면서 매일 지켜야 할 단순한 법칙을 제안했다. 하루 5분을 투자해 각 내용들을 숙지함으로써 자기 자신과 스스로의 삶, 인간관계 등을 변화시켜보자. 그리고 모든 두려움을 극복하자. 자기 자신 안에 내재된 에너지, 삶의 목적 등을 발견하자. 이는 값진 결과를 얻기 위한 아주 작은 투자일 뿐이다. 이 법칙들을 살펴보면 그 동안 했던 고민들이 비단 자신에게만 국한된 것이 아님을 느낄 것이다.

모두가 인생을 살면서 문제에 직면한다. 중요한 것은 이에 맞서는 것이다. "밴드를 이끌고 싶거든 음악과 먼저 친해져야 한다." 오늘부터 당장 성공하는 삶을 살겠다고 선택하자. 일이 뜻대로 풀리지 않을 경우 좌절하지 말고 맞서 싸워라.

아내와 나는 예전의 삶으로 돌아가 혼자 힘으로 다시 걷고 말하고 사랑하고 먹고 눈을 뜨고 호흡하기로 결심했다. 수많은 사람들에게 너무도 당연한 이 같은 일들을 당시에 우리 부부가 한다는 것은 기적과도 같았다. 우리는 삶의 많은 부분을 너무 당연하게 여긴다. 하지만 삶에서 일어나는 기적은 삶 자체이다. 걷고 말하고 보고 듣는 것 자체가 기적인 것이다. 동물과 다른 점은 생각하고 의사소통하고 목표를 정하고 다른 이들을 사랑하고 보살피는 능력이 있다는 것이다. 물질적인 것에만 너무 집착하고 있는 나머지 삶에서 정말 중요한 것을 잊고 있다.

이제 5분 동안 갖고 있는 모든 것들에 감사하는 시간을 갖도록 하자. 신은 우리에게 삶이라는 축복을 선사했다. 이 삶을 사는 것으로 신에게 감사해야 한다.

웃고 사랑하고 배우자. 각자의 삶에 대해 내가 확실히 할 수 있는 유일한 말은 살아 있는 한, 삶에서 벗어날 수는 없다는 것이다. 그러므로 오늘이 마지막인 것처럼 살고 매 순간 감사하는 법을 배우자.

> 한 시간을 감히 낭비하는 사람은 삶의 가치를 아직 발견하지 못한 사람이다.
>
> – 찰스 다윈(Charles Darwin)

6장

장

삶의
주체되기

어느 날 악마는 공포, 걱정, 우울, 미루는 습관, 부정적 성향, 적대감, 질투 등 그가 갖고 있는 온갖 종류의 도구를 팔고 싶었다. 악마가 물건을 진열하는 것을 도와주던 다른 악마는 가장 비싼 가격이 붙어 있는 '낙담' 이라는 도구를 발견했다. 녹이 슬어 있는 낡아 빠진 도구였다. 그런 도구에 그렇게 비싼 가격을 붙인 이유가 궁금했던 다른 악마는 그 이유를 물어보았다. 그러자 이렇게 대답했다. "이 낙담이라는 도구는 가장 유용하지. 이 도구를 사용하면 사람들의 무의식을 내 마음대로 조종할 수 있어. 일단 낙담이 사람들의 마음에 자리 잡으면 다른 도구들을 이용하는 것은 식은 죽 먹기지."

다른 사람이 우리의 꿈이나 이상을 앗아가도록 내버려두지 마라. 삶을 주체적으로 살아라. 앞서 말한 것처럼 삶은 수많은 숫자의 조합으로 만들어진 자물쇠이다. 올바른 숫자를 입력해 이 자물쇠를 열어야 한다. 올바른 방향으로 나아가 내 안에 내재돼 있는 비밀을 찾아야 하는 것이다. 우리는 각자 어느 방향으로 나가야 할지를 알고 있다. 남들이 옳다고 해서 그 길을 따라가야 하는 것은 아니다. 성공, 건강, 행복은 기적이 아니다. 삶만이 유일한 기적이다. 그리고 성공은 운이 아니다. 노력의 결과이다.

이 비유를 일상에 적용해 보자. 삶에는 초의식을 통해 자신이 원하는 것을 얻도록 해주는 올바른 생각과 행동이 존재한다고 말할 수 있을 것이다. 우리에게는 자신의 내부에 존재하는 잠재력을 발휘할 능력이 있다. 노력만 하면 올바른 길을 찾을 수 있는 것이다. 건강, 부, 행복, 성공, 마음의 평화는 내부에 이미 존재하고 있다. 성공한 사람들은 성공하지 못한 사람들이 감히 시도하지 않았거나 원하지 않은 일들을 한다. 하지만 성공은 어느 정도 실패를 경험해야 얻을 수 있다.

태어날 때부터 걷거나 말하는 방법을 알았던 것은 아니다. 처음 걸으려고 했을 때 우리는 넘어졌다. 그리고 처음 내뱉은 말은 더듬기 일쑤였다. 처음 읽기를 했을 때, 덧셈, 곱셈, 나눗셈을 했을 때, 농구를 했을 때, 야구 방망이나 골프채를 휘둘렀을 때, 모두가 어느 정도 실패를 했었다. 하지만 굴하지 않았다. 첫 번째 데이트가 얼마나 어색했는지 기억나는가? 하지만 그렇다고 데이트하는 것을 포기한 것은 아니었다. 삶에서 겪는 경험들의 밑바닥에는 실패와 좌절이 깔려 있다. 마치 개울 바닥의 돌들이 개울이 아름다운 소리를 내는 데 도움을 주는 것처럼 말이다.

한 꼬마가 야구 방망이와 공을 들고 밖에 나갔다. 꼬마는 공을 하늘 높이 던져서 공이 내려올 때 방망이로 쳐내려고 했지만 쉽지 않았다. 하지만 꼬마는 멈추지 않고 계속 시도를 했다. 1시간이나 노력했지만 뜻대로 되지 않자 꼬마는 내려오는 공을 받아내고는 이렇게 말했다. "이런, 난 뛰어난 투수였잖아."

지금은 인류 역사상 그 어느 때보다도 성공을 거두는 사람이 많다. 데니스 와틀리 Dennis Whatley는 이렇게 말했다. "실패란 다음 번 성공으로 가는 데 있어 잠시 방향을 바꾼 것뿐이다."

❖ 인생을 살면서 지켜야 할 5가지 기본 원칙

1. 삶은 힘겹다. 언제나 그랬으며 앞으로도 그럴 것이다.
2. 모든 것은 '나'에게 달려있다.
3. 배우고자 하는 것은 무엇이든 배울 수 있다.
   되고자 하는 것은 무엇이든 될 수 있으며 원하는 것은 무엇이든 성취할 수 있다.
4. 삶에는 한계가 거의 없다. 그리고 한계의 대부분은 우리 외부가 아닌 내부에 존재한다.
5. 보통 '하늘이 한계다'라고 말한다. 하늘은 한계가 아니다. 하늘은 그 끝을 볼 수 없을 만큼 멀리 있을 뿐이다. 우주는 무한한 것이다. 따라서 한계란 없다.

최근에 혁명가이자, 동기 부여자, 기업가였던 스티브 잡스라는 천재를 잃었다. 그렇게 뛰어난 재능과 막대한 재산에도 불구하고 그가 유일하게 돈으로 살 수 없었던 것이 바로 시간이었다. 하지만 그는 순간에 충실한 삶을 살았고 지상에서의 시간을 현명하게 보냈다. 다음 이야기를 내 소중한 친구 빌 메이어 Bill Meyer를 통해 들었다. 나는 이 이야기에 깊은 감동을 받았다. 독자들도 그러리라 믿는다. 스티브 잡스는 삶의 고난을 다 받아들인 사람이었다. 그는 이 세상에는 한계가 없음을 알고 있었고 불가능한 것을 상상해 그것을 현실로 만들었다.

다음은 2005년 스티브 잡스가 스탠포드대학에서 했던 연설이다.

오늘 저는, 세계에서 가장 훌륭한 대학의 한 곳을 졸업하면서 새 출발을 하는 여러분들과 함께하는 영광을 누리고 있습니다. 저는 대학을 졸업하지 않았습니다. 사실을 말하자면, 이 번이 제가 대학 졸업식이라는 곳에 가장 가까이 다가간 경우입니다. 여러분들에게 제 인생에 관한 세 가지 이야기를 하려고 합니다. 뭐 그리 대단한 것은 아니고 그저 세 가지 이야기입니다.

첫 번째 이야기는 점(點)을 잇는 것에 관한 것입니다. 저는 리드 대학이라는 곳을 6개월 다닌 후 그만 두었습니다. 18개월 동안은 비정규 청강생으로 머물렀고 그 후에는 완전히 자퇴를 했습니다. 제가 왜 대학을 그만두었을까요?

이야기는 제가 태어나기 전부터 시작됩니다. 제 생모는 젊은 미혼의 대학생이었는데, 저를 낳으면 다른 사람에게 입양을 시키기로 결심했습니다. 생모는 제가 반드시 대학을 졸업한 부부에게 입양되어야 한다는 생각을 갖고 있었습니다. 그래서 아기가 태어나면 바로 어떤 변호사 부부에게 입양되기로 되어있었고, 그것으로 모든 것이 다 끝난 것처럼 보였습니다. 그러나 제가 태어났을 때 절 입양키로 한 부부는 마지막 순간에, 사실 자신들은 여자아이를 원한다고 했습니다. 그러나 그분들은 흔쾌히 입양을 수락하셨습니다. 생모는 나중에야 양어머니가 대학을 나오지 않았고, 양아버지는 고등학교도 졸업하지 않았다는 사실을 알았습니다. 생모는 이런 이유로 최종 입양서류에 서명을 하지 않다가 몇 달 후 양부모님이 저를 나중에 대학에 보낼 것이라는 약속을 하고서야 마음을 바꿨습니다.

17년이 지난 후 정말 대학에 가게 되었습니다. 그런데 저는 당시에 스탠포드와 거의 맞먹는 수준의 학비가 드는 대학을 선택했고, 평범한 노동자였던 양부모님은 저축한 모든 돈을 제대학등록금에 써야 했습니다. 그렇게 6개월이 지난 후 저는 그만한 돈을 쓰는 데 대한 가치를 느낄 수 없었습니다. 무엇을 하길 원하는지 알지 못했고, 대학이 그것을 아는 데 어떤 도움을 줄지도 알지 못했습니다. 그런데도 양부모님은 평생을 저축해 모은 돈을 저의 학비로 쓰고 있었던 것입니다. 그래서 대학을 그만두기로 했습니다. 모든 것이 잘될 것이라는 믿음을 가졌습니다. 그 당시 그런 결정은 다소 두렵기도 했지만, 지금 돌아보면 그것이 제가 지금까지 한 결정 중에 가장 탁월한 결정이었습니다. 학교를 그만두는 그 순간, 흥미가 없었던 필수과목을 들을 이유가 없었기 때문에 관심 있는 다른 과목들을 청강할 수 있게 되었습니다.

하지만 그다지 낭만적이지만은 않았습니다. 기숙사에 방이 없었기 때문에 친구 방의 바닥에서 잠을 자야 했습니다. 음식을 사기 위해 콜라병을 반납해서 5센트씩 모았고, 해어 크리슈나 사원에서 1주일에 한번 주는 음식을 얻어먹기 위해 일요일 밤마다 약 11킬로미터를 걸어가곤 했습니다. 저는 그게 좋았습니다. 그리고 호기심과 직관을 따라서 한 일들은 나중에 값으로 매길 수 없는 큰 가치가 되었습니다. 한 가지 사례를 들어보겠습니다.

제가 다녔던 리드대학은 그 당시 미국에서 최고의 서체 교육 기관이었다고 생각합니다. 캠퍼스 전체에 부착된 포스터, 표지물들은 전부 손으로 그려진 아름다운 손글씨로 장식되어 있었습니다. 정규과목들을 더 이상 들을 필요가 없었기 때문에 이런 글자체들을 어떻게 만드는지를 배워 보려고 서체과목을 듣기 시작했습니다. 세리프나 산세리프 활자체를 배웠고, 무엇이 훌륭한 활자체를 만드는지에 대해 배웠습니다. 그것은 과학이 알아내지 못하는, 아름답고 역사적이며 예술적인 미묘함을 갖고 있었습니다. 그리고 거기에 매료되었습니다. 당시에 이런 모든 것이 제 삶에 실제로 응용될 것이라는 생각은 전혀 하지 못했습니다. 그러나 10년 후, 우리가 최초의 매킨토시 컴퓨터를 만들 때 그 모든 것이 도움이 되었습니다. 맥 컴퓨터는 아름다운 글자체를 가진 최초의 컴퓨터가 되었습니다. 만일 대학에서 그 과목을 듣지 않았다면 맥 컴퓨터는 결코 다양한 서체를 가진 컴퓨터가 될 수 없었을 것입니다. MS의 윈도우즈는 맥 컴퓨터를 단지 베낀 것에 불과하기 때문에, 맥 컴퓨터가 그렇게 하지 않았다면 어떤 개인용 컴퓨터도 그런 아름다운 서체를 갖지 못했을 것입니다. 제가 만일 정규과목을 그만두지 않고 서체과목에 등록하지 않았더라면, 개인용 컴퓨터는 지금과 같은 다양하고 아름다운 서체를 갖지 못했을 것입니다. 물론 제가 대학에 있을 때는 미래를 내다보면서 점을 잇는 것은 불가능했습니다. 하지만 10년이 지난 후 과거를 되돌아 볼 때 그것은 너무나 분명했습니다.

다시 말하지만, 우리는 미래를 내다보면서 점을 이을 수는 없습니다. 오직 과거를 돌이켜보면서 점을 이을 수 있을 뿐입니다. 따라서 여러분은 지금 잇는 점들이 미래의 어떤 시점에 서로 연결될 것이라는 믿음을 가져야만 합니다. 여러분은 자신의 내면, 운명, 인생, 카르마, 그 무엇이든지 신념을 가져야 합니다. 이런 접근법은 저를 결코 낙담시키지 않았고, 제 삶에 변화를 주었습니다.

두 번째 이야기는 사랑과 상실에 관한 것입니다. 저는 인생의 이른 시기에 하고 싶은 것을 발견한 행운아였습니다. 우즈(스티브 우즈니액, 애플 공동창업자)와 저는 우리 부모님의 차고에서 애플이라는 회사를 시작했습니다. 겨우 스무 살이었습니다. 우리는 열심히 일했습니다. 차고에서 고작 둘이 시작한 애플이란 회사는 10년 후 4000명의 직원을 가진 20억 달러 가치의 회사로 성장했습니다. 제 나이 29살, 우리는 최고의 작품인 매킨토시를 출시했습니다. 그러나 이듬해 저는 해고당했습니다. 어떻게 자신이 만든 회사에서 해고를 당할 수 있냐구요? 당시, 애플이 점점 성장하면서, 저와 잘 맞는 유능한 경영자를 데려와야겠다고 생각했습니다. 첫해는 그럭저럭 잘 되어 갔습니다. 그러나 그 후 미래에 대한 관점에서 의견 차이를 보이기 시작했습니다. 결국 내부적으로 분열하기 시작했습니다. 애플의 이사회는 우즈를 지지했고, 결국 저는 서른 살이 되던 해에 애플에서 쫓겨났습니다. 제 삶의 중심이었던 모든 것들이 사라져버리자, 너무나 비참한 기분이 들었습니다.

몇 달 동안 저는 무엇을 해야 할지 몰랐습니다. 마치 달리기 계주에서 바톤을 놓친 선수 같은 기분이 들었습니다. 그리고 선배 벤처기업인들을 실망시킨 것 같았습니다. 데이비드 팩커드(HP의 공동 창업자)와 밥 노이스(인텔 공동 창업자)를 만나 실패한 것에 대해 사과하려 했습니다. 공식적으로 실패한 사람이었고 실리콘 밸리에서 도망치고 싶었습니다. 하지만 그 순간 깨달았습니다. 여전히 제가 하는 일을 사랑하고 있다는 사실을 말입니다. 애플에서 겪었던 일들조차도 그런 마음을 꺾지 못했습니다. 해고당했지만 여전히 제 일을 사랑하고 있었습니다. 결국 저는 새롭게 출발하기로 결심했습니다.

그때는 전혀 몰랐지만, 애플에서 해고된 일은 제게 일어날 수 있었던 일 중 가장 바람직한 사건이었습니다. 그 사건은 성공의 중압감을 벗어나게 해주었고 초심자의 마음으로 돌아가게 해주었습니다. 모든 것이 불확실했지만 마음만은 가벼웠던 때로 말입니다. 그리고 그 사건으로 인해 제 인생에서 최고의 창의력을 발휘하는 시기로 돌아갈 수 있었습니다.

이후 5년 동안 넥스트(NeXT), 그리고 픽사(Pixar)라는 이름의 다른 회사를 만들었고, 지금 제 아내가 된 여성, 로렌과 사랑에 빠졌습니다. 픽사는 세계 최초로 컴퓨터 애니메이션 영화인 '토이스토리'를 만들었고, 지금은 세계에서 가장 성공적인 애니메이션 회사가 되었습니다. 이후 놀랍게도 애플은 넥스트를 사들였고 저는 애플로 복귀했습니다. 그리고 제가 넥스트에서 개발한 기술은 애플이 성공적으로 부활하는 데 있어 핵심 기술이 되었습니다. 또한 저는 로렌과 결혼을 했습니다. 애플에서 해고되지 않았더라면 이런 일들 중 어떤 것도 일어나지 않았을 것이라고 확신합니다. 그것은 쓰디쓴 약이었지만, 환자에게 꼭 필요한 것이었습니다.

인생은 때때로 여러분을 고통스럽게 합니다. 하지만, 신념을 잃지 말기 바랍니다. 저는 이 일을 사랑했기 때문에 계속해서 할 수 있었습니다. 여러분도 자신이 사랑하는 일을 찾아야 합니다. 사랑하는 사람을 찾는 것처럼 사랑하는 일을 찾아야 합니다. 여러분이 하는 일은 인생의 많은 부분을 채울 것입니다. 진정으로 만족할 수 있는 유일한 길은 여러분 스스로 훌륭하다고 믿는 일을 하는 것입니다. 그리고 훌륭한 일을 하는 유일한 길은 자신이 하는 일을 사랑하는 것입니다. 만일 아직 찾지 못했다면, 계속해서 찾으십시오. 주저앉지 마십시오. 언젠가 발견할 때 마음으로부터 유일한 길을 알게 될 것입니다. 그리고 다른 바람직한 관계들처럼, 해를 거듭할수록 점점 좋아질 것입니다. 그러므로 발견할 때까지 계속 찾으십시오. 주저앉지 마십시오.

세 번째 이야기는 죽음에 관한 것입니다. 제가 17살이었을 때, 이런 구절을 읽은 적이 있습니다. "만일 당신이 매일을 삶의 마지막 날처럼 산다면 언젠가 당신은 대부분 옳은 삶을 살았을 것이다." 저는 이 말에 강한 인상을 받았고, 이후 33년 동안 매일 아침 거울을 보면서 스스로에게 물었습니다. "만일 오늘이 내 인생의 마지막 날이라면, 내가 오늘 하려는 것을 하게 될까?" 그리고 여러 날 동안 그 답이 '아니오' 라고 나온다면, 무언가를 바꿔야 한다고 생각했습니다.

내가 곧 죽을 거라고 생각하는 것은, 인생에서 큰 결정들을 내리는 데 가장 큰 도움을 주었습니다. 모든 외부의 기대들, 자부심, 좌절과 실패의 두려움, 그런 것들은 죽음 앞에서는 아무것도 아니기 때문입니다. 죽음 앞에서는 진정으로 중요한 것만 남게 됩니다. 죽음을 생각하는 것은 당신이 무엇을 잃을지도 모른다는 두려움의 함정을 벗어나는 최고의 방법입니다. 이미 모든 것을 잃은 상태에서 자신의 마음을 따르지 않을 이유가 전혀 없는 것입니다. 약 1년 전 저는 암 진단을 받았습니다. 췌장에서 종양이 발견되었습니다. 당시 췌장이라는 게 무엇인지도 몰랐습니다. 의사들은 치료가 거의 불가능한 종류의 암이라면서 제가 길어봐야 3개월에서 6개월밖에 살 수 없다고 했습니다. 의사는 집으로 가서 주변을 정리하라고 했습니다. 그것은 내 아이들에게 앞으로 10년 동안 해줘야 하는 말을 단 몇 달 안에 해야 한다는 의미였습니다. 임종 시 가족들이 받을 충격이 덜하도록 모든 것을 정리하란 말이었고 작별인사를 하라는 것이었습니다.

하루 종일 검사를 받았습니다. 그날 저녁 늦게 목구멍을 통해 내시경을 넣는 조직검사를 받았습니다. 췌장에서 세포를 떼어내 검사를 했습니다. 마취상태였는데 나중에 아내가 말해주길 현미경으로 세포를 분석한 결과 치료가 가능한 아주 희귀한 췌장암으로 밝혀져 의사들까지도 기뻐서 눈물을 글썽였다고 합니다. 저는 수술을 받았고 건강해졌습니다.

이것이 제가 죽음에 가장 가까이 간 경우였습니다. 그리고 앞으로 몇 십 년간은 그런 일이 없었으면 좋겠습니다. 이런 경험을 해보니 죽음이 때론 유용하다는 사실을 머리로만 알고 있을 때보다 죽음에 대해 더 정확하게 말할 수 있습니다. 죽기를 원하는 사람은 없습니다. 천국에 가고 싶다는 사람들조차도 그곳에 가기 위해 죽기를 원하지는 않죠. 하지만 죽음은 우리 모두의 숙명입니다. 아무도 피해 갈 수 없죠. 그리고 그래야만 합니다. 왜냐하면 죽음은 삶이 만든 최고의 발명품이니까요. 죽음은 변화를 만들어 냅니다. 새로운 것이 헌 것을 대체할 수 있도록 해줍니다. 지금 이 순간, 여러분은 새로움이란 자리에 서 있습니다. 그러나 언젠가 머지않은 때에 새로운 세대에게 그 자리를 물려줘야할 것입니다. 너무나 극적으로 들렸다면 죄송합니다만, 사실이 그렇습니다.

시간은 한정되어 있습니다. 그러므로 다른 사람의 삶을 사느라고 시간을 허비하지 마십시오. 다른 사람들이 생각한 결과에 맞춰 사는 함정에 빠지지 마십시오. 다른 사람들의 견해가 여러분 자신의 내면의 목소리를 가리는 소음이 되게 하지 마십시오. 그리고 가장 중요한 것은, 여러분의 마음과 직관을 따라가는 용기를 가져야 한다는 것입니다. 여러분이 진정으로 되고자 하는 것이 무엇인지 마음은 이미 알고 있을 것입니다. 다른 모든 것들은 부차적인 것들입니다.

제 나이 또래라면 다 알만한 '지구 백과(The Whole Earth Catalog)' 라는 책이 있었습니다. 그 책은 이곳에서 멀지 않은 먼로 파크에 사는 스튜어트 브랜드(Stewart Brand)란 사람이 쓴 책인데 그는 그 책에 자신의 모든 것을 불어넣었습니다. 그 책이 출판됐을 때는 1960년 대로, 당시에는 개인용 컴퓨터도, 전자 출판도 없었습니다. 따라서 그 책은 타자기와 가위, 폴라로이드 사진들로 만들어진 것이었습니다. 말하자면 종이책 형태의 구글 같은 것이었는 데, 구글이 탄생하기 35년 전에 출판된 책이었습니다.

스튜어트와 그의 팀은 이 책을 여러 번 개정했고, 오랜 시간이 지난 후에는 최종판을 냈습 니다. 그것이 1970년대 중반이었습니다. 바로 제가 여러분의 나이였을 때입니다. 그 최종 판의 뒤표지에는 이른 아침의 시골길 사진이 있었는데, 모험을 좋아하는 사람이라면 히치 하이킹을 하고 싶다는 생각이 들 정도였지요. 그 사진 밑에 적혀있는 말로 연설을 마무리하 고자 합니다.

"늘 갈망하고 우직하게 나아가라."(Stay Hungry. Stay Foolish)

감사합니다.

필요가 발명의 어머니라면 경험은 배움의 아버지이다. 주체적인 삶을 살아 라. 3할 타자와 2할 타자가 실제 치는 타수는 별로 차이가 나지 않는다. 하지 만 이들의 연봉 차이는 백만 달러는 될 것이다. 나는 2할 타자도 3할 타자가 될 수 있다고 믿는다. 속도를 높이고 연습 시간을 늘리면 가능하다.

삶의 비밀을 푸는 열쇠는 우리 안에 있음을 다시 한 번 기억하라. '나' 라는 벽돌을 한 번에 하나씩 쌓아 올려야 한다. 긍정적인 마음가짐을 형성하는 데 필요한 첫 번째 벽돌은 목표를 갖고 움직이는 습관이다. 즉 계획을 짜고 그 계 획대로 삶을 사는 것이다. 스스로가 정한 목표, 꿈을 향해 나아가야 한다. 인생에서 무엇을 원하는지 알지 못한다면 지금 당장 그것을 찾아보라. 목적도 없고 스스로가 정한 목표를 달성하기 위한 계획도 없으면 정신은 부정적이고 게을러질 수밖에 없다. 계획을 짜고 그것을 실행에 옮기기 위해 끊임없이 노력하라.

로저 배니스터 **Roger Bannister**는 수천 년 동안 아무도 성취하지 못한 것을 목표로 삼았다. 그의 목표는 약 1.6킬로미터(1마일)를 4분 대에 달리는 것이었다. 그 동안 4분 안에 1.6킬로미터를 달린 사람은 아무도 없었다. 그는 끈질기게 노력한 끝에 결국 자신의 목표를 이룰 수 있었다. 하지만 그게 다가 아니었다.

수 세기 동안 사람들은 그가 세운 목표를 달성하기 위해 노력해왔다. 하지만 의사와 과학자들은 이는 물리적으로 불가능한 일이라고 말했다. 그러나 로저 배니스터가 이 업적을 달성한 지 1년 안에 세 명의 다른 마라토너들도 이 기록을 깼다. 무형의 가능성을 현실로 받아들이는 순간, 목표에 더욱 가까워지는 것이다.

한 소년이 편의점에 들어가 음료 박스를 찾아서 공중전화 아래쪽으로 끌고 왔다.(휴대폰이 보편화되기 전의 일이었다.) 소년은 박스 위에 올라가서 수화기를 들고 전화번호를 눌렀다. 대화 내용은 이랬다.
"사모님, 잔디 깎는 사람 필요 없으세요?"
소년이 묻자 상대방은 이렇게 대답했다.
"이미 잔디 깎아 주는 사람이 있어서요."
그러자 소년은 이렇게 말했다.

"사모님, 저는 그 사람의 절반 가격에 잔디를 깎아 드릴 수 있는데요."

그러자 상대방은 현재 잔디를 깎아 주는 사람에게 상당히 만족하고 있다고 말했다.

하지만 소년은 끈질겼고 이렇게 제안했다.

"사모님, 현관과 인도까지 쓸어 드릴게요. 플로리다의 노스 팜 비치에서 가장 아름다운 잔디밭을 가지실 수 있을 거예요."

하지만 상대방은 계속해서 거절했다.

얼굴에 미소를 띠운 채로 소년은 수화기를 내려놓았다.

소년이 통화를 마치자 옆에 있던 가게 주인이 소년에게 다가와 이렇게 말했다.

"얘야, 나는 네 태도가 맘에 드는구나. 그 긍정적인 자세 말이야. 너에게 일자리를 주었으면 하는데."

그러자 소년은 이렇게 대답했다.

"감사하지만 괜찮습니다. 저는 제가 하고 있는 일을 점검 중이었거든요."

우리는 삶에서 혹은 직장에서 최선을 다 하고 있는가?

낙담이 악마의 도구라면 자기 확신은 신의 도구이다. 자기 확신은 긍정적인 말로써 이는 긍정적인 생각과 긍정적인 행동으로 이어진다. 지금 당장 자기 확신을 해보자. 무엇이든 최선을 다 할 수 있도록 목표를 세우자. 지금 당장 5분을 투자해 매일 어떻게 자기 확신을 할지 생각해 보자. 나는 다음과 같이 자기 확신을 한다.

나는 행복하다. 나는 건강하다. 나는 성공할 수 있다. 신은 삶이라는 선물을 나에게 내려주셨고 이 선물을 당연하게 생각하지 않는다. 내 신체는 100% 제

구실을 다하고 있다. 내 신체는 지방을 연소시키고 내가 섭취한 음식물을 근육으로 바꿔준다. 나는 태양, 공기, 물 같은 물질들을 활용하고 있으며 이 물질들은 신체에 새로운 활력을 준다. 이 물질들은 에너지를 증가시키고 내 신체가 행복해지고 건강해지도록 이끌어준다. 나는 스트레스가 내 의식에 들어오도록 내버려두지 않는다. 나는 정신적으로도 신체적으로도 평온한 상태이다. 성공할 준비가 되어 있다. 나는 삶에서 겪게 되는 장애물이나 도전에 맞설 준비가 되어 있다. 모든 장애물과 도전을 성공으로 탈바꿈시킬 것이다. 그리고 이 성공들은 나의 에너지와 자신감을 증가시킬 것이다. 인생에는 부, 건강, 행복이 넘친다. 나는 이 넘치는 부, 건강, 행복의 일부를 내 것으로 만들 것이다. 오늘, 나는 좋은 생각만 할 것이다. 그리고 좋은 말만 할 것이다. 좋은 일만 할 것이고 좋은 음식만 먹을 것이다. 부정적인 것들이 내 신체에 들어오지 못하게 할 것이다. 오늘, 나는 행복하고, 건강하고, 멋지다. 오늘, 나는 성공적이다. 나는 사랑하고 사랑 받을 것이다. 나의 삶은 부, 건강, 행복으로 넘친다.

이제 사랑하고 웃고 배울 시간이다. 대부분의 사람들은 다른 사람의 한계에 억눌려있다. 내 안에 내제된 잠재력을 아직 다 발휘하지 못하고 있는 것이다. 매일 5분을 투자해 우리의 마음, 영혼을 열어 이상을 실현하자. 지금보다 더 나은 때는 없다. 오늘보다 더 나은 날은 없다. 늘 갈망하고 우직하게 나아가라.

🙡 성공적인 사람은 남들이 자신에게 던진 벽돌로 튼튼한 기초를 세우는 사람이다.

– 데이비드 브린클리(David Brinkley)

7장

성공의
도둑

나폴레온 힐 Napoleon Hill의 《놓치고 싶지 않은 나의 꿈 나의 인생 Think and Grow Rich》에서 내가 처음 읽은 이야기는 다비라는 남자에 관한 것이었다. 그는 돈을 벌기 위해 서부에 갔다. 몇 주 동안 수소문한 끝에 그는 드디어 금광석이 있는 곳을 찾아냈다. 하지만 금광석을 캐기 위해서는 적절한 장비가 필요했다. 그래서 그는 친구와 가족들로부터 장비 구입에 필요한 돈을 빌렸고, 적절한 장비와 인부를 산 후 다시 광산으로 돌아왔다. 맨 처음 시도한 채굴은 성공적이었다. 그가 발견한 광산은 콜로라도에서 금 매장량이 가장 풍부한 광산이었다. 조금만 더 채굴하면 친구와 가족들에게 진 빚을 전부 갚을 수 있었다. 그리고 그 이후 채굴하는 금은 모두 그의 순이익이 될 것이었다.

하지만 삶이 다 그렇듯 성공으로 가는 길은 순탄치만은 않았다. 다비가 다시 광산으로 돌아갔을 때, 광맥은 사라져버렸다. 광부들은 광맥을 다시 찾으려고 필사적으로 노력했지만, 몇 달 동안 실패를 거듭하자 결국 포기하고 말았다.

다른 광부들이 광맥은 사라진 지 오래이며 다른 광산으로 가야 할 때라고 말하자 다비는 그들의 의견을 따르기로 했다. 정직하고 지조 있는 남자였던 다비는 모든 장비를 팔아서 남아있는 빚을 청산했다.

하지만 다비에게서 장비를 산 고물상은 이 광산에 호기심을 가졌다. 그래서 장비와 광산을 사들이자마자, 별도로 기술자를 고용해 다른 의견을 들어보기로 했다. 기술자는 광산의 새로운 주인에게 다비가 실패한 이유는 그가 고용한 광부들이 단층선이 뭔지 잘 몰랐기 때문이었다고 조언을 해주었다. 기술자는 다비의 광부들이 채굴을 중지했던 그 지점에서 1미터 쯤 떨어진 곳을 가리켰다. 놀랍게도 그곳에서 금이 발견됐고 고물상을 하던 남자는 수백만 달러 가치의 금을 채굴할 수 있었다. 이 모든 것은 포기하기 전에 한 발 짝 더 나갈 줄 알았기 때문이었다.

많은 사람들은 꿈을 빼앗길 경우 금방 포기하는 경향이 있다. 하지만 다비는 그렇지 않았다. 다비의 이야기는 다행히도 해피엔딩으로 끝났다. 그가 금보다 더 값진 교훈을 얻었기 때문이었다. 그는 1미터 전에서 멈추는 바람에 떼돈을 벌 수 있는 기회를 잃었다는 사실을 결코 잊지 않았다. 그 후 그는 보험 판매원이 되었다. 그리고 잠재 고객들이 자신에게 '아니오'라고 말한다고 해서 절대 포기하지 않기로 다짐했다. 다비는 결국 유능한 보험 판매원이 되었고 매년 백만 달러의 생명보험을 판매했다. 당시에는 어마어마한 액수였고 달성하기 상당히 어려운 업적이었다. 그는 그 대가가 아무리 클지라도 다른 사람들이 자신의 꿈을 앗아가게 내버려두거나 자기 스스로 포기하지 않아야 함을 배웠다.

우리에게서 꿈을 앗아가는 것들은 부정적인 생각에 불과할 때가 많다. 부정적인 생각은 성공을 앗아가고 부정적인 감정은 삶의 다양한 감정을 앗아간다. 부정적인 감정은 질병의 원인이 되고 실제 능력보다 더 적은 것을 성취하게 만들며 실패의 원인이 된다. 또한 부정적인 생각과 감정은 온갖 종류의 질병을 퍼뜨린다. 신체 건강한 사람을 아프게 만들고 행복한 사람을 불행하게 만들며 확실한 것을 불확실하게 만든다. 튼튼한 사람을 약하게 만들고 만족할 줄 아는 사람을 불만 가득한 사람으로 만들며 자신감 있는 사람을 나약하게 만든다. 부정적인 감정들은 기생충이나 다름없다. 부정적인 감정은 사람들의 성취감을 앗아간다. 부정적인 감정은 행복의 적이다. 성공을 이루고 무언가를 성취하려는 사람은 반드시 이 부정적인 감정을 제거해야만 한다. 긍정적인 태도와 마음가짐이 바로 이 부정적인 감정의 해독제라 할 수 있다.

클레멘트 스톤 **W. Clement Stone**은 이렇게 말했다. "사람들 사이에 그렇게 큰 격차는 존재하지 않는다. 하지만 작은 격차가 큰 차이를 만든다. 이 작은 격차는 삶의 태도이며 큰 차이는 그 태도가 긍정적이냐 부정적이냐이다."
마음의 평화는 인간이 얻을 수 있는 가장 바람직한 상태로, 부정적인 감정이 없을 때에만 이룰 수 있다. 이는 웃으면서 얼굴을 찌푸릴 수는 없는 것과 마찬가지이다. 우리는 긍정적인 생각과 부정적인 생각을 동시에 가질 수 없는 것이다. 나는 삶의 비밀을 알아내고자 노력하면서 삶의 모든 문제는 어떤 것이 됐든지 간에 부정적인 감정으로부터 기인한다는 사실을 알게 됐다. 부정적인 감정을 제거하는 것이 삶을 아름답게 만들고 평화를 가져다준다는 사실을 깨닫게 된 것이다. 사실 우리가 이렇게 안전한 집과 사무실에 앉아 있는 동안 세상 저편에서 전쟁이 일어나고 있다는 사실은 참으로 아이러니한 일이 아닐 수 없다. 중동, 사라예보, 르완다, 아이티 및 기타 지역에는 수 세대에 걸쳐 부정적인 감정이 깊이 뿌리 박혀 있다. 이 소요사태를 그저 TV를 통해 전달되는 모습으로만 알고 있다. 그 황폐한 곳에 살고 있는 사람들이 매일 부딪히는 냉정하고 힘겨운 현실을 우리는 알지 못한다. 그들은 희망이 없어 보이는 그곳에서 힘겨운 삶을 살고 있다. 편안한 사무실과 집에 앉아 있는 우리가 겪는 문제는 그들이 매일 부딪히고 있는 현실에 비해 너무 사소한 일들이다. 하지만 우리는 마치 자신이 이 세상의 모든 문제를 짊어지고 있는 냥 호들갑을 떤다. 교육 상담학 박사인 웨인 다이어 **Wayne Dyer**는 이 세상에는 두 종류의 사람이 있다고 했다. 바로 독수리와 오리이다. 오리는 별 것 아닌 문제에 쉴 새 없이 꽥꽥거린다. "왜 나야? 꽥꽥. 삶은 공정하지 않아. 꽥꽥. 나도 도전자가 될 수 있었어. 꽥꽥."

반면 독수리는 꽥꽥거릴 시간이 없다. 언제나 자유를 상징하기 위해 하늘을 멋지게 날아올라야 하기 때문이다. 선택을 해야 한다. 나는 오리인가? 독수리인가?

독수리가 될 수 있는데도 오리 같은 삶을 살고 있는 사람들이 많다. 우리는 처음부터 부정적인 감정을 갖고 태어나지 않았다. 살면서 그렇게 된 것이다. 그런 부정적 감정으로 인해 진정으로 자신다운 삶을 살지 못하고 있다.

우리 개개인은 내부에 두 마리의 개를 키우고 있다. 부정적인 감정을 대표하는 붉은 개와 긍정적인 감정을 대표하는 흰 개가 있다. 매일 이 두 마리의 개는 사고방식을 지배하려고 서로 경쟁한다. 잊지 말아라. 먹이를 주는 개가 결국에는 힘이 더 세지고 다른 개를 이긴다는 사실을. 부정적인 감정을 대표하는 붉은 개를 이기기 위해서는 그 개를 굶겨야 한다. 흰 개가 힘을 키우고 감정을 지배하도록 하자. 매일, 매 시간 흰 개에게 먹이를 주어야 한다. 하루가 끝날 무렵 우리의 감정은 먹이를 더 많이 준 개에 의해 좌우될 것이기 때문이다.

스스로가 누구인지, 어디에 있는지, 무슨 일을 하는지, 무엇을 갖고 있는지에 대해 책임을 져라. 일단 자기 자신이 삶에서 일어나는 이 모든 것들에 대해 책임감을 갖게 되면 친구, 가족, 기타 지인들에게도 그렇게 하라고 권유해 보라. 내면의 행복과 외부의 성공에 이르는 궁극적인 열쇠는 자신의 내면에 존재한다. 그리고 우리를 둘러싼 세상에 어떻게 반응하느냐에 달려있다. 오늘 우리의 모습은 과거에 어떤 식으로 생각했는지의 결과라고 한다. 또한 우리의 외부 세계는 내부 세계가 물리적으로 나타난 결과라고 여겨진다. 그러므로 자기 자신에 대해 알아야 한다. 자신의 태도, 습관, 감정을 걸어 잠그는 열쇠는 스스로가 쥐고 있는 것이다. 성경에 이런 말이 있다. "마음가짐을 새롭게 함으로써 새로 태어날 수 있다."

살면서 승자가 될 수도 있고 패자가 될 수도 있다. 승리자가 될 수도 있고 희생자가 될 수도 있다. 또는 승리자가 될 수도 있고 투덜대기만 하는 사람이 될 수도 있다.

승리자의 언어는 "나는 할 수 있다."라는 문구로 이루어져 있다. 반면 패자의 언어는 "나는 할 수 없다."라는 문구로 이루어져 있다. 의사는 이렇게 말한다. "당신을 돕도록 노력해 볼게요." 하지만 노력한다는 단어는 패자의 언어다. "나는 할 수 없어." "나는 ~해야 해." "나는 노력할 거야." "나는 ~하기를 바라." "미안해" "내 탓 하지 마." "내 잘못이 아니야" 등도 마찬가지다.

이런 단어를 자꾸 사용하면 결국 붉은 개를 키우는 결과를 낳을 수 있다. 붉은 개가 우리의 무의식을 장악하게 되는 것이다. 이제부터 희생자가 아닌 승리자가 되기로 결심하자. 우리의 단어집에서 희생자의 언어를 지워버리고 확신을 갖고 말해보도록 하자.

"나는 할 거야." 혹은 "나는 안 할 거야."와 같은 말을 함으로써 흰 개에게 먹이를 주자. 내 운명을 스스로가 지배하는 것이다. "나는 ~해야 해."보다는 "나는 ~하고 싶어."라고 말해보자. 그리고 "나는 할 수 없어." 혹은 "~하기를 바라." 보다는 "나는 할 수 있어." "나는 할 거야." 같은 말을 해보자. 이것이 가장 중요하다.

생각을 하거나 목적을 가질 때 확신을 갖도록 하자. 요가 수행자 베라는 이렇게 말했다. "어디로 가는지 모른다면 전혀 엉뚱한 곳에 도달할 것이다."

'할 수 있다' 를 외치는 사람이 되자. 꿈꾸는 사람이 되자. 그 누구도, 그 어떤 것도 꿈을 앗아갈 수 없도록 하자. 자기 자신을 잃는 것은 더더욱 안 된다. 하루 5분을 투자해 이기는 습관을 개발하고 흰 개에게 먹이를 주도록 하자.

승리자는 패자가 하지 않는 일을 습관으로 삼는다. 우리는 먼저 성공으로 가기 위한 일들을 습관으로 만들어야 한다. 그러면 그 습관들이 결국 성공으로 이끌 것이다.

❖ 하루 5분, 이기는 습관

1. 비난, 비판, 불평을 하지 말자. 상황을 개선시킬 방법을 찾아보자.
   큰 보상은 해결책을 찾는 이에게 주어진다.
2. 정직하게 진심을 다해 칭찬하라.
   다른 사람들에게 그들이 사랑받고 있다는 사실을 알려주어라.
3. 다른 사람들과 자기 자신에 대해 좋은 생각을 하라.
4. 받기 전에 주어라.

상대방에게 무엇을 묻기 전에 언제나 당신의 생각에 동의할 이유를 주어라.

5. 자주 미소를 지어라. 미소는 열정, 친절, 호의를 불러일으킨다.

6. 상대방의 이름을 기억하라. 모든 사람들에게 자신의 이름은 가장 달콤하고 가장 중요하게 들린다. 그리고 상대방의 이름을 불러주면 그 사람의 관심을 끌 수 있다.

7. 상대방의 말을 잘 들어주어라. 그렇게 하면 상대방과의 의사소통이 자유로워진다. 상대방에게 질문을 해서 그들이 자기 자신에 대해 이야기하게 만들어라. 질문은 육하원칙에 따라 누가, 언제, 어디서, 무엇을, 어떻게, 왜 했는지 구체적으로 하라.

8. 스스로가 행복하고 성공적인 사람이라고 생각하고 행동하고 그렇게 보이도록 해라. 그러면 실제로 행복해지고 성공적인 사람이 될 것이다.

9. 부정적인 대화나 남을 비방하는 이야기를 하지 마라.

10. 언제나 긍정적이고 활기 넘치게 인사하라.

11. 다른 사람이 "잘 지내세요?" 라고 물으면 "그럼요. 더할 나위 없이 좋아요." 라고 열정적이고 의미 있는 대답을 해 주어라.

12. 나에게 좋은 일이 일어나길 기대하라. 그리고 다른 사람들에게도 물어보아라. "오늘 무슨 좋은 일 있으셨나요?"

위에서 나열한 습관 중 한 번에 하나만 선택해라. 그리고 매일 최소 5분씩 1주일 동안 하루도 빠짐없이 연습해 보아라.

생각을 바꾸면 세상이 바뀐다. - 노먼 빈센트 필(Norman Vincent Peale)

하루 5분이면 우리의 사고방식을 바꿀 수 있다. 오늘부터 하루 5분을 투자해 흰 개에게 먹이를 주자. 붉은 개가 아닌 흰 개에게 먹이를 줌으로써 삶을 스스로 통제하도록 하자. 흰 개가 굶주려 하고 있는가? 분명 그럴 것이다. 긍정적인 감정이 우리를 지배하도록 하자.

～ 끈기와 고집의 차이는 전자는 할 수 있다는 강한 의지에서 오는 것이고

후자는 할 수 없다는 강한 의지에서 온다는 사실이다.

– 헨리 워드 비처(Henry Ward Beecher)

8장

미션 파서블!

우리의 사명은 간단하지 않다. 긍정적인 생각을 파괴하려는 원인에 맞서 싸우고 주변 사람들에게 행복하고 긍정적인 생각을 퍼뜨리는 것이다. 이를 달성하기 위해서는 우선 그 사명이 무엇인지 정확하게 파악해야 한다. 이 임무를 성공적으로 수행하는지에 이 세상의 미래가 달려있다. 이 임무의 성공 여하는 가족, 자녀, 손자손녀들의 삶, 그리고 크게 보면 이 세상에 영향을 끼칠 것이다. 성공하기 위해서 무슨 일이든 해야 한다. 이번 장에서 언급될 내용은 행복의 파괴를 막기 위한 계획을 세우는 데 도움이 될 것이다.

오늘날, 약국과 광고매체가 이 행복의 파괴에 기여하고 있다. 현재 수십억 달러의 돈이 우울증 치료제 구입에 쓰이고 있는 것이다. 이 사실만으로도 상당히 우울하다. 이 돈을 건강과 행복을 증진하는 데 쓰이면 국채도 덜 수 있을 것이다. 성인들은 우울증에 걸려 있고 아이들은 비만이나 과잉행동 장애를 앓고 있다. 이런 약들을 전부 갖다버리고 신체와 정신을 건강하게 가꿔야 한다. 더 확산되는 것을 막기 위해서는 우리의 가족, 친구, 공동체에 이를 극복할 수 있는 힘을 기르는 법을 가르쳐야 한다. 우리는 우울증을 극복할 수 있다. 신경 장애를 극복할 수 있다. 그리고 이 나라를 건강하게 만들 수 있다. 이를 위해서 처방받은 약이 아닌 내면에서 그 힘을 찾아야 한다.

"무엇을 먹는가가 당신의 건강을 결정한다 You are what you eat."라는 말을 들어봤을 것이다. 하지만 무슨 생각을 하는가가 건강을 결정한다고는 생각해 본 적 있는가? 인스턴트 음식을 한 가득 먹을 경우 건강을 해치는 것처럼, 해로운 생각으로 가득 찬 마음은 우리의 목표, 꿈, 야망을 왜곡시킬 것이다.

긍정적인 자기 확신만이 부정적인 생각으로 인해 행복이 파괴되는 것을 막을 수 있다. 6장에서 자기 확신의 힘에 대해 배웠다. 이제 자신은 어떠한지 돌이켜보자. 매일 하루 30분 일찍 일어나는가? 그렇다면 그 시간이 자기 확신을 암송해 볼 가장 좋은 시간이다. 앞서 언급한 것처럼 자기 확신은 자신이나 주위 환경에 대한 긍정적인 서술이다. 이는 무의식이 수년에 걸쳐 축적해온 실패에 관한 생각이나 두려움을 없애 줌으로써 성공으로 이끌어 준다. 뇌는 컴퓨터와 유사점이 많다. 무엇을 입력하느냐에 따라 무엇이 출력되는지가 결정되는 것이다.

자기 확신을 큰 소리로 말 해 볼 수도 있고 자신에게 조용하게 반복적으로 말 해 볼 수도 있으며 글로 적어보거나 노래로 만들어 불러볼 수도 있다. 자기 확신을 더 반복할수록 더 큰 힘을 얻을 수 있을 것이다. 그러므로 가능한 한 자주, 확신을 갖고 이를 반복해보자. 시간은 충분히 있다. 샤워를 하면서 해도 되고 운동을 하면서 해도 된다. 아니면 직장으로 가는 차 안에서 교통 체증에 짜증내기 보다는 자기 확신을 하면서 시간을 보내보는 건 어떨까. 저녁을 준비하거나 청소기를 돌리거나 잔디를 다듬을 때에도 틈틈이 해보자.

팁을 몇 개 주겠다. 첫째, 현재 시제를 사용하라. 예를 들어, "나는 날씬해지고 건강해질거야."라고 말하는 대신에 "나는 날씬하고 건강해."라고 말하는 것이다. 둘째, 부정적인 언어보다는 긍정적인 언어를 사용하라. 예를 들어, "나는 더 이상 가족들에게 소리치지 않을 거야."라고 말하기보다는 "나는 가족들과 조화롭게 살 거야."라고 말하는 것이다.

자기 확신의 효력이 의심되거든 주위를 둘러보라. 아니, 자신의 내부를 들여다보는 것이 더 좋겠다. 그리고 생각해 보라. 부정적이고 의심스러운 생각들을 품은 사람이 성공하는 경우를 본 적이 있는가?

무하마드 알리는 자기 확신으로 성공에 이른 전설적인 인물이다. 그가 태어날 때부터 뛰어난 권투선수였던 것은 아니었다. 하지만 연습에 연습을 거듭했고 성공할 수 있으리라 믿고 꿈꿨다. 세계 1위의 자리에 이를 때까지 그는 스스로에게 "나는 최고야."라고 말했다. 실패한 순간에도 "나는 최고였어."라고 말하지 않고 "나는 여전히 최고야."라고 말했다. 그리고 계속해서 노력한 끝에 세계 1위 자리를 세 번이나 거머쥐게 되었다.

성공하는 사람은 성공적인 생각을 한다. 성공을 막는 것은 부정적인 생각이다. 댈러스 카우보이의 톰 랜드리 **Tom Landry** 감독을 생각해 보자. 댈러스 카우보이의 선수들을 처음 이끌었을 때 그는 0승, 1무, 11패를 기록했다. 하지만 포기하지 않고 계속 노력했고 결국 미 풋볼 역사상 가장 성공적인 감독이 되었다. 그는 언론이 하는 얘기나 비웃는 말에 굴하지 않았다. 자신이 승자라는 사실을 알았고 이를 끊임없이 상기시켰다.

성공에 이르는 유일한 심리작용은 성공하기를 간절히 바라는 것임을 명심하라. 성격은 우리의 건강과도 큰 관련이 있다. 성격이 건강과 무슨 관계가 있는지 의아해할지도 모르겠다. 하지만 많은 연구 결과에 따르면, 생각하는 방식만으로 건강해지거나 병을 얻을 수 있다고 한다. 존스 홉킨스 의대의 존 섀퍼 **John. W. Shaffer** 박사와 피르코 그레이브즈 **Pirkko L. Graves** 박사는 감정을 숨기는 사람은 표출하는 사람보다 암 발병 확률이 높다고 했다. 또한 외롭게 지내는 사람은 감정 표출을 많이 하는 사람보다 암에 걸릴 확률이 16배나 높은 것으로 나타났다.

자기 확신을 통해 스스로의 감정, 욕구, 욕망을 표출해 보자. 이 모든 것들이 실현될 수 있을 거라는 확신을 갖도록 해야 한다.

"나는 지금 내가 딱 원하는 몸무게를 갖고 있어."
"나는 건강도 더할 나위 없이 좋고 활기도 넘쳐."
"나의 인간관계는 전부 사랑스럽고 만족스러워."
"나는 내 일을 사랑하고 일도 항상 잘해."

만화가 닥터 수스의 자기 확신을 살펴보도록 하자.

내 일을 사랑해. 내 보수에도 만족해.
매일 내 일을 더 사랑해.
내 상사를 사랑해. 그는 최고의 상사야.

상사의 상사를 비롯한 모든 직장 동료를 사랑해.

내 사무실을 사랑하고 그 위치도 마음에 들어.

휴가 가는 게 싫을 정도야.

내 가구를 사랑해.

매일 쌓여만 가는 칙칙한 회색 종이 서류들을 사랑해.

내 직장동료들 사이에서 일하는 것을 좋아해.

그들의 음흉한 시선, 조롱, 비웃음도 사랑해.

내 컴퓨터와 소프트웨어를 사랑해.

모든 프로그램과 파일을 사랑해.

여기 있는 게 행복해. 정말로.

이 회사의 가장 행복한 노예야.

이 일을 사랑해. 나는 이 잡일을 사랑해.

너무도 따분한 이들과 회의하는 것을 좋아해.

내 일을 사랑해.

저 친절한 남자조차 사랑해.

오늘 이 곳에 와서 나를 해고해버릴 저 남자를.

　특정한 상황과 목표에 맞춘 언어를 사용해 자기 확신을 해 보자. 그리고 자기 확신의 열쇠는 자신의 내부에 있다는 사실을 잊지 말자.

　가장 중요한 열쇠 중 하나는 현재 모습에 만족하는 것이다. 현재 갖고 있지 않은 것에 대해 걱정하지 말고 갖고 있는 것에 감사해 보자. 어떤 직장을 갖고 있는지, 어떤 직책을 맡고 있는지에 관계없이 자신만의 유일무이함을 생각해 보자. 자신의 태도, 삶에 대한 애정 등이 최고의 자산이다. 여기서 내가 알고 있는 이야기를 하나 해 주겠다.

　한 미국인 투자 은행가가 어느 날 오후 멕시코에 위치한 작은 해안 마을의 부둣가에 있었는데, 작은 배를 탄 어부 한 명이 다가와 배를 그 부둣가에 정박시켰다. 작은 배 안에는 큼지막한 황다랑어 몇 마리가 있었다. 은행가는 물고기가 대단하다고 칭찬하며 물고기를 잡는 데 시간이 얼마나 걸렸는지 멕시코 인에게 물었다.

그러자 멕시코 인이 답했다.

"뭐, 얼마 안 걸려요."

그 말을 들은 은행가가 물었다.

"그러면 조금 더 낚시를 해서 더 많은 물고기를 잡지 그래요?"

그러자 멕시코 인이 물었다.

"왜 그래야 하죠? 지금 이 정도면 가족을 먹여 살리고도 남는데요."

궁금해진 은행가가 물었다.

"그렇다면 평소 때는 무엇을 하시나요?"

멕시코인은 이렇게 답했다.

"보통 10시까지 늦잠을 자고 아내와 커피를 마시죠. 그 다음에는 아이들과 조금 놀아주고 낚시를 하러 나가요. 집에 오면 잡은 물고기를 손질하고 내 아내, 마리아와 낮잠을 자죠. 일어나면 우리는 저녁 마실을 나가서 친구들과 와인을 마시면서 기타 연주를 해요. 하루 종일 엄청 바쁘답니다."

그 말을 들은 은행가는 비웃으며 이렇게 말했다.

"저는 예일대 MBA 출신이랍니다. 당신의 삶을 바꿀 수 있다고 장담해요. 당신은 더 많은 시간을 들여서 물고기를 잡아야 해요. 그러면 그렇게 모은 돈으로 더 큰 배를 살 수 있어요. 더 큰 배를 타면 물고기를 더 잡을 수 있겠죠. 그렇게 수확한 물고기를 판 돈으로 배를 몇 척은 더 살 수 있어요. 결국 수많은 어선을 거느릴 수 있다는 겁니다. 수확한 물고기를 중개인에게 파는 대신 물고기 가공업자에게 직접 팔 수도 있어요. 아니면 아예 통조림 공장을 직접 차리셔도 되죠. 제품, 가공, 유통 전부를 관리하는 거지요. 그 후에는 이 작은 해안 마을을 벗어나 멕시코 시티로 떠나는 겁니다. 그 다음에는 플로리다로, 그 다음에는 뉴욕으로 가서 사업을 점점 확장시키는 거죠."

이야기를 다 들은 멕시코인 어부가 물었다.

"그런데 그렇게 하려면 시간이 얼마나 걸리죠?"

"15년에서 20년 정도 걸리겠죠." 은행가가 대답했다.

"하지만 그 후에는요?" 멕시코 인이 물었다.

은행가는 회심의 미소를 지었다. 그리고 그 부분이 가장 중요하다며 이렇게 말했다.

"시기가 무르익으면 기업 공개를 선언하고 회사 주식을 발행하는 겁니다. 그러면 당신은 부자가 되고 결국 백만장자가 될 거요."

"백만장자요? 그 다음에는요?"

미국인은 이렇게 답했다.

"그 후에는 은퇴하는 거죠. 작은 해안 마을로 가서 늦잠을 자고 낚시를 조금 하고 아이들과 놀아주고 아내와 낮잠을 자고 저녁이 되면 마실 나가서 친구들과 와인을 마시며 기타 연주를 하는 거죠."

멕시코 인은 고개를 설레설레 흔들며 자리를 떠났다.

우리는 이미 너무 많은 것을 갖고 있다. 하지만 항상 더 많은 것을 원한다. 이미 갖고 있는 것이 완벽한 것일지도 모른다는 사실을 잊고 있는 것이다. 무엇을 할 것인지를 제대로 아는 것이 이 문제의 해결책이다. 이번 장의 내용은 5

분이면 습득이 가능하다. 이 내용을 잘 습득하면 행복을 파괴하려는 원인을
제거하고 임무를 달성할 수 있을 것이다.

~⌒ 이 세상이 변하기를 원하면 자기 자신부터 변해야 한다. - 간디(Ghandi)

9장

차이 만들기

무슨 일이든 처음부터 시작해야 한다. 이는 너무도 당연한 얘기다. 하루에는 시작과 끝이 있다. 모든 프로젝트, 목표, 이야기, 태도 등도 마찬가지다. 새로운 날이 아름다운 것은 새로운 시작을 안겨다주기 때문이다. 윌리엄 제임스 William James는 이렇게 말했다. "삶은 살만한 가치가 있으며 우리의 믿음이 현실이 될 수 있다고 믿어라."

　엔서니 로빈스 Anthony Robbins는 목표에도 시작과 끝이 있다고 말했다. 하지만 나는 자기 사명에는 끝이 없다고 본다. 자기 사명은 우리가 목표를 향해 나아갈 수 있게 계속해서 동기부여를 해주어야 하기 때문이다. 자기 사명은 그저 하나의 임무나 일이 아니다. 이는 우리를 계속 나아가게 하는 꿈이자 이상이며 삶의 목표이다. 1989년 6월 22일, 조지 부시 대통령은 백악관 잔디밭에서서 3천 명의 학생들을 대상으로 연설을 했는데, 연설의 핵심은 "남들과 차이점을 만드는 것을 목표로 삼아라."였다. 차이를 만드는 방법을 일단 찾기 시작하면 그 다음부터는 모든 것이 한결 수월해질 것이다.

리더는 차이를 만드는 사람이다. 그들은 크게 생각한다. 그리고 리더십이란 남들이 보지 못하는 것을 보는 것이다. 로버트 프로스트 Robert Frost는 이렇게 말했다. "현재 존재하는 사물만을 보고 '이건 왜 그러지?' 라고 묻는 사람들이 있다. 하지만 나는 전에 존재하지 않았던 것을 꿈꾸며 '왜 안 되는데?' 라고 묻는다."

리더는 자신의 식견을 활용해 자기 사명을 확장시키고 차이를 만든다. 우리 모두가 그렇게 할 수 있다. 모든 행동에는 그에 수반되는 결과가 있기 마련이다. 긍정적인 행동은 긍정적인 에너지를 방출하고 이는 결국 긍정적인 결과로 이어진다. 반대의 경우도 마찬가지이다. 한 고등학교 교장의 얘기를 살펴보자. 어느 날 아침 그는 자고 있는 아내를 깨웠다. 하지만 그의 아내 또한 오랜 시간 업무에 치여 피곤했기 때문에 아침 식사는 스스로 만들어 먹으라며 화난 목소리로 말했다. 그러자 교장은 자신의 화를 사무실에 가서 비서에게 풀었다. 기분이 나빠진 비서는 라운지에 앉아 있는 교사들에게 화를 풀었다.
"교사 라운지에 앉아서 쉬는 거 말고는 할 일이 없으시나요? 당신들은 교사잖아요. 가서 아이들이나 가르치시죠."
화가 난 교사들은 교실로 돌아갔다. 그 중 한 명은 피트라는 학생에게 말했다.
"넌 왜 이렇게 머리가 나쁘니? 평균도 안 되잖아."
학급 아이들이 깔깔대며 웃자 피트는 기분이 안 좋았다. 집에 오자 그는 자신의 남동생 리피트에게로 곧장 가서 동생을 바닥에 내던져 버렸다.
"왜 이러는데?" 리피트가 물었다.

"그냥 이러고 싶어." 리트가 대답했다.

화가 난 리피트는 개를 걷어찼고 화가 난 개는 고양이를 쫓았다. 그리고 화가 난 고양이는 쥐를 쫓았다. 그 후로도 계속 이 화는 다른 대상에게로 전해졌다.

바렛 조슈아 팔머 **B.J. Palmer**는 이렇게 말했다. "우리가 말하고 생각하고 취하는 모든 행동은 수백만 사람들의 내일에 영향을 끼칠 것이다."

나의 아버지는 리더셨다. 아버지는 나에게 리더가 되는 법을 가르쳐 주려고 노력하셨다. 아버지는 멋진 분이셨다. 나는 언제나 아버지의 뒤를 따르려고 노력했다. 어린 시절 아버지는 리더십에 관한 인용문을 들려주셨다. 오늘 나는 이것을 독자들과 공유하려고 한다. 다음은 아버지가 내게 들려주신 인용문 중 내가 가장 좋아하는 것들이다.

> 리더십의 역할은 사람들에게 위대한 능력을 심어주는 것이 아니라 사람들에게서 이를 끌어내는 것이다. 위대함은 이미 그들 안에 있기 때문이다.
>
> – 존 버컨(John Buchan)

> 위대함의 대가는 책임감이다.   – 윈스턴 처칠(Winston Churchill)

> 사람들을 이끌고 싶거든 그들 곁에 서서 걸어라. 가장 위대한 리더는 사람들이 그의 존재를 인식하지 못한다. 그 다음으로 유능한 리더는 사람들이 칭찬하고 존경하는 리더다. 그 다음은 모든 이들이 두려워하는 리더이며 최악의 리더는 사람들이 싫어하고 욕하는 리더이다. 가장 유능한 리더가 자신의 직분을 마치고 나면 사람들은 이렇게 말할 것이다. "우리 스스로 한 거야."   – 노자(老子)

길이 이끄는 곳으로 가지 말고, 길이 없는 곳에 가서 흔적을 남겨라.

– 헤럴드 맥엘린돈(Harold R. McAlindon)

만약 내가 좀 더 멀리 볼 수 있다면,

이는 모두 거인들의 어깨 위에 올라서 있기 때문이다.

– 아이작 뉴턴(Issac Newton)

나에게는 변치 않는 확고한 법칙들이 있다. 그중 가장 첫 번째는 언제나

유연한 사고를 가지라는 것이다.　　　　　– 에버렛 디륵센(Everett Dirksen)

지금 우리에게는 할 수 있는 일을 하라고 격려해줄 사람이 절실히 필요하다.

– 랄프 왈도 에머슨(Ralph Waldo Emerson)

변화의 시기에는 배우려고 하는 이들이 세상을 차지하게 된다. 이미 배운 것에

만 집착하는 사람은 더 이상 존재하지 않는 세상에 대해서만 알고 있는 것과

같다.　　　　　　　　　　　　　　　　– 에릭 호퍼(Eric Hoffer)

나는 사람들의 의견을 따라야만 한다. 그렇다고 내가 그들의 리더가 아닌가?

– 벤저민 디즈레일리(Benjamin Disraeli)

리더십과 배움은 서로 불가분의 관계다.　　　– 존 F. 케네디(John F. Kennedy)

리더가 되는 마지막 관문은 자신으로 인해 다른 이들이 확신을 갖고 계속해서

일을 수행할 수 있도록 하는 것이다.　　　　– 월터 리프먼(Walter Lippman)

당신의 행동 덕분에 다른 이들이 더 큰 꿈을 꾸고 더 많이 배우며 더 많은 일을 하고 더 성장하면 당신은 리더이다.   – 존 애덤스(John Quincy Adams)

고결한 감정은 결국에는 언제나 승리하게 되어있다. 피와 노동, 땀을 제공하는 리더는 안전과 여유를 제공하는 리더보다 자신을 따르는 이들로부터 언제나 더 많은 것을 얻어낸다.   – 조지 오웰(George Orwell)

이제 성공적인 리더십의 핵심은 권위가 아니라 영향력이다.
   – 켄 블랜차드(kenneth blanchard)

리더십의 본질은 비전을 갖는 것이다.
   – 테오도르 M. 헤스버그(Theodore M. Hesburgh)

나는 리더십은 진실성에서 온다고 생각한다. 다른 이들에게 시킨 일을 리더 자신도 해야 하는 것이다. 나는 리더가 되는 명확한 길은 없다고 생각한다. 부모로서, 친구로서, 이웃으로서 바람직한 본보기가 됨으로써 다른 사람이 더 훌륭한 방법을 찾도록 하는 것일 뿐이다. 주먹을 흔들어 큰 소리로 외치거나 나팔을 부는 등 꼭 과장된 행동이 필요한 것은 아니다. – 스캇 버컨(Scott Berkun)

혁신은 리더와 추종자를 구분하는 잣대이다.   – 스티브 잡스(Steve Jobs)

지도자가 되는 가장 바람직한 방법은 자비를 베푸는 것이다.   – 세네카(Seneca)

가장 효율적으로 일하는 리더는 '나' 라고 말하지 않는다. 이는 그들이 그렇게 훈련 받아서가 아니다. 이는 그들이 '나'라고 생각하지 않고 '우리'라고 생각하기 때문이다. 그들은 '팀'으로 생각한다. 팀에 기여하고자 한다며 책임을 받아들이고 문제를 절대 피하지 않는다. 하지만 그 공은 '우리'에게 간다. 이것이 사람들에게 믿음을 심어주는 방법이고 일을 제대로 처리하는 방법이다.

– 피터 드러커(Peter Drucker)

사려 깊고 헌신적인 사람들의 작은 집단이 세상을 바꿀 수 있음을 의심하지 마라. 지금까지 바로 이런 사람들이 세상을 바꿔 왔다.

– 마거릿 미드(Margaret Mead)

지구는 둥글다고 주장한 이들, 사람이 언젠가 달 위를 걸을 수 있을 거라고 주장한 이들, 언젠가 휴대폰으로 문자와 사진을 주고받을 수 있을 거라고 주장한 이들이 당시에는 비판을 받았던 사실을 잊지 말자. 존 F. 케네디 대통령이 사람을 달에 보내자고 제안했을 때 많은 사람들이 그를 비웃었다. 당시에 다른 국가들은 이미 우주 사업에 뛰어들었지만 아무런 목표도 없었고 사람을 달에 보내겠다는 이상조차 없었다. 하지만 케네디 대통령은 이상을 품었고 목표를 세웠다. 그는 우주 탐험을 한계까지 밀어 붙었다.

나는 성공에 이르는 공식을 가르쳐줄 수는 없다. 하지만 실패에 이르는 공식은 가르쳐줄 수 있다. 그것은 다른 사람들을 즐겁게 해주기 위해 노력하는 것이다.

– 허버트 B. 스왑(Herbert B. Swope)

리더로서 우리는 좋은 성과를 내는 동시에 다른 사람들의 욕구를 충족시켜줘야만 하는 압박에 시달릴 수 있다. 허버트는 다른 사람들을 즐겁게 해주기 위해 노력하는 사람들에게 이런 말을 했다.

"남을 즐겁게 해주려는 사람들은 불안감이라는 문제를 갖고 있다. 자신이 리더로서 어떤 사람인지 확실히 알지 못하고, 자신을 따르는 사람들을 통해 자신이 리더로서 어떤 사람인지를 판단하기 때문이다. 그들은 자신을 따르는 이들이 자신을 리더로서 어떻게 생각하는지를 중요하게 여긴다. 하지만 진정한 리더가 되려면 인기를 잃을 각오를 해야 한다. 리더로서 다른 사람들이 원치 않는 결정을 내려야 할 마음의 준비가 되어 있어야 한다. 그리고 자신을 따르던 이들 중 일부가 때로는 자신에게서 등을 돌릴 수도 있다는 사실을 받아들여야 한다. 리더는 이런 문제를 받아들이고 잘 해결해 나갈 만큼 스스로에게 자신이 있어야 하며 사람들의 의견에 휘둘려서는 안 된다. 당신이 리더이거나 공인이라면 비난과 신랄한 논평이 낯설지 않을 것이다. 그렇다고 해서 당신에 대한 사람들의 평가에 대해 일일이 귀 기울이면 결국에는 아무 것도 제대로 할 수 없게 됨을 명심해야 한다."

자기 스스로에게 만족하는 한, 모든 사람들을 만족시킬 필요는 없다. 그렇다고 해서 이기적이 되라는 말이 아니다. 꿈이나 목표가 있으면 다른 사람들의 부정적인 생각이 우리의 긍정적인 꿈을 앗아가지 못하게 만들라는 뜻이다.

킹 C. 질레트 **King Camp Gillette**가 가정에서 사용하는 가장 흔한 도구들을 획기적으로 바꾸겠다는 계획을 세웠을 당시, 그는 많은 이들로부터 비웃음을 샀고 결국 파산하고 말았다. 투자자를 찾을 수 없었을 뿐만 아니라 그가 꿈꾸는 도구의 모형을 만드는 일을 하려는 정비공조차 찾을 수 없었다. 경험 많은 정비공과 기술자들, 메사추세츠 공과 대학의 저명한 교수들조차도 전부 그의 계획은 불가능한 일이라고 말했다. 깨끗한 면도가 가능할 정도로 날카로운 면도날을 만들 되 날이 무뎌졌을 때 사람들이 이를 버리고 다른 면도날을 살 수 있을 만큼 저렴하게 만들 수 있는 이는 아무도 없었던 것이다. 하지만 4년의 노력 끝에 질레트는 최초의 일회용 면도날을 개발했고 6년이 더 걸려서 이를 시장에 내놓았다. 제품이 출시된 첫 번째 년도에 그는 개당 5달러에 고작 51개의 면도날을 팔았다. 10년을 노력한 끝에 겨우 255달러를 번 것이었다. 하지만 두 번째 년도가 되자 90,844개의 면도날이 팔렸고 그때부터 면도의 개념이 완전히 변해 버렸다.

만약 질레트가 중도에 포기했다면 어떻게 되었을까? 하지만 그는 자신의 계획이 특별하며 유일무이하다는 것을 아는 데 있어 자신이 개발한 면도날만큼이나 날카로웠다. 그는 이런 말을 했다. "만약 내가 기술자였다면 중간에 포기했을지도 모른다."

하지만 질레트는 기술자 이상이었다. 선지자이자 리더였다. 그리고 목표를 달성하고 자신의 성과물과 성공을 자랑스러워할 때까지 결코 포기하지 않았다. 매일 하루 5분을 투자해 다른 이들을 이끄는 사람이 되는 동시에 자기 자신의 능력도 키워보자. 이 세상은 리더십을 절실히 원하고 있다. 바로 지금이 리더가 될 때이다.

10장

포기 하지마

윈스턴 처칠은 "절대 포기하지 마라."라는 세 음절의 연설로 유명해 졌다.
오늘 5분은 이런 내용의 이야기와 시로 시작하고 싶다.

에드먼드 힐러리 **Edmund Hillary** 는 세계 최초로 에베레스트 산을 오른 산악
인이다. 1953년 5월 29일, 그는 당시에 가장 높다고 알려진 에베레스트 산을
등정했다. 해발 8,850m에 달하는 높이였다. 그는 산을 오른 후 그 공로로 왕
으로부터 '경' 이라는 훈위까지 수여 받았다. 그리고 아메리칸 익스프레스 카
드의 광고를 찍기도 했다. 하지만 그의 저서 《대모험 **High Adventure**》을 읽고
나면 우리는 성공에 이르기까지 그 또한 성장해야만 했다는 사실을 알 수 있
었다.

1952년, 힐러리는 에베레스트 산 등정을 시도하지만 실패하고 만다. 그로부

터 몇 주 후 영국 산악인들이 그에게 연설을 해달라고 요청한다. 힐러리는 우레와 같은 박수를 받으며 무대에 올랐다. 청중들은 그의 시도를 성공으로 보았지만 힐러리 자신은 실패로 보았다. 그는 연설을 멈추고 무대 옆으로 걸어 갔다. 그리고는 주먹을 꽉 쥐고 에베레스트 산을 찍은 사진을 가리키며 큰 목소리로 이렇게 외쳤다. "에베레스트 산! 그래, 이번엔 네가 이겼다. 하지만 다음번에는 내가 널 꼭 이기고 말겠다. 너는 이미 다 자랐지만 나는 아직도 자라고 있기 때문이다."

– 브라이언 카바노프 **Brian Cavanaugh** 의
《세상을 밝히는 이야기 **Sower' s Seeds of Virtue**》에서

얼마나 많은 사람들이 자기 자신을 실패작으로 볼까? 우리는 절대 실패작이 아니다. 신이 창조하신 당신은 유일무이한 존재이다. 우리를 다른 이들과 구별 짓는 것은 이 유일무이함이다. 그러므로 각자의 꿈을 찾는 일을 절대 포기하지 말아야 한다.

내가 삶에서 원하는 것은 무엇일까? 어떠한 대가를 치를 준비가 되어 있나? 사업을 하고 싶어 하나? 체중을 감량하고 싶어 하나? 더 젊어 보이고 싶나? 더 똑똑해지고 싶나? 더 사랑받고 싶나? 더 존경받고 싶나? 이 모든 것을 얻는 비밀이 이 책에 담겨 있다. 하지만 그러기 위해서는 이 책을 계속 읽어야 한다. 멈추지 말고 계속 앞으로 나아가야 한다. 자기 자신을 계속해서 믿어야 하며 절대 포기해서는 안 된다.

개구리 한 마리가 농장 주변을 폴짝폴짝 뛰어다니다가 호기심에 헛간에 가보

기로 결심했다. 다소 부주의한 탓에, 그리고 호기심이 과한 탓에 개구리는 결국 우유가 반 정도 담긴 들통에 빠지고 말았다. 들통 밖으로 나가려고 헤엄을 치다가 개구리는 들통의 옆면이 너무 높고 빠져나가기에는 너무 가파르다는 것을 알게 됐다. 그래서 들통 바닥에서 점프해서 밖으로 나가려고 바닥에 발을 대보려고 했지만 너무 깊어서 그럴 수도 없었다. 하지만 개구리는 절대 포기하지 않았고 계속해서 시도했다. 몸을 쪼그렸다 폴짝 뛰어오르기를 수차례 반복한 끝에 마침내 개구리의 발길질로 우유는 딱딱한 버터로 변해 버렸다. 그래서 개구리는 그 버터를 밟고 들통 밖으로 나올 수 있었다.

이 이야기의 교훈은 무엇일까? 바로 "절대 포기하지 마라"이다.

중도 포기는 마음은 편안하게 해주겠지만 그로 인해 얻을 수 있는 보상은 없다.

– 웨스 비비스(Wes Beavis)

다음은 아이들이 어릴 때 방에 걸어 놓았던 웨스 비비스의 시이다. 나는 아이들에게 이 시를 자주 읽어주었다. 독자들에게도 이 시를 프린트해서 벽에 붙여 놓길 권한다. 그리고 친구들에게도 이메일로 보내주어라.

끝까지 버텨라

우리에게 닥친 일이 원하는 대로 되지 않을 때
그것이 바로 인생이다.
화를 내며 그만두고 싶다는 생각이 들 수 있다.
하지만 좌절한 만큼 성장할 것이다.
화나게 하는 것만큼 성장할 것이다.

포기하는 마음은 어리석은 마음이다.

그만두면 다 괜찮아질 거라고 믿는 어리석은 마음이다.

우리도 모르는 사이 이미 이만큼 오지 않았던가.

지금 그만 두면 그 동안 노력한 것에 대한 그 어떤 성과도 얻을 수 없다.

무슨 일을 하든지 어려움은 있다.

하지만 끝까지 포기하지 않는 사람에게는 길이 존재하기 마련이다.

어려움에 봉착했다고 해서 포기 말고 한 걸음 더 나아가라.

그리고 나면 어느 새 어려움은 저만치 사라져 있을 것이다.

눈앞에 닥친 문제에 이렇게 말해라. '내가 너보다 더 크다.'

포기하지 않고 끝까지 버티면 이 말이 사실임을 증명하는 것이다.

한 명의 남자가, 한 명의 여자가, 하나의 생각이 차이를 만든다고 상상해 보아라. 시민운동가인 로자 파크스 **Rosa Parks**는 민권운동을 위해 노력했다. 그녀의 사상은 결국 인류의 보편적인 믿음이 되었고, 이제는 흑인이 미국의 대통령으로 선출되기에 이르렀다. 그리고 헌신과 투지의 상징인 한 남자가 있었다. 다른 이들이 그에게 아무리 가혹하게 굴어도 그는 다른 이들의 행복과 정의를 위해 모든 것을 포기했다. 그는 바로 아브라함 링컨이었다. 그는 인간성이라는 기본적인 가치를 지키기 위해 이 나라의 평화가 무너지는 것도 무릅썼다. 그의 삶은 결코 평범하지 않았고 성공보다는 실패가 많았다. 하지만 그는 다른 사람이 어떻게 생각하든, 혹은 어떻게 말하든 개의치 않고 자신의 신조대로 밀고 나갔다. 다음은 간략한 그의 생애이다.

1816년 집을 잃고 길거리로 쫓겨남

1818년 어머니의 사망

1831년 사업 실패

1832년 주 의회 낙선

1835년 약혼녀의 사망

1836년 신경 쇠약으로 입원

1838년 주 의회 낙선

1840년 대통령 선거위원 낙선

1843년 하원의원 낙선

1846년 하원의원 당선

1848년 재선에 실패

1854년 토지 담당 공무원 자리에서 거부당함

1855년 상원의원 낙선

1856년 부통령 경선 낙선

1858년 상원의원 낙선

1860년 미 대통령에 당선

링컨은 아주 강한 이상을 지닌 사람이었다. 44년의 실패를 딛고 성공에 이르렀을 뿐만 아니라 이 나라가 평등한 사회가 되는 데 힘썼다. 링컨은 자신의 정치 인생에서 성공보다 실패를 4배나 더 많이 겪었다. 대부분의 사람이라면 삶이 불공평하다고 생각하며 포기했을 것이다. 하지만 링컨은 절대 포기하지 않았다. 자신의 목표에 충실했기 때문에 결국 가장 값진 승리를 거머쥘 수 있었다.

아직도 자신이 겪는 실패가 큰 문제라고 생각하는가? 체중 감량, 금연, 인간관계 개선 등 자신의 목표 달성에 실패하더라도 그 실패에 집착하지 마라. 그

대신 5분의 시간을 투자해 자신의 목표에 집중하도록 해라. 벙커가 아닌 목표 지점의 녹색 깃발에서 눈을 떼지 않으면 반은 이긴 것이나 다름없다.

 절대 포기하지 마라!

11장 ^장

방어

우리는 자신의 삶을 통제할 수 있다. 목표를 정하고, 자기 확신을 하고, 할 일을 미루기 보다는 계획을 세우고, 수동적이 되기보다는 적극적인 태도를 취하면 된다. 그리고 이 모든 것은 하루 5분이면 충분하다.

나의 저서 《젊어지기 Dying to Be Young》를 보면, 아내와 내가 매일의 목표를 정하고 그 목표를 실현시킬 수 있다는 믿음을 가졌다는 내용이 나온다. 자기 자신을 믿는 것은 매우 중요하다. 데니스 와틀리 Dennis Whatley도 이런 말을 했다. "성공에 이르는 가장 중요한 열쇠는 다른 사람을 사랑하기 전에 우선 자기 자신부터 사랑하는 것이다."

❖ 성공에 이르기 위한 5분 목표를 세워라.

독자 여러분은 자신의 목표를 세우고 이를 실행에 옮기는 것이 어렵다고 느끼는가? 그렇다면 하루 5분을 투자해 목표를 세울 의지가 있기는 한가? 모두에게는 자신만의 목표를 세울 의지가 있다. 하지만 여러 난관이 우리의 목표 수립을 방해한다. 다음은 성공에 이르기 위한 목표를 세우는 방법에 관한 몇 가지 팁이다.

1. 내 삶에서 중요한 것이 무엇인지, 개선되기를 원하는 것이 무엇인지 생각해 본다.
2. 목표를 적어 본다. 목표를 적다보면 매일 이것을 볼 수 있고 자신이 성취하고자 하는 것을 스스로에게 상기시킬 수 있다.
3. 현실적인 목표를 세운다.
4. 시기적절한 목표를 세운다. 그래야 최선을 다해서 목표에 달성하게 된다.
5. 목표를 세웠으면 계속 고수한다. 목표를 향해 나아가다가도 때로는 흥미나 동기를 잃곤 한다. 장기 목표는 하룻밤 사이에 이룰 수 없음을 스스로에게 상기시키는 것이 중요하다.

❖ 5분 목표는 SMART해야 한다.

S : Specific 구체적이어야 한다. 예를 들어, "나는 체중을 감량하고 싶어."라고 하면 이것은 희망사항일 뿐이다. "나는 한 달 내에 5kg을 감량할거야."라고 구체적으로 정해야 목표가 된다.

M : Measurable 측정 가능해야 한다. 측정이 불가능하면 평가가 불가능하다. 얼마만큼 진전했는지를 판단하는 방법이 측정이다.

A : Achievable 달성 가능해야 한다. 목표는 시련을 안겨줄 만큼 조금 먼 곳에 있어야 한다. 하지만 너무 터무니없이 높은 목표는 스스로를 좌절시킬 뿐이다.

R : Realistic 현실적이어야 한다. 달성 가능한 목표를 세워라. 한 달 안에 25kg을 감량하겠다는 목표는 비현실적이다.

T : Time-bound 시간제한이 있어야 한다. 모든 목표에는 시작과 끝이 존재해야 한다.

축구팀이 있다고 가정해 보자. 11명의 선수는 게임을 치를 준비가 되어 있다. 사기가 충전해 있는 상태에서 누군가 골대를 없애버렸다고 생각해 보자. 어떤 일이 발생하겠는가? 가장 중요한 목표점이 사라지게 되는 것이다. 골대 없이 어떻게 점수 계산을 하겠는가? 골은 어디에 넣어야 하는 것인가? 목표는 우리에게 방향을 제시해 준다. 어디로 가는지도 모른 채 기차나 비행기를 타겠는가? 그러고 싶은 사람은 아무도 없다. 그런데도 사람들은 왜 목표 없이 인생을 살려고 하는 것인가?

나는 아이들에게 우정은 비타민B1과도 같이 우리 몸에 꼭 필요한 것이라고 가르친다. 친구를 얻고 싶으면 스스로가 누군가의 친구가 되려고 노력해야 한다. 좋은 친구가 되겠다는 목표는 현실적이고 달성 가능한 목표이다. 우리가 원하는 사람이 되기 위해서 과거에 어떤 사람이었는지를 뒤돌아 봐야 한다. 인생에서 누가 우리는 위대한 사람이 될 수 없다고 말했는가? 아버지, 어머니, 형제, 자매, 선생님이 그랬던가? 중간 정도 밖에 되지 못하는 학생이며 성공할 수 없다고 누가 말했는가? 우리는 토마스 에디슨, 헨리 포드, 윈스턴 처칠 같은 부류의 사람들을 살펴봤었고 앞으로도 계속 살펴볼 것이다. 그들은 전 세계 사람들의 삶에 큰 영향을 끼쳤다. 하지만 주변 사람들은 이들이 성공하리라고 생각하지 않았다. 그들은 성공하도록 태어난 것도 자란 것도 아니었다. 그들은 자신들만의 방식으로 꾸준히 노력한 끝에 성공을 이룬 것이다. 조금 더 성공적인 부류의 인간들을 양성하려는 제도 내에서 그들은 때로는 잡초 같은 부류로 취급받으며 무시당하기도 했다. 하지만 이들 모두에게는 한 가지 공통점이 있었다. 성공하고자 하는 마음이 있었던 것이다. 이런 마음이 너무 강해서 그들은 자신의 내면의 목소리에 귀를 기울일 수 있었다. 그들이 무엇을 할 수 있는지 알려준 초의식에 다가갈 수 있었던 것이다. 사람들의 말이 항상 옳은 것도 아니고 우리가 항상 그른 것도 아니다. 실패 끝에 성공이 온다는 사실을 알아야 한다. 초반의 성공이 실패로 이어질 수도 있다. 하지만 그런 상황을 변화시킬 수 있는 스스로의 능력을 믿어야 한다. 우리는 마음가짐을 바꿈으로써, 제대로 된 목표를 세움으로써 운명을 바꿀 수 있다. 미국의 심리학자이자 철학자인 윌리엄 제임스 **William James**는 이렇게 말했다. "언제든 주위의 환경을 변화시킬 수 있다. 하지만 주어진 환경 내에서 사고방식을 바꿀 수도 있는 것이다. 사고방식을 바꿈으로써 보다 생산적인 미래 환경을 만들어나갈 수 있다."

목표를 세우는 것은 아주 중요하다. 목표 설정의 핵심이 목표 설정이라고 할 정도이다. 목표를 설정하지 않으면 그 목표에 달성할 수 없기 때문이다.

나폴레온 힐 **Napoleon Hill**의 《놓치고 싶지 않은 나의 꿈, 나의 인생 **Think and Grow Rich**》에 나오는 이야기를 하나 공유하고자 한다. 나폴레온 힐은 이 책을 통해 위대한 사람들의 이야기를 들려주고 있다. 이 사람들 중 아름답고 부유하고 뛰어난 재능을 갖고 태어난 사람은 거의 없었다. 이 사람들에게서 찾을 수 있는 유일한 공통점은 그들 모두 성공하고자 하는 열망이 아주 높았다는 사실이다. 에드워드 C. 반스 **Edward C. Barnes**의 이야기를 살펴보자. 그는 토마스 에디슨 **Thomas Edison**의 동업자가 되기로 결심했다. 그래서 그것을 개인적인 목표로 삼았다.

하지만 반스는 과학자도 아니었고 그렇다고 재력가도 아니었다. 게다가 그가 목표를 성취하는 데에는 장애물이 두 개나 있었다. 에디슨을 만난 적이 없었다는 사실과 에디슨이 거주하고 있던 뉴저지에 갈 수 있는 차비조차 없다는 사실이었다.

반스는 포기했을 수도 있다. 만약 그랬다면 우리는 지금 그의 이야기를 듣지 못했을 것이다. 하지만 그는 포기하지 않았고 에디슨을 찾아 갔다.

당시의 상황에 대해 에디슨은 이렇게 말했다. "그가 처음 내 앞에 나타났을 때, 그는 그저 평범한 사람에 불과했다. 하지만 그의 표정에는 뭔가가 있었다. 자신이 세운 목표를 달성하겠다고 굳게 다짐한듯한 표정이었다. 나는 여러 사람들과 일한 경험 덕분에 사람이 무언가를 너무도 갈망해서 그것을 얻고자 자신의 미래를 한 큐에 모두 걸 경우 승리하게 돼 있다는 사실을 알게 되었다. 그는 자신의 목표를 달성할 때까지 내 앞에 서 있기로 작정한 듯이 보였다. 그래서 나는 그에게 기회를 주었다."

그 뒤에 일어난 일은 에디슨의 생각이 옳았음을 입증해 주었다. 당시 에디슨은 에디슨 구술 녹음기라는 새로운 장치를 만들어냈다. 하지만 그가 반스를 만났을 때에는 제품 판매에 있어 어려움을 겪고 있었다. 그의 밑에 있던 판매 인력이 그다지 열정적이지 않았던 것이다. 에디슨은 반스에게 그 일을 맡겼고 반스는 새로운 발명품을 성공적으로 판매했다. 결국 에디슨은 반스와 계약을 맺어 그가 에디슨 구술 녹음기를 팔고 홍보하고 유통하는 일을 단독으로 맡도록 했다. 그 후 사업은 승승장구했다.

하루 5분을 투자해 목표를 정하는 것은 중요하다. 하지만 하루 24시간 동안 그 목표를 달성하도록 노력하는 것이 더 중요하다. 반스는 자신의 목표를 명확히 세웠고 에디슨 조차도 그를 막을 수 있는 것은 없다는 사실을 잘 알고 있었다. 이는 열정의 힘을 보여주는 사례이다. 자신을 믿어야 한다. 매일 자기 확신을 해보자. 목표를 정하고 매일 실행에 옮기자.

자신의 결점이 강화되기를 원치 않는다면 이를 계속 얘기하고 다니지 마라. 친구들 사이에서 소외당하고 싶지 않으면 변명을 하지 마라. 성공적인 사람들은 성공에 가까운 사람들 주위에 있기를 원한다. 긍정적인 것들이 의식 속에 들어오도록 하라.

나폴레옹은 상상력이 세계를 지배한다고 말했다. 아인슈타인은 상상력은 지식보다 더 중요하다고 말했다. 지식은 아는 것에 한정돼 있고 현재를 이해하는 것이지만 상상력은 전 세계로 뻗어나가고 현재에 일어나는 일에 국한되지도 않는다. 꿈이 있어야 이 꿈을 실현시키고자 하는 목표도 정하게 된다. 그리고 목표를 정하는 사람이 목표를 성취하게 돼있다. 이를 절대 잊지 마라.
스스로를 돌아보아야 한다. 우리만 아는 방식으로 내면을 들여다보아야 한다. 우리가 누구인지 알게 되면 어디로 가고자 하는지를 결정하는 일은 보다 쉬워진다. 차에 타 상점에 가려고 할 경우 그것 또한 목표를 세운 것이다. 목표를 세우고 그 목표를 달성하기 위해 노력한다. 일단 목표를 세우면 그 목표에 이르는 것을 막을 수 있는 것은 우리 자신 밖에 없다.
사람들 한 명 한 명은 제각기 다르다. 그런 유일무이함 덕분에 개개인이 존재하는 것이다. 하루 5분을 투자해 자신의 목표를 점검해 보고 자기 확신을 해보자. 그리고 꿈을 꿔 보자. 피노키오에 등장하는 말하는 귀뚜라미 지미니 크리켓은 이런 말을 했다. "긍정적인 것은 강조하고 부정적인 것은 제거하라."

다음은 온갖 역경에도 불구하고 자신의 목표를 고수한 목표 설정자들의 이야기이다.

◉ 미국의 유명한 영화배우 프레드 아스테어 *Fred Astaire*는 1933년에 첫 번째

카메라 테스트를 마친 뒤 MGM 영화사의 심사 위원장으로부터 다음과 같은 심사평이 적힌 메모지를 전달받았다. "연기력이 형편없음! 게다가 약간 대머리임! 춤 솜씨도 수준 이하임!" 하지만 그 후 아스테어는 최고의 명배우가 될 수 있었다. 아스테어는 지금도 비버리 힐즈에 있는 자기집 벽난로 위에 그 메모지를 액자에 넣어 보관하고 있다.

◉ 한 축구 경기 전문가가 축구 선수 빈스 롬바르디 **Vince Lombardi**를 이렇게 평했다. "축구에 대한 최소한의 지식조차 없음. 한마디로 열의 부족" 하지만 빈스 롬바르디는 세계적으로 유명한 축구 선수로 발돋움했다.

◉ 위대한 철학자 소크라테스는 법정에서 이런 판결을 받았다. "이 자는 젊은 이들을 도덕적으로 타락시키는 죄인이다." 그러나 오늘날 소크라테스는 인류 역사상 최고의 철학자로 평가받고 있다.

◉ 루이사 메이 올코트 **Luisa May Alcott**는 한 때 집안 식구들로부터 남의 집 식모살이를 하든지 바느질품팔이를 하라고 종용받곤 했다. 하지만 그녀는 포기하지 않고 작가의 길을 걸었으며, 《작은 아씨들 **Little Women**》이라는 불후의 명작을 남겼다.

◉ 베토벤은 바이올린을 다루는데 매우 서툴렀으며, 자신의 연주 기술을 개선하기 보다는 스스로 작곡을 해서 연주하기를 더 좋아했다. 베토벤을 지도하던 음악 선생은 그가 연주하는 것을 듣고는 훌륭한 작곡가가 될 소질이 전혀 없다고 딱 잘라 말했다.

◉ 엔리코 카루소 **Enrico Caruso**의 부모는 그에게 엔지니어가 되라고 강요했다. 담임선생은 그의 목소리가 안 좋기 때문에 노래와는 거리가 아주 멀다고 말했다. 하지만 엔리코 카루소는 얼마 안 되서 전설적인 성악가의 위치에 올라섰다.

◉ 진화론의 창시자인 찰스 다윈 **Charles Darwin**은 의사가 되기를 포기했을 때

아버지로부터 이런 말을 들었다. "넌 사냥이나 다니고 개와 쥐들을 쫓아다니는 일에나 쓸모가 있는 녀석이다." 다윈은 훗날 자서전에서 이렇게 말했다. "나는 아버지뿐 아니라 나를 가르친 모든 교사들로부터 지능이 보통 수준 이하인 평범한 소년으로 평가 받아왔다."

◉ 월트 디즈니 **Walt Disney**는 아이디어가 부족하다는 이유로 신문사 편집장에게 해고당했다. 그리고 디즈니랜드를 세우기 전에 여러 차례 파산을 경험했다.

◉ 알버트 아인슈타인 **Albert Einstein**은 다섯 살 때까지 말을 하지 못했으며, 여덟 살이 될 때까지 글을 읽지 못했다. 교사는 그를 "정신 발달이 늦고, 남들과 잘 어울리지 못하며, 어리석은 몽상 속에서 헤매고 다닌다."라고 표현했다. 그는 결국 학교에서 퇴학당했으며, 취리히 과학 기술 전문학교에 입학을 시도했으나 거부당했다.

◉ 루이 파스퇴르 **Louis Pasteur**는 대학에서 지극히 평범한 학생이었으며, 특히 화학 과목에선 22명 중에서 15등을 차지했다. 하지만 그는 세계 최고의 화학자이며 세균학자로 명성을 떨쳤다.

◉ 아이작 뉴턴 **Issac Newton**은 초등학교 시절에 성적이 매우 형편없는 학생이었다.

◉ 조각가 로댕의 아버지는 언제나 "나는 바보천치 아들을 두었다."고 말하곤했다. 학교에서 가장 열등한 아이로 지목된 로댕은 미술학교에 입학하는데 세 번이나 실패했다. 로댕의 삼촌은 로댕을 교육 시키는 일이 완전히 불가능 하다고 말하기 까지 했다.

◉ 《전쟁과 평화 **War and Peace**》의 작가 레프 톨스토이 **Lev Tolstoy**는 대학 시절 수업에서 낙제점을 받아 퇴학 당했다. 그는 교수들로부터 "배울 만한 실력도 없을 뿐더러 배우려는 의지조차 없다."는 평가를 받았다.

◉ 테네시 윌리엄스 **Tennessee Williams**는 워싱턴 대학의 연극제에서 자신의 희곡 작품인 《나, 바샤 **Me, Vasha**》가 뽑히지 않자 무척 화가 났다. 당시 담당 교수의 회상에 따르면, 윌리엄스는 심사위원들의 잘못된 심사와 무능력을 공공연히 비난하고 다녔다. 훗날 《어느 세일즈맨의 죽음 **Death of a salesman**》과 《뜨거운 양철 지붕 위의 고양이 **Cat on a Hot Tin Roof**》 등을 써서 미국 최고의 희곡 작가가 되었다.

◉ 울워스 **F.W.Woolworth**는 의류 가게에서 일할 때 고용주로부터 고객에 대한 감각이 아주 형편없다는 평을 듣곤 했다. 하지만 얼마 후에 그는 미국 의류 업계의 제왕이 되었다.

◉ 헨리 포드 **Henry Ford**는 다섯 번이나 실패하고 파산한 끝에 마침내 성공을 이룰 수 있었다.

◉ 야구왕 베이브 루스 **Babe Ruth**는 가장 위대한 운동선수이자 홈런 최다 기록 (714번)을 세운 것으로 유명하다. 하지만 그가 가장 많이 삼진 아웃을 당한 세계 기록(3천 번)도 보유하고 있다는 사실을 아는 사람은 많지 않다.

◉ 윈스턴 처칠 **Willston Churcill**은 6학년 때 낙제를 했다. 그는 평생 동안 좌절 과 패배를 경험했고 62세의 나이에 비로소 영국 수상으로 선출되었다. 그 리고 65세가 되서야 세상에 가장 중요한 공헌을 하기 시작했다.

◉ 높이 나는 갈매기에 관한 리차드 바크 **Richard Bach**의 소설 《갈매기의 꿈 **Jonathan Livingston Seagull**》은 18군데의 출판사로부터 거절당한 뒤 1970년 에 맥밀란 출판사에서 출간되었다. 1975년까지 그 책은 미국에서만 7백만 부가 팔렸다.

◉ 리차드 허커 **Richard Herker**는 7년이라는 시간을 들여 소설 《매쉬 **MASH**》를 완성했으나 21군데의 출판사로부터 거절을 당한 뒤 간신히 모로우 사에서 출판 할 수 있었다. 그 작품은 인기 절정의 베스트셀러가 되었으며, 영화로

제작되어 흥행에 대성공을 거두었고, 텔레비전 시리즈물로도 방영되어 역대 최고의 시청률을 올렸다.

이번 장에서 배운 내용을 다시 한 번 정리해 보자. 우리는 하루 5분을 투자해 목표를 세워야 한다. 그리고 그 목표를 향해 나아가야 하고 자기 확신을 해야 하며 하루 24시간 동안 목표에 충실해야 한다. 성공으로 향하는 길이나 운명으로 향하는 길에 그 누구도, 그 무엇도 우리를 막을 수 없도록 해야 한다.

　　승리가 전부는 아니다. 승리하고자 하는 의지가 전부이다.

– 반스 롬바르디(Vince Lombardi)

12장

승자의 내면

파레토의 법칙 **Pareto Principle**에 대해 들어봤을 것이다. 파레토의 법칙에서 중요한 것은 20%라는 숫자이다. 이 숫자가 의미하는 바는 다음과 같다.

20%의 사람들이 우리에게 주어진 시간의 80%를 가져간다.

20%의 시간을 어떻게 활용하는 지가 결과의 80%를 좌우한다.

책의 20%가 80%의 내용을 담고 있다.

우리가 하는 일의 20%가 80%의 만족감을 준다.

프레젠테이션의 20%가 결과의 80%를 좌우한다.

20%의 사람들이 80%의 돈을 번다.

20%의 사람들이 전 세계 세금의 80%를 낸다.

학급의 20%가 80%의 질문을 한다.

직장에서 20%의 인력이 80%의 문제를 일으킨다.

우선순위의 20%가 결과물의 80%를 만들어내는 것이다. 그러므로 시간, 에너지, 돈 등을 우선순위 중 상위 20%에 투자해야 한다. 이 상위 20%가 결과물과 동등하다고 할 수 있다. 우리는 계획을 잘 세워야 하며 그렇지 않을 경우 참담한 결과를 맞이할 수 있다. 대부분의 사람들에게는 한 번에 한 가지 이상의 프로젝트를 감당할 능력이 없다. 그렇기 때문에 해야 할 일을 나열해 보고 일, 가족, 개인 여가시간 등의 일에 우선순위를 부여한다. 중요도와 긴급성을 바탕으로 우선순위를 정해야 한다. 직장 상사가 일을 주고 내일까지 하라고 하면 이 일은 우선순위도 매우 높고 긴급성도 높은 경우이다. 상사가 일을 주었지만 마감을 정해주지 않을 경우 우선순위는 높지만 긴급성은 낮은 경우이다. 시간 관리에서도 파레토 법칙이 적용된다. 우리는 자신에게 주어진 시간을 효과적으로 활용할 필요가 있다. 모든 사람은 수동적이거나 적극적이다. 리더가 앞서서 행동을 하면 다른 이들은 그의 행동을 따른다. 리더는 본보기를 보임으로써 자신을 따르는 자들을 이끈다. 하지만 그를 따르는 사람들은 행동에 나서지 않고 우선은 기다릴 뿐이다. 리더는 전화를 직접 집어 든다. 하지만 그를 따르는 사람들은 벨이 울리기만을 기다린다. 리더는 문제를 해결하는 데 시간을 할애한다. 하지만 그를 따르는 사람들은 문제가 무엇인지 살펴보느라 시간을 할애한다. 리더는 사람들과 유익한 시간을 보낸다. 하지만 그를 따르는 사람들은 시간을 제대로 활용할 줄 모르며 리더를 따라다니기만 한다. 파블로 피카소(Pablo Picasso)는 이렇게 말했다. "모든 아이들은 예술가이다. 문제는 아이들이 성인이 된 후에 그 예술가적 기질을 어떻게 유지하느냐이다." 우리가 처음에 태어날 때에는 긍정적이었으며 실패를 두려워하지 않았던 이유는 무엇일까? 첫 걸음마를 뗄 때 결코 두려워하지 않았다. 곧 쓰러질 것을 알면서도 계속 한 걸음 한 걸음 움직였고 쓰러지면 다시 일어나서 걸었다. 우리가 그럴 수 있었던 이유는 갓난아기 시절에는 파레토 법칙이 적용되지 않았기 때문이다. 20%가 아닌, 100%의 아기들이 결국에는 걸을 수 있게 되는 것이다. 하지만 성인이 되면서 실패를 경험한 후 두려워하게 된 것이다. 명심하라. 강한 행동을 취할 수도, 약한 행동을 취할 수도 있다. 하지만 강한 행동을 취할 때 우리는 성공할 수 있으며 승리를 쟁취할 수 있는 것이다.

❖ 승리자 VS 패자

승리자는 항상 아이디어가 있지만 패자는 항상 변명만 할 뿐이다.

승리자는 "나는 이 일을 할 거야."라고 말하지만 패자는 "이건 내 일이 아니야."라고 말한다.

승리자는 모든 문제에 있어 항상 해결책을 찾으려고 하지만 패자는 모든 해결책에 존재하는 문제만 찾아내려 한다.

승리자는 항상 무슨 일이든 하려고 하지만 패자는 항상 그 일에서 벗어날 궁리만 한다.

헨리 포드 **Henry Ford**는 이렇게 말했다. "할 수 있다고 믿든, 할 수 없다고 믿든 우리는 항상 옳다."

긍정적인 사람이 될 필요가 있다. 무슨 일이든 할 수 있다고 믿어보자.

❖ 성공에 이르는 5분 십계명

1. 긍정적인 것들을 상상하라.

2. 부정적인 것들을 제거하라.

3. 자신의 강점에 집중하라.

4. 자신의 단점은 제거하라.

5. 명상하라.

6. 긍정적인 사람과 함께 계획을 세워라.

7. 성공을 원하는 사람과 함께하라.

8. 이 지구상에 자신과 똑같은 사람은 존재하지 않음을 명심하라.

9. 다른 사람이 아닌 자신만의 꿈을 꾸어라.

10. "결코 못 할 거야." "절대 안 할 거야." "할 수 없어." 등과 같은 단어를 사용하지 마라.

내면의 자아에게 어떤 상황이 닥쳐와도 자기 자신을, 자신의 능력을 믿으라고 가르쳐라. 5분 동안 내면의 자아를 대상으로 자기 확신을 해 보라.

이 세상은 절대 이해하지 못할 나만의 능력과 잠재력을 믿는다.

내가 여태껏 활용한 것보다 더 많은 지식이 나에게 있다고 믿는다.

내가 여태껏 상상한 것보다 더 창의적이라고 믿는다.

내 삶에 있어 가장 큰 성과는 아직 달성하지 못했다고 믿는다.

내 삶에 있어 가장 행복한 순간은 아직 오지 않았다고 믿는다.

가장 큰 성공은 아직 달성하지 못했다고 믿는다.

어떤 문제든 해결할 수 있고 어떤 역경도 극복할 수 있으며 내가 정한 어떤 목표도 달성할 수 있다고 믿는다.

무슨 일이든 나의 마음가짐에 달렸다고 믿는다.

성공에 이르는 열쇠는 나 자신에 대한 믿음이라고 생각한다. 오늘부터 하루 5분을 투자해 신념을 키워보자. 작가이자 심리학자인 토니 로빈스**Tony Robbins**는 청중들에게 이렇게 물었다. "당신이 근본적으로 믿는 것은 무엇입니까?" 자신에 대해 진심으로 느끼는 주된 감정은 무엇인가? 세상이 우리 편이라고 믿는다면 그것은 세상이 우리의 적이라고 믿는 것과는 완전히 다른 생각이다. 자신의 의지, 장점을 믿고 긍정적으로 생각하라. 어떤 상황이 닥쳐와도 언제나 성공할 거라고 믿어라.

우리는 하루에 하나씩 바꿔나갈 수 있다. 토니 로빈스는 이런 신념을 키우는 매우 단순한 방법을 제시해 주었다.

1단계. 현실을 있는 그대로 보라. 현실을 무시하지 마라.
2단계. 개선 가능한 부분을 찾아라. 그리고 더 나은 방법을 찾아라.
3단계. 실제 행동을 취해 현실을 개선하라.

　이 같은 연습을 통해 '있는 그대로의 현실', '개선돼야 하는 부분', '원하는 현실' 등을 살펴볼 수 있다. 하루 5분 자신을 변화시킴으로써 신념을 키울 수 있으며 현실을 변화시킬 수 있다. 그렇다. 하루 단 5분, 자신을 변화시킴으로써 우리의 삶을 변화시킬 수 있는 것이다.

13장

지점

'지점The Zone'은 모두가 찾고자 하는 영혼의 장소이다. 이 장소는 우리 내부에 있다. 우리의 명령에 따라 그 모습을 드러내고자 기다리고 있는 것이다. 나의 어머니는 내가 어렸을 적, 시 하나를 들려주셨는데, 거기에는 이런 내용이 있다. "삶은 눈으로 뒤덮인 들판과도 같다고 생각하고 살아라. 걷는 매 걸음마다 발자국이 남게 될 것이다."

승자가 될 것인지 패자가 될 것인지, 영웅이 될 것인지 아무런 역할도 담당하지 못하는 사람이 될지, 결정하는 데에는 하루 5분이면 충분하다. 하지만 그 5분 동안 자리에 앉아 자신의 계획을 구상해 볼 수 있다. 당신은 적극적인 20%인가, 수동적인 80%인가? 만약 80%에 속한다면 스스로에게 이런 질문을 해보라. "나는 이 자리에 고정되어 있는가? 아니면 삶의 태도를 바꿈으로써 현재 나의 위치를 바꿀 수 있는가?" 모든 것은 내부에서 시작된다. 자기 자신과 친구가 되면 결코 외롭지 않다. 행복은 외부가 아니라 내부에서 오기 때문이다. 스스로를 속이면서 계속 나아갈 수 없다는 사실을 깨닫게 되면 자신의 가치와 잠재력을 발견하게 된 것이다. 부정적인 생각과 태도를 가진 이가 성공에 이를 수는 없다. 나의 첫 번째 저서 《건강하고 유명한 사람들의 라이프스타일 **Lifestyle Of the Fit and Famous**》의 기도문을 써준 노먼 빈센트 필 **Norman Vincent Peale** 박사는 저서 《자기실현 **Power of the Plus Factor**》에서 다음과 같은 이야기를 들려준다.

　홍콩 주룽의 좁은 골목길을 걷다가 나는 우연히 문신 가게에 들어가게 됐다. 창문에는 문신 샘플이 진열돼 있었다. 팔이나 가슴에 돛, 깃발, 인어공주 등을 새길 수 있었다. 하지만 눈에 띈 문신은 '지기 위해 태어남 **Born to lose**' 이라는 세 글자였다. 놀라움을 금치 못하며 가게 안으로 들어갔다. 나는 그 세 글자를 가리키며 중국인 점원에게 물었다.
"저 끔찍한 문구를 몸에 새기고 싶어 하는 사람이 있습니까?"
"예, 가끔 있죠." 점원이 대답했다.
"하지만 제 정신인 사람이 그러리라고는 믿을 수 없네요."
그러자 중국 점원은 어색한 영어로 이렇게 말했다. "몸에 문신을 새기기 전에 마음에 먼저 문신을 새기세요."
　데니스 로드맨 **Dennis Rodman**, 전 **NBA** 농구선수처럼 몸에 문신을 새김으로써 자신을 표현하는 사람들이 넘치는 세상에서, 이기기 위해 태어남 **born to win**이 아닌 지기 위해 태어남 **born to lose**라고 마음에 문신을 새기면 과연 성공에 이를 수 있을까? 자기 자신을 믿지 못하는 꼴이므로 목표를 달성할 확률은 떨어질 수밖에 없다. 골프에서는 이를 입스(과도한 긴장이나 부담으로 본인의 실력과 상관없이 터무니없는 실수가 반복되는 현상)라고 부른다. 왜 프로선수가 연습 할 때에는 잘 하다가도 실전에서는 실수를 반복하는 것일까? 스스로 성공할 수 없다고 생각하기 때문은 아닐까?

좋아하는 골프 선수 중에는 아놀드 파머 **Arnold Palmer**가 있다. 나는 PGA 내셔널이라는 골프장 커뮤니티에 살고 있는데, PGA 챔피언십에 참여할 기회가 생겼다. 나는 이 유명한 대회에서 척추지압사로 선발되었고 많은 골프 선수들과 일할 기회를 얻을 수 있었다. 그에게는 Arnie's Army(아놀드의 군대)라는 유명한 골수팬들이 있었다. 이 위대한 골프 선수는 자신의 성공을 한 번도 과시하지 않았고 팬들의 모자, 공 등에 일일이 사인을 해주었다. 수 백 번 트로피를 거머쥐고 상을 받았으며 전 세계 대통령과 유명 인사들로부터 칭찬을 받았지만 그는 한 번도 잘난 체 하지 않았다. 췌장암을 극복한 후에도 여전히 웃는 모습으로 사람들과 악수를 나누며 사인을 해주었다. 아놀드 파머는 그가 받은 수많은 트로피 중 단 하나만 사무실에 보관하고 있다고 한다. 1955년 캐나다 오픈에서 선수로서 처음으로 받게 된 트로피였다. 그는 트로피 옆에 액자에 끼운 명판을 걸어 놓았는데 그 내용은 그가 어떻게 성공할 수 있었는지를 말해준다. 그 내용은 다음과 같다.

"자신이 패배했다고 생각하면 실제로 패배한 것이다. 이기고 싶지만 그럴 수 없다고 생각하면 실제로 이길 수 없게 된다. 가장 강하고 가장 빠른 사람이 승리를 쟁취하는 것이 아니다. 승리는 자신이 이길 수 있다고 생각하는 사람에게 돌아가게 돼 있다."

올해 나의 친구이자 파트너인 게리 마티아 **Gerry Mattia** 박사 덕분에 나는 아놀드 파머를 만나서 그토록 원하던 사진을 같이 찍게 되었다. 그는 내가 그에 대해 책에 쓴 것 이상으로 훌륭했다. 그는 완벽한 골프 홍보대사였고 골프 경기에 있어서는 신사였다.

그에게 승리는 홀인원이었고 끊임없는 노력, 희생, 훈련으로 이를 달성했다.

'지점 The Zone'은 승리하는 골프 선수와 패배하는 골프 선수 사이의 차이이다. 이곳은 우리가 천하무적이고 모든 것을 통제할 수 있다고 느끼는 특정한 장소이다. 타이거 우즈는 한 때 골프 세계에서 천하무적이었다. 그는 매 주 승리를 거머쥐었고 기록 또한 대단했다. 인간이 실현할 수 없는 기록을 달성한 것처럼 보였다. 대부분의 사람들이 타이거 우즈가 잭 니클라우스 **Jack Nicklaus**의 기록을 깰 거라고 믿었다. 하지만 이제 많은 사람들은 타이거 우즈가 다시는 그런 목표를 달성할 수 없을 거라고 생각한다. 그는 그렇게 뛰어난 재능을 갖고도 최근에는 우승 근처에도 가지 못하고 있다. 부상과 개인적인 문제들로 인해 한 때 천하무적이었던 그는 더 이상 자신의 기록을 깨지 못하고 있는 것이다. 그는 수년 동안 살았던 그 특별한 장소를 잃은 것이다. 앞으로 나아갈 수 있고 승리할 수 있다고 느끼는 '지점 The Zone'을 잃은 것이다. 우리는 차이를 만들 수 있다. 성공할 수 있다. 그리고 이 성공은 우리 내면에 존재한다. 타이거 우즈는 자신의 삶을 되찾으려고 노력하면서 '지점 The Zone'을 계속해서 찾고 있다. 그곳에 가기 위해서는 자신이 좋아하는 일을 해야 한다. 현재 그렇지 못하고 있을 경우 당장 자신이 좋아하는 일을 찾아 그 일을 하도록 하라. 그러면 그 지점에 이르게 될 것이다. 다음은 지점에 이르는 길을 찾기 위해 기억해야 할 25가지 사항이다.

❖ 기억해야 할 25가지 – 콜린 맥카티

1. 나의 존재는 이 세상에 던지는 선물!

2. 나는 특별하며 이 세상에 단 하나뿐!

3. 나의 삶은 내가 원하는 대로 될 수 있다!

4. 한 번에 하나씩 처리하라!

5. 나의 고통이 아닌 축복을 세어라!

6. 그 어떤 일이 닥치든 간에 나는 해 낼 수 있다!

7. 내 안에 수많은 답이 있다!

8. 이해하고, 용기를 가지고, 힘을 내어라!

9. 나 자신에 대해 한계를 두지 마라!

10. 수많은 꿈이 아직 실현되지 않은 채 기다리고 있다!

11. 결정이란 너무 중요하기 때문에 운에 맡겨서는 안 된다!

12. 나의 정상, 목표, 소중한 것을 얻기 위해 노력하라!

13. 무언가를 걱정하는 것이 나의 에너지를 제일 많이 낭비한다!

14. 문제는 오래 간직할수록 더 심각해진다!

15. 일을 너무 심각하게 받아들이지 마라!

16. 후회하는 삶이 아니라 고요한 삶을 살아라!

17. 조그마한 사랑이 먼 길을 간다는 것을 명심하라!

18. 큼지막한 사랑은 영원히 간다는 것을 명심하라!

19. 우정이란 현명한 투자라는 사실을 기억하라!

20. 인생의 보물은 주위 사람들과 함께 한다는 것!

21. 너무 늦은 일은 절대 없다는 것을 명심하라!

22. 평범한 일을 비범하게 하라!

23. 건강해지고 희망을 갖고 행복해져라!

24. 별 하나를 보고 소원을 비는 시간을 가져라!

25. 단 하루라도 내 자신이 얼마나 특별한지를 잊지 않도록 하라!

성공의 씨앗, 위대함에 이르는 씨앗을 심는 데는 하루 5분이면 충분하다. 이런 씨앗을 심어 성공에 이르고자 한다면 인생에 존재하는 부정적인 잡초들을 제거해야 한다. 이런 잡초들이 자라게 내버려 둔다면 이 잡초들은 우리 내부에 존재하는 좋은 것들을 모조리 죽여 버릴 것이다. 하루 5분을 투자해 목표를 세우고 자기 확신을 하고 계속해서 앞으로 나아가야 한다.

방해받지 않고 휴식을 취할 수 있는 장소와 시간을 선택하기를 권장한다. 심신의 휴식은 정말 중요하다. 가장 바람직한 자세는 눕거나, 다리를 꼬지 않은 상태로 위로 들어 올린 채 몸을 뒤로 젖히는 자세다. 등은 쭉 편 상태로 손은 편안하게 옆에 놓아야 한다. 부드러운 음악, 자연의 소리나 가사가 없는 음악 같은 차분한 소리 또한 도움이 된다. 휴식을 취하는 것이 가장 중요하다. 이때 자신의 몸에 집중을 하고 호흡을 해야 한다. 3초 동안 숨을 들이쉬고 3초 동안 정지했다가 5초 동안 숨을 내쉬어야 한다. 이렇게 하면 몸 안의 모든 근육을 가동시킬 준비를 할 수 있다. 마지막으로 자부심을 고취시키기 위해 자신과 대화를 나눠야 한다.

자기 확신을 하라. "나의 호흡은 안정적이고 편안하다. 심장박동은 느리고 규칙적이다. 근육은 이완되어 있다. 휴식을 취하고 있다. 평화롭다. 내 신체를 통제하고 있다. 신은 내가 성공하기 위해 나를 이 지구에 보냈다. 나는 유일무이한 존재다. 특별하다. 나는 이 세상 그 누구보다도 소중하다. 인생에서 가장 소중한 시간은 바로 지금이다. 나의 성과물과 목표를 자랑스럽게 여긴다. 나는 내가 경험한 성공과 실패로부터 배울 것이다. 다른 사람의 본보기가 됨으로써 그들로부터 존경받을 것이다. 나는 평화롭다. 매일, 매 분, 매 초를 소중히 여길 것이다."

"나는 아이들을 쳐다보며 내 안에 여전히 아이가 있다는 것을 깨닫는다. 나는 승리자다. 성공하기 위해 태어났으며 다른 이들을 이끌기 위해 태어났다. 나 자신의 성공뿐만 아니라 남들의 성공을 위해서도 노력할 것이다. 나는 스스로를 존경한다. 오늘보다 중요한 시간은 없으며 삶을 선물해준 신에게 감사한다. 나는 마음, 신체, 영혼, 정신이 평화롭다. 평온하다."

이런 휴식, 자기 확신, 목표 설정 등을 하루에 한 번씩 해 보아라. 그러면 건강한 휴식시간으로 변할 것이다. 내가 방금 설명한 자기 확신을 각자 자신의 언어로 바꿔서 응용할 수 있을 것이다. 중요한 것은 매일 이를 실천하는 것이다. 하루 5분, 우리 내면에 존재하는 성공의 비밀을 밝혀보자. 평화와 행복이 존재하는 장소인 '지점(The Zone)'으로 가는 것이다.

　　⌒◡　자신이 누구인지 이해한 후에야 삶을 통제할 수 있게 된다.
　　　　꼭 종교적일 필요는 없지만 내면 깊은 곳에 위치한 영혼과의 대화여야 한다.
　　　　　　　　　　　　　　　　　　　　　　　　　　　　　－ 오프라 윈프리(Oprah Winfrey)

14 장

자신의
삶을
통제하라

오늘날은 핸드폰, 전화, 이메일, 문자 등이 넘쳐난다. 이런 세상에서 사람들은 자신들이 불행한 이유가 시간에 대한 통제권을 잃었기 때문이라는 느낌을 받는다. 하지만 시간에 대한 통제권을 잃는 것이 운명에 대한 통제권을 잃는 것은 아니다. 삶이 중요하지 않은 것들에 매이지 않도록 해야 한다. 타임지의 최근호에 따르면 현재 우리는 '시간 기근'인 시기에 살고 있다. 삶은 더욱 복잡해지고 있다. 많은 사람들이 자신이 다람쥐 쳇바퀴 도는 듯한 삶을 살고 있다고 느낀다. 하지만 우리는 선택을 할 수 있다. 삶이 엄청나게 대단한 사건들로 가득 찰 필요도 없지만 그렇다고 다람쥐 쳇바퀴 도는 듯한 삶을 살아야 하는 것은 아니다. 삶은 무언가를 찾고자 하는 여행과도 같아야 한다. 삶의 방향을 통제하기 위해 자신의 삶을 통제할 수 있어야 한다. 최근 연구조사 결과에 따르면 미국인들은 하루에 평균 4.5시간 TV를 본다고 한다. 이 말은 아이들이 부모와 함께 보내는 시간이 TV와 함께 보내는 시간보다 더 적다는 의미이다.

오늘날 시장의 수요 증대로 인해 고용주가 됐든, 고용인이 됐든 추가로 일을 더 해야만 한다. 생산적이지 못할 경우 살아남을 수가 없다. 이로 인해 미국인들은 더 많은 일을 해야 한다는 심리적 압박을 받게 되고 결국 스트레스 수치도 어마어마하게 증가하게 된다. 지난 해, 항 우울제 구매에 무려 50억 달러가 쓰였다. 이 사실만으로도 상당히 우울하다. 모든 것이 이렇게 풍부한 시대에 왜 우리는 우울증에 걸리는 것일까?

삶은 좋아하는 일은 말할 것도 없고 우리가 해야만 하는 일들로 가득 차 있다. 이 때문에 종종 구속되어 있다는 느낌을 받는다. 말 그대로 그 무엇도 할 수 없는 마비 상태를 경험하곤 한다. 많은 사람들이 더 열심히 더 오랜 기간 일을 하지만 결과물은 더 적다고 느낀다. 다른 사람들과 1시간 동안 점심식사를 하기보다는 책상에 앉아 모니터를 보며 점심을 먹는 직원들이 늘고 있다. 하지만 더 열심히 일하면서도 그 결과물은 더 적을 뿐이다.

모든 사람들은 자신의 삶을 통제하고 싶어 한다. 이는 모든 인간의 본능적인 욕구 중 하나이다. 삶이 자신의 통제권에서 벗어나는 것보다 더 기분 나쁜 일은 없다. 다른 이들이나 외부의 힘이 무엇을 해야 하는지를 결정하는 것은 참으로 불쾌한 일이 아닐 수 없다. 때로는 꼭두각시 같다는 느낌을 받는다. 자신이 아닌 다른 사람의 시간, 다른 사람의 일정, 다른 사람의 생각, 다른 사람의 감정에 좌지우지된다고 느끼는 것이다. 다른 무언가 혹은 다른 누군가가 우리의 삶을 통제하면 꼭두각시처럼 이리 저리 끌려 다니게 된다. 이렇게 남이 우리의 삶을 조종하기 시작하면 행복해질 수가 없다. 스스로의 운명을 통제하기 위해 자신의 삶을 통제해야만 한다. 내면을 통제할 수 없으면 내면의 평화 또한 누릴 수가 없다. 이번 장에서는 이런 통제권을 되찾는 방법에 대해 알아볼

것이다. 우리의 시간을 에너지로, 에너지를 행복으로, 행복을 평화로 바꾸는
방법에 대해 알아보도록 하자.

시간의 법칙을 이해하기 위해서는 스스로의 마음이 자연의 법칙과 유사하다
고 생각해야 한다. 자연의 법칙은 불변하며 하루하루에 영향을 끼친다. 그 중
하나는 공기역학의 법칙이다. 우리는 이제 라이트 형제의 생각이 틀리지 않았
다는 것을 안다. 사람들은 이 법칙을 잘 활용해 비행기를 만들었고 이제 비행
기는 사람들이 개인적으로 여행을 가든, 출장을 가든 주요 이동수단이 되었다.
이제 언제 어느 때고 세계 방방곡곡을 안전하게 비행할 수 있다. 비행기는 수
백 명의 사람들을 수용할 수 있고 그들을 안전하게 수송할 수 있다. 이 모든 것
이 공기역학의 법칙을 이해했기 때문이다.

소리의 법칙도 있다. 우리는 뮤지션들의 최고의 작품을 언제 어디서든 들을
수 있다. 컴퓨터를 사용해 음악을 디지털 코드로 변환시키고 이 코드를 손바
닥 크기 만한 디스크로 출력한 뒤 레이저와 컴퓨터 기술을 사용해 다시 본래
소리로 바꾸는 것이다. 분절되고 무작위로 선택되는 전자 소음을 듣는 대신,
거실에 편안히 앉아 베토벤, 바흐, 모차르트, 혹은 내가 좋아하는 존 메이어의
음악을 감상할 수 있다. 자연의 법칙을 이해했기 때문에 이 소리들을 전 세계
사람들의 안방으로 전송시킬 수 있는 것이다.

내가 대단하다고 생각하는 법칙은 에너지의 법칙이다. 우리의 삶이 시간의
통제를 받는다고 믿지만 실제로는 에너지의 통제를 받는다. 삶과 죽음의 차이
를 만드는 것이 바로 이 에너지이다. 끔찍한 허리케인 앤드류가 마이에미와
켄달 지역을 강타한 후, 이 허리케인은 전력 시스템을 전부 파괴시켰고 급수,

전력 같은 생활에 필요한 기본적인 것들을 앗아갔다. 주민들은 순식간에 현대적인 삶에서 벗어나 원시적인 삶을 살아야 했다. 현재 우리가 갖고 있는 것에 감사해야 한다. 에너지는 눈에 보이지 않기 때문에 당연하게 여기기 쉽다. 하지만 에너지를 느낄 수 있다. 에너지의 존재를 느낄 수 있는 것이다. 대양의 파도를 이용해 이를 전기로 바꿀 수 있고 물 또한 전기로 바꿀 수 있다. 또한 일부에서는 아직도 풍차를 이용해 에너지를 얻는다. 자연의 법칙, 우주의 법칙을 이해함으로써 이 법칙들을 일상에서 잘 이용할 수 있게 되는 것이다. 우리는 바람을 이용하는 방법을 안다. 베토벤의 음악을 각 가정의 거실로 전달하는 방법도 알며 항공권 예약을 위해 인터넷에 접속하는 법도 안다. 하지만 이런 법칙들을 자신의 삶에서는 잘 활용하지 못하고 있다.

우리는 주변 환경에 적응하고 자연의 법칙을 활용하는 법을 배워야 한다. 이제 자동차나 전기 따위를 발명할 필요가 없다. 삶의 질을 향상시키기 위한 이런 편의시설을 언제든 이용할 수 있다. 하지만 이런 편의시설 때문에 밤, 낮을 구분하지도 못한 채 드라마나 보며 TV앞에서 시간을 때워서는 안 된다. 그런 일을 하기 위해 이 세상에 존재하는 것이 아니다. 존재 가치는 배우고 창조할 때 빛난다. 우리의 존재는 자연의 법칙, 행복의 법칙과 조화를 이루어야 한다. 자기 계발의 세계적 명사인 지그 지글러 Zig Ziglar는 성공에 이르기 위한 30가지 조건을 제안했다. 하루 5분 동안 다음 요소 중 얼마나 많은 부분을 자신이 소유하고 있는지 생각해 보기 바란다.

정직, 유머, 친절, 자신감, 진실함, 고집, 겸손, 목표 설정, 결단력, 성실, 배움, 긍정적인 사고, 온정, 훈련, 헌신, 충직, 신뢰, 지식, 소통, 애정, 열정, 의욕, 인내, 충성, 체계, 훌륭한 청자, 공감, 자존감, 상식, 인성

위의 조건 중 얼마나 많은 부분이 나에게 해당되는가? 하루 5분을 투자해 위의 조건을 얻기 위해 노력해야 한다. 행복하지 않을 경우 하루 5분 동안 행복에 이르는 비밀을 찾아보라. 누구라도 행복해지는 법을 배울 수 있다. 이는 꼭 목표를 달성하지 않아도 알 수 있다. 목표를 성취하는 데에는 보통 어느 정도 시간이 걸리기 마련이다. 하지만 목표를 성취하기 위해 노력하는 순간 이미 자신의 미래를 통제할 수 있게 된다.

삶에 변화를 주고 싶으면 긍정적인 마음가짐으로 행복한 삶을 사는 것이 중요한다. 사고방식을 변화시키지 않고는 현재의 모습에서 벗어나 자신이 원하고자 하는 모습이 될 수 없다.

행복은 자신의 내면에 존재하는 것이다. 외부에서 이를 찾는 것은 불가능한 일이다. 아예 시도조차 하지 않는 것이 나을 것이다. 자기 자신이 아닌 다른 곳에서 행복을 찾으려 하면 크게 실망할 것이다. 그 무엇도, 그 누구도 우리에게 행복을 가져다 줄 수 없기 때문이다.

물론 쇼핑이나 새로운 애인을 만나는 것 같은 외부적인 요소로 인해 일시적으로 행복하다고 느낄 수도 있다. 하지만 그런 행복은 언제나 일시적이기 마련이다. 행복은 돈으로 살 수 없다. 우리가 원하는 대로 행복해지기 위해서는 스스로 노력해야 한다.

영원히 지속되는 진정한 행복에 이르는 유일한 방법은 자신의 내면에서 행복을 찾는 것이다. 그러기 위해서는 자기 자신에게 솔직해 져야한다. 자신을 행복하게 하는 것이나 자신이 행복하다고 느끼게 만드는 것에만 집중하는 것이 중요하다. 그런 것들은 우리 내면에 존재하기 때문에 결국 자기 자신에게 집중하게 될 것이다.

자기 자신에게 집중하다보면 다른 긍정적인 것들도 우리의 삶에 끌어들이게 될 것이다. 스스로의 행복을 지배할 수 있게 되면 자신감이 생기고 마음은 편안해질 것이다. 그렇게 해서 진정한 행복이 현실 안에 들어와 계속 거기에 머무르게 되는 것이다. 나는 종교가 없지만 한 라커룸에서 코치가 자신의 팀원들을 위해 게시판에 붙여 놓은 글을 본 적이 있다. 아래 글은 종교에 관한 것만은 아니다. 이는 영적인 내용을 담고 있으며 정상에 도달하기 위해 가장 필요한 것이 무엇인지 말해주고 있다.

스포츠 세계에서와 마찬가지로
영적인 삶을 갈구하는 데 있어
절대로 현 위치에 만족해서는 안 된다.
신의 도움으로
그리고 자신의 끝없는 노력으로
더 높은 곳을 목표로 삼고
끊임없이 정진해야 한다.
그렇게 하면 결국 정상에 이를 수 있을 것이고
신의 은총을 받을 수 있을 것이다.

– 교황 요한 23세(Dope John XXⅢ)

❖ 이제 하루 5분 동안 자신의 삶을 제어해보도록 하자. 다음은 하루 5분 동안 자신의 삶을 제어할 수 있는 5가지 방법이다.

❶ 생각을 재정리해본다.

우리의 마음이 "만약~하면 어떡하지?"와 "~했어야 하는데." 등과 같은 생각에 빠져 있으면 현실을 있는 그대로 보기 쉽지 않다. 자신의 삶에 존재하는 부정적인 에너지를 흘려버리는 것이 가장 좋은 출발점이다. 자신의 목표를 재점검함으로써 자신의 생각을 정리해보자. 우리 자신만이 내가 누구이고 무엇을 하고 무슨 생각을 하는지 알 수 있다. 그러므로 긍정적인 생각을 하고 부정적인 생각은 제거해 버려라. 자신이 통제할 수 없는 일은 그만 생각해라. 이는 안 좋은 영향만 끼칠 뿐이다. 걱정한다고 해서 상황이 바뀌는 것은 아니다. 그러므로 그 시간에 긍정적인 방향으로 바꾸는 것이 더 낫지 않겠는가?

❷ 계획대로 움직여라.

삶에 대한 통제권을 잃었다는 생각이 들거든 정해진 일상으로 돌아가 보아라. 분명 도움이 될 것이다. 그리고 매일 5분 씩 뭐든지 일찍 하려고 노력해 보아라. 그러면 모든 것을 통제할 수 있을 것이다. 모든 것이 변했다는 느낌이 들면 평소와 같은 삶으로 돌아가 자신을 제어해 보아라. 모든 것을 매일 5분 씩 일찍 하게 되면 절대 늦는 법이 없을 것이다. 명심하라! 이 5분 습관은 우리가 앞으로 계속 나아가기 위해 필요한 자신감을 심어줄 것이다.

❸ 긍정적인 격언을 계속 상기시켜라.

이 책에서 가장 마음에 드는 장이 있을 것이다. 아니면 자신을 기분 좋게 만드는 음악이나 자신을 감동시키는 구절이 있을 것이다. 그것을 적어서 지갑 안에 넣어두거나, 거울에 붙여두거나, 책상 등 자신과 가까운 곳에 두어라. 처음 그것을 읽었을 때 느꼈던 감정을 계속 떠오르게 하는 것이다. 때로 우리에게 필요한 것은 계속해서 나아갈 수 있게 하는 긍정의 힘이다. 내가 여러 번 사용한 문구는 "우리가 언제, 어디에서 무엇을 하든 삶은 계속된다."이다. 흔들리지 않고 목표에 정진하는 데에는 우리의 가슴을 울리는 문구나 노래가 큰 도움이 된다.

❹ 긍정적인 요소의 영향을 받도록 하라.

자신의 삶에 존재하는 부정적인 요소를 제거하라. 다른 사람 때문에 좌절하거나 부정적인 생각이 우리의 삶에 들어오게 내버려두기에는 삶이 너무 짧다. 자신을 사랑하는 법을 배우고 스스로에 대한 믿음을 키우면 결코 혼자가 아님을 깨닫게 될 것이다. 긍정적인 영향을 끼치는 사람을 곁에 두어라.

❺ 스스로에게 솔직해지고 나답게 행동해라.

자신이 누구인지, 어디 출신인지 절대 잊지 말라. 자신의 과거를 자랑스럽게 여겨라. 현재의 나를 만든 것은 나의 과거이기 때문이다. 성공에 이르는 열쇠는 매 순간 자신의 삶을 통제할 수 있음을 아는 것이다. 자신을 자랑스럽게 여겨라. 신이 만든 우리의 복제품은 없다. 유일무이한 존재이기 때문이다. 그러므로 자기 자신과 자신이 어디 출신인지를 자랑스럽게 여겨라. 그 일이 어렵게 느껴지거든, 1부터 4까지로 되돌아가 그 내용을 숙지하라. 있는 그대로 바라보고 스스로 자신의 삶을 통제할 수 있다고 생각하는 것이 중요하다. 언제나 자신의 운명을 통제할 수 있다. 시인 E.E. 커밍스(E.E. Cummings)는 이렇게 말했다. "자기 자신이 되는 것은 가장 바람직한 일이다. 자신이 아닌 다른 이가 되는 것은 가장 힘겨운 싸움이며 이 싸움은 절대 끝나지 않을 것이다."

> 헌법은 사람들이 행복을 추구할 권리를 줄 뿐이다.
> 행복을 성취하는 것은 스스로의 몫이다. - 벤자민 프랭클린(Benjamin Franklin)

15장

당신부터

행복해지는 법을 알기 위해서는 가능한 한 자주 스스로 즐겁게 해주기 위해
노력해야 한다. 자신을 즐겁게 하는 일, 편안하게 하고 기분 좋게 하는 일을 해
야 한다. 책을 읽고 글을 쓰고 뜨개질을 하고 골프를 치고 아이들과 놀아주는
일을 좋아한다면 그 일을 하도록 해라. 또 어떤 사람들은 명상을 하고 좋아하
는 음식을 먹고 사랑하는 친구들과 시간을 보내고 기분 좋게 목욕을 하고 운동
을 하고 수면을 취하고 멋있게 차려입는 것에서 행복을 느낄지도 모른다.

　즐거운 일을 더 많이 할수록 더욱 긍정적인 사람이 된다. 그리고 결과적으로
우리의 삶은 긍정적이고 바람직한 것들로 가득 차게 될 것이다.
　마음가짐을 바꾸지 않고서는 현 상황을 변화시킬 수 없다. 현실을 바꾸기 위
해서는 삶에서 가장 바람직한 것에만 집중해야 한다. 물론 마음가짐이 너무
오랜 시간 동안 같은 상태였기 때문에 이를 한 순간에 바꿀 수는 없다. 그러므

로 매일 5분을 투자해 자신의 행복에 집중하는 시간을 가져보자. 과거의 모습에서 벗어나 자신이 원하는 새로운 모습으로 다시 태어나는 것이다.

아무리 작을지라도 우리의 현실, 마음가짐 등이 변하고 있음을 보여주는 작은 징후들에 집중해야 한다. 그 작은 징후에 행복을 느끼면 느낄수록 더 크고 바람직한 변화가 일어날 확률이 높아진다.

큰 차이는 작은 것에서 시작된다. 이 작은 징후는 옛 친구로부터 예상치 못한 전화를 받는다든지, 파티에 초대된다든지, 아무 이유 없이 행복감을 느낀다든지 하는 아주 작은 변화일 수 있다. 이는 현실을 조금 더 긍정적으로 받아들이고 있다는 것을 의미한다. 많은 사람들이 아무 이유도 없이 기분이 좋을 경우 뭔가 이상하다고 생각한다. 이는 자아가 우리더러 이성적으로 생각하라고 하기 때문이다.

《네 가지 약속 The Four Agreements》이라는 책을 추천하고 싶다. 내가 월스트리트에서 뉴트리시스템이라는 다이어트 회사를 인수하고 회장 겸 최고 업무집행 책임자가 되었을 때, 이사회 전체 멤버들에게 이 책을 한 권씩 나눠주었다. 이 책에서 말하고자 하는 핵심은 다음과 같다. "행복한 사람은 성공적인 사람이다. 그리고 행복한 회사도 성공적인 회사이다."

긍정적인 책을 읽으면 우리의 마음 또한 긍정적으로 변한다. 아침에 일어나자마자 행복하다고 느낀 적이 있었는가?

자아가 고개를 드는 이유는 마음이 아닌 현재 이 순간에만 신경을 쓰기 때문

이다. 머리는 이렇게 말하고 있다. "왜 행복해 하는데? 행복할 이유가 전혀 없
자나. 오늘 하고자 했던 일은 하나도 하지 못했어. 현재 사는 곳도 마음에 안
들고 인생도 내가 원하는 대로 굴러가고 있지 않잖아."

이런 생각을 하게 되면 내가 느끼는 행복에 대해 의심한다. 그리고 그렇게 되
면 행복은 결국 사라지고 만다. 항상 그랬듯, 초조해지며 불행해지기 시작한
다. 이런 상황이 닥칠 때 과거의 습관에 굴복하면 더 바람직한 미래와 행복을
절대 얻을 수 없다. 부정적인 생각을 몰아내야 한다. 우리는 자신의 생각, 의
식, 마음을 변화시킬 수 있다. 다음에 나오는 글을 독자 여러분과 공유하고자
한다.

나는 배웠다.

다른 사람으로 하여금 나를 사랑하게 할 수 없다는 것을
내가 아무리 다른 사람을 배려하더라도 어떤 이들은 보답도 반응도 하지 않으며 그렇더라
도 절망할 필요가 없음을
신뢰가 무너지는 것은 한 순간이라는 것을
인생은 무엇을 손에 쥐고 있는가에 달린 것이 아니라 서로 의지할 사람이 누구인가에 달렸
음을
우리의 매력이라는 것은 15분을 넘기지 못하며 그 다음은 무엇을 알고 있느냐가 중요하다
는 것을
인생은 무슨 사건이 일어났는가에 달린 것이 아니라 일어난 사건에 어떻게 대처하느냐에
달렸다는 것을
무엇을 아무리 얇게 베어낸다 해도 거기에는 언제나 양면이 존재한다는 것을

사랑하는 사람들에게는 언제나 사랑의 말을 남겨 놓아야 한다는 것을

내가 더 견딜 수 없다고 생각한 후에도 한참을 더 견뎌 낼 수 있음을

우리가 그 일에 대해 어떻게 느낀다 할지라도 한 일은 우리 책임이라는 것을

자신의 마음을 통제하지 못하면 마음이 우리를 통제한다는 것을

영웅이란 그 결과에 상관하지 않고 그 일을 묵묵히 해내는 사람이라는 것을

용서가 일상의 배움이 되어야 함을

돈은 성공을 측정하는 형편없는 방식이라는 사실을

친구와 내가 무슨 일을 하더라도 설사 아무 일도 하지 않을지라도 서로 함께라면 가장 좋은 시간을 보낼 수 있다는 것을

화가 날 때는 내게도 화를 낼 권리가 있으나 타인에게 잔인할 권리는 없다는 것을

아무리 멀리 떨어져 있어도 진정한 우정은 끊임없이 두터워진다는 것을 그리고 사랑도 이와 같다는 것을

성숙은 얼마나 많은 생일을 보냈는지가 아니라 어떠한 경험을 했고 그 경험으로부터 무엇을 배웠는지에 달려있다는 것을

아이들에게 꿈이 이상하다거나 실현 가능성이 없다고 절대 말해서는 안 된다는 것을

가족들이 항상 나를 위해 그 자리에 그대로 있는 것은 아님을

아무리 좋은 친구라고 해도 때때로 나를 아프게 하더라도 그들을 용서해야 한다는 것을

타인으로부터 용서를 받는 것만으로는 충분하지 못하며 때로는 나 자신을 용서해야 한다는 것을

아무리 마음이 아프다 해도 내 슬픔 때문에 이 세상이 멈추지는 않는다는 것을

나의 배경과 주변 환경이 영향을 주겠지만 내가 어떤 사람이 되는가 하는 것은 오로지 자신의 책임임을

비밀을 찾기 위해 그렇게 애쓸 필요가 없음을. 그 비밀은 우리의 삶을 영원히 바꿔놓을 수 있기 때문에

두 사람이 한 가지 사물을 바라보면서도 전혀 다른 것으로 이해할 수도 있다는 것을

자식을 보호하기 위해 아무리 노력해도 그들은 결국 상처를 받게 돼 있고 그 과정에서 나

자신도 상처 받게 돼 있음을

사랑에 실패하거나 사랑을 지키는 방식이 많다는 사실을

결과에 개의치 않고 자신에게 정직한 사람이 결국은 인생에서 더 멀리 나아간다는 것을

아무리 친구가 많을지라도 외로울 수 있으며 친구를 절실히 필요로 할 때 그들을 잃을 수도

있음을

내가 알지도 못한 사람에 의하여 몇 시간 만에 내 인생이 바뀔 수도 있다는 것을

글을 쓰는 일이 대화를 하는 것과 마찬가지로 내 마음의 아픔을 덜어준다는 것을

우리의 사고방식이 전부는 아님을

벽에 붙어 있는 자격증이 우리를 훌륭한 사람으로 만들어주는 것이 아님을

내가 너무나 아끼는 사람들이 너무도 빨리 이 세상을 떠난다는 것을

사랑이라는 단어는 수많은 의미를 담고 있지만 남용할 경우 진정한 가치를 잃는다는 사실을

타인의 감정을 상하게 하지 않는 것과 내가 믿는 바를 유지하는 것, 이 두 가지 일을 엄격하

게 구분하는 것이 얼마나 어려운지를

　5분 동안, 우리가 배운 것과 앞으로 어떻게 살겠다는 다짐을 적어보자. 어떠
한 삶을 살던지 간에 가장 중요한 것은 행복하게 사는 것이다.

❖ 어디에서든 행복해지는 법

　남의 집 잔디가 더 푸른 것은 아니다. 하지만 종종 남의 집 잔디를 부러워한
다. 그러나 막상 그 곳에 가보면 별 차이가 없다는 것을 알 수 있다. 하루 5분
을 투자해 지금 이 순간을 만끽해 보자. 노먼 빈센트 필 **Norman Vincent Peale**은
이렇게 말했다. "나 자신을 사랑하는 법을 배우는 것은 실용적인 가치가 있다.

우리는 나 자신과 상당히 많은 시간을 보낸다. 그렇기 때문에 자신과의 관계가 만족스러워야 하는 것이다."

현재 처한 환경이 좋지 않고 원하는 곳 근처에도 가지 못한 상태라 할지라도 그런 상황은 언제든 바뀔 수 있다. 현재 상황을 받아들이고 그 흐름에 저항하기보다는 따라감으로써 행복해질 수 있다. 삶의 흐름을 받아들이면 긍정적인 것들이 우리의 인생에 들어오게 된다.

삶의 흐름을 받아들이기 위해서 긍정적인 사람이 될 필요가 있다. 그러기 위해서는 현 상황에서 긍정적인 것들을 살펴보면 된다. 지금은 비록 이 자리에 있을지라도 언제든 원하는 곳으로 갈 수 있다. 자신이 어디에 집중할 지는 스스로 결정할 수 있다. 그러므로 이 능력을 현명하게 사용하여 우리를 행복하게 만드는 것에 관심을 쏟고 현실에 집중하자. 나는 몸 전체가 마비된 적이 있었다. 그 경험 덕분에 걷고 숨 쉬고 웃는 능력에 집중함으로써 행복해지는 법을 터득할 수 있었다.

삶에서 마주치는 모든 것에서 행복을 느끼도록 하자. 그렇게 하면 현재의 상황에 감사하게 된다. 삶의 부정적인 부분에 관심을 적게 가질수록 우리에게 끼치는 영향이 줄어들 것이다. 그리고 시간이 지날수록 아예 인식조차 못하게 될 것이다. 우리의 삶은 좋은 것들로만 가득 차게 될 것이다.

현재에 감사하게 되면 이는 더 나은 현실로 가는 문을 열어줄 것이다. 현실을 부정하면서 더 나은 미래로 가는 것은 불가능하다. 우리는 현재 상태를 인정하고 더 나은 미래를 꿈꾸어야 한다. 그렇기 때문에 목표를 정하고 매일 자기 확신을 하는 것이다.

한 상점 주인이 '강아지 판매' 라는 팻말을 가게 문에 걸어 놓았다. 어린 아이들을 유혹하기에 충분했다. 아니나 다를까 소년 하나가 가게 앞으로 와서는 이렇게 물었다.

"강아지 얼마에 파실 거예요?"

"30달러에서 50달러 정도에 팔 예정인데." 가게 주인이 대답했다.

소년은 주머니에서 자신이 갖고 있던 돈을 꺼냈다.

"저한테는 2.37달러가 있어요. 강아지 좀 볼 수 있을까요?"

가게 주인은 미소를 지으며 휘파람 소리를 냈고 그 소리를 따라 아주 작은 강아지 다섯 마리가 개집에서 나왔다.

그 중 한 마리는 한 눈에 봐도 뒤쳐져 있었다. 소년은 절뚝거리는 그 강아지를 보자마자 손으로 가리키며 이렇게 물었다.

"저 강아지는 왜 저런 거죠?"

가게 주인은 엉덩이 뼈 부분에 문제가 있어서 평생 절름발이로 살 거라고 수의사에게 들었다고 했다.

소년은 흥분해서 이렇게 말했다.

"바로 제가 찾던 강아지예요. 저 강아지로 할래요."

하지만 가게 주인은 이렇게 말했다.

"안 된다, 얘야. 저 강아지는 판매용이 아니야. 그냥 주도록 하마."

소년은 실망했다. 그는 가게 주인의 눈을 바라보며 이렇게 말했다.

"그냥 주시는 건 싫어요. 저 강아지도 다른 강아지만큼이나 값어치가 있어요. 저는 온당한 값을 지불할 거예요. 일단은 제가 가진 돈 2.37달러를 드릴게요. 그리고 돈을 다 갚을 때까지 매 달 50센트 씩 지불할게요."

하지만 가게 주인은 이렇게 말했다.

"정말 그럴 필요가 없단다. 너와 뛰어다니고 같이 놀아주지도 못 할 거야."

그러자 소년은 자신의 바지를 걷어붙여 흉하게 뒤틀린 자신의 왼쪽 다리를 보여주었다. 커다란 금속 보조기구가 다리를 지탱하고 있었다. 소년은 가게 주인을 쳐다보며 부드러운 목소리로 이렇게 말했다.

"보시다시피 저도 뛰는 건 불가능해요. 그리고 저 강아지는 자신을 이해해줄 사람이 필요할 거예요."

그렇다. 살면서 우리 모두는 자신을 이해해줄 사람이 필요하다.

현실에 감사하면서 더 나은 삶을 살기를 희망할 때 미래는 나아질 수 있다. 반대로 현 상황을 바꿀 수 없고 불만족스러운 현실에서 벗어날 수 없다고 생각하면 행복으로 가는 문은 굳게 닫히게 될 것이다. 반드시 기억해라. 지금보다 더 나은 시간은 없으며 오늘보다 더 나은 날은 없다는 것을. 중세 유대교의 신비주의인 카발라는 매일을 마지막인 것처럼 살아야 한다고 가르친다. 매 순간을 즐기자.

부정적인 감정과 생각은 보다 나은 삶을 사는 것을 가로막는다. 반면 희망, 신념, 행복은 우리의 모든 욕구를 충족시켜 줄 문을 활짝 열어준다.

편한 마음가짐으로 삶이 흐르는 대로 몸을 맡겨보자. 마음을 편안하게 가질수록 부정적인 감정이 내 안에 들어올 확률이 낮아지고 긍정적인 감정이 들어올 확률이 높아진다. 행복해하고 마음을 편안하게 먹으며 삶이 흐르는 대로 몸을 맡기면 우리의 욕구가 실현될 가능성이 높아지고 결국 행복에 이르는 방법을 터득하게 될 것이다.

성취하고자 하는 위대한 일들을 생각하는 데 더 집중해 보자. 현재 시점에서 이런 행동을 취하면 이는 보다 나은 미래로 이어질 것이다. 우리가 누구인지, 과거에 무슨 일을 했는지에 대해 절대 죄책감을 느낄 필요가 없다. 이미 지나간 일은 지나간 일이다. 과거를 되돌릴 수는 없는 것이다. 하지만 미래를 바꿀 수는 있다. 죄책감에 시달리면 목표를 향해 나아가는 데 방해만 될 뿐이다.

이 세상에는 외부적으로 존재하는 자연의 법칙뿐만 아니라 내부적으로 존재하는 자연의 법칙도 있다. 하루 5분을 투자해 이 자연의 법칙들과 조화를 이루도록 노력한다. 그리고 내부, 외부 에너지 간에 시너지가 발생되도록 한다. 그렇게 함으로써 우리는 삶의 질을 향상시킬 수 있고 바람직한 직장 생활도 할 수 있게 된다. 또한 업무 생산성을 향상시키고 동시에 내면의 평화도 얻을 수 있을 것이다. 우리는 중력의 법칙을 시험해 보고자 건물에서 뛰어내릴 필요는 없다. 이런 법칙에 거스르는 것이 아니라 법칙을 따르기만 하면 되는 것이다.

> 풍요로운 삶을 살았을지라도 잘못 사용한 시간은
> 산 것이 아니라 잃어버린 것이다. − 토마스 풀러(Thomas Fuller)

16장
시간 도둑

내 첫 번째 저서 《건강하고 유명한 사람들의 라이프스타일 Lifestyle of the Fit and Famous》에서 비타민 요법과 마음의 기술을 잘 활용하면 유전자 구조와 유전자의 질이 바뀔 수 있다고 구체적으로 설명한 바 있다. 그리고 두 번째 저서 《젊게 살기 Dying to be young》에서는 젊게 나이 드는 법에 대해 설명한 바 있다. 나는 주름을 제거하려고 하다가 거의 목숨을 잃을 뻔한 후, 나이 드는 것이 나쁜 것은 아니라는 사실을 깨닫게 되었다. 또한 자연스럽고 근사하게 나이들 수 있다는 사실 또한 알게 되었다. 이 내용에 대해서는 이 책의 마지막 장에서 자세히 다룰 것이다.

　신체는 1조 개의 세포로 구성되어 있으며 이 세포들은 매 년 재생한다. 이 생리학 법칙은 우리가 그것을 받아들이든지 말든지 여부에 관계없이 존재한다. 자연의 법칙은 보편적이며 하루 24시간, 1주일에 7일, 1년에 365일 지속

된다. 우리는 이 법칙들의 지배를 받는 복잡한 세상에 살고 있으며 전 세계 인구수가 증가할수록 기술에 대한 수요와 생산 또한 계속해서 증가할 것이다. 늘어나는 인구는 생산의 증가를 원할 것이고 기술의 발전 덕분에 생산량은 급증할 것이다.

《월스트리트 Wall Street》라는 영화에서 금융가인 고든 게코 Gordon Gecco는 이렇게 말한다. "돈은 절대 잠들지 않는다."

잠을 자고 있는 시간에도 일본의 주식시장은 개장한 상태이고 사람들은 거래를 하고 있다. 이처럼 어느 시간 대, 어느 장소가 됐든 시간은 항상 깨어 있는 것이다. 시간은 우리가 좋아하든 말든 삶을 통제한다.

시간에 따라 태양이 떠오르고 지는 등 삶은 시간의 통제를 받는다. 하루는 86,400초로 이루어져 있으며 이 시간을 어떻게 활용하는지는 우리의 선택이다. 모든 사람은 동등하게 태어났다는 옛 말을 입증해 주고 있는 것이다. 주어진 시간은 동일하다. 중요한 것은 그 시간을 어떻게 활용하느냐이다. 시간을 잘 활용함으로써 우리는 생산성을 향상시킬 수 있다. 그리고 이는 더 높은 만족감과 자부심으로 이어질 것이다.

내가 제안한 프로그램을 이용하기 위해서는 하루 5분 일찍 일어나고 하루 5분 늦게 자야 한다. 그리고 그 10분을 자연의 법칙을 이해하고 새롭게 얻은 힘을 실행하는 데 써야 한다. 모든 사람의 인생은 시간의 영향을 받는다. 자, 이제 하루 동안 얼마나 자주 다음과 같은 얘기를 하는지 생각해보자. "나는 책을 쓰고 싶어. 하지만 시간이 없어. 배우자와 더 좋은 관계를 유지하고 싶어. 하지만 시간이 없어. 운동하고 싶어. 하지만 시간이 없어." 하지만 반드시 기억하라. 건강해질 시간을 찾지 못하는 사람은 언제나 아프다는 사실을. 삶의 모순은 시간이 유리하게 작용할 수도 있고 불리하게 작용할 수도 있다는 사실이다. 하지만 시간은 그저 변명에 불과하다. "저녁 식사 같이 하시죠."라는 제안에 "그러고 싶은데 시간이 없어요."라는 말을 얼마나 많이 했는지 생각해 보라. 하지만 그런 제의를 한 사람에게 주어진 시간도 나와 같다. 그런 제안을 함으로써 그들 또한 자신의 시간을 그만큼 내어주는 것이다.

어떤 경우에라도 선택권은 있다. 현재 직장이 마음에 들지 않을 경우 그만두고 새로운 직장을 선택할 수 있다. 현재의 관계가 마음에 들지 않을 경우, 자신의 신체가 마음에 들지 않을 경우에도 마찬가지다. 오늘날 세상은 다이어트 서적, DVD, 운동시설 등 삶이 한 단계 업그레이드되는 데 도움을 주는 것들로 가득 차 있다. 우리는 행동을 할 때마다 스스로에게 다음과 같은 세 가지 질문을 반드시 해 봐야 한다. "내가 왜 여기 있지?" "지금 이것이 시간을 가장 잘 활용하는 걸까?" "다른 장소에서 내 시간을 더 잘 활용할 수 있지 않을까?"

이런 질문을 하는 데에는 15초면 충분하다. 하지만 이 질문들은 운명을 바꿔놓을 수 있다. 우리는 5분 동안 삶을 바꿀 수 있으면 그렇게 하겠다고 결심했다. 이를 좀 더 넓은 관점에서 보면 하루 5분 시간을 투자하면 나머지 23시간 55분을 바꿀 수 있는 것이다. 낭비하는 시간은 절대로 없는 것이다.

내 최근 저서인 《젊게 살기 Dying to be young》에서 하루하루 살아가는 데 지켜야 할 원칙들을 공유했다. 삶에는 실수란 없다. 교훈만 있을 뿐이다. 그런 교훈을 얻을 때까지 계속해서 반복할 뿐이다. 우리는 시간을 통제함으로써 삶을 통제할 수 있다. 시간이 운명을 통제하는 것이 아니다. 시간은 운명을 펼쳐줄 뿐이다. 시간을 통제하는 것은 자신이다. 시간에 수동적으로 반응하지 말고 적극적으로 행동함으로써 자신이 찾고자 하는 내면의 평화를 이루고 꿈을 성취할 수 있게 되는 것이다.

다음은 4개의 초에 관한 이야기이다.

촛불 4개가 천천히 타고 있었다. 그 주위는 너무 고요해서 초들이 하는 얘기를 들을 수 있었다.

첫 번째 초가 말했다. "나는 평화야. 하지만 요새는 내가 꺼지지 않도록 신경 쓰는 사람이 아무도 없어." 결국 평화의 촛불은 천천히 소멸하더니 완전히 꺼지고 말았다.

두 번째 초가 말했다. "나는 신념이야. 하지만 요새 나는 더 이상 꼭 필요한 존재가 아니야." 그리고 신념의 촛불도 천천히 소멸하더니 완전히 꺼지고 말았다.

세 번째 초가 슬픈 목소리로 말했다. "나는 사랑이야. 하지만 나에게는 꺼지지 않도록 유지할 힘이 더 이상 남아있지 않아. 사람들은 나에게 아무런 관심도 없고 나의 중요성을 이해하지 못하고 있어. 사람들은 가장 가까이에 있는 사람들을 사랑하는 것조차 까먹고 있어." 그리고 더 이상 기다리지 못하고 사랑의 촛불도 완전히 꺼지고 말았다.

그 때 갑자기 한 아이가 방안으로 들어왔다. 아이는 초들이 더 이상 타고 있지 않은 것을 보고 울기 시작했다. "왜 타고 있지 않는 거야? 영원히 반짝여야 하는 거 아니었어?"

그러자 네 번째 초가 다정한 목소리로 아이에게 말했다. "두려워하지 마, 얘야. 나는 희망이란다. 내가 타고 있는 한, 다른 초에 다시 불을 붙일 수 있어."

그 말을 들은 아이는 눈을 반짝이며 희망의 촛불로 나머지 3개의 초에 불을 붙였다. 희망의 촛불로 평화, 신념, 사랑을 다시 불러일으킬 수 있는 것이다.

거울을 보고 이렇게 말해본 적이 있는가? "내 삶은 지금 통제 불가능한가?" 삶은 절대 통제 불가능하지 않다. 언제나 내 삶을 원하는 대로 통제할 수 있다. 중요한 것은 희망을 버리지 않는 것이다. 삶이 힘겹다고 생각할지라도, 어떠한 일을 겪을지라도 희망을 버려서는 안 된다.

삶에는 두 가지 종류의 사건이 있다. 우리가 통제할 수 있는 것과 그렇지 않는 것. 통제할 수 없는 것에는 계절의 변화, 일출과 일몰, 밀물과 썰물 등이 있다. 하지만 자신의 마음가짐은 제어할 수 있는 것이다. 그리고 마음가짐은 우리의 태도를 제어한다. 지그 지글러 Zig Ziglar는 이렇게 말했다. "적성이 아닌, 태도가 우리의 위치를 결정할 것이다." 마음만 먹으면 자신이 원하는 정상의 위치에 도달할 수 있는 것이다. 물론 삶에서 일어나는 모든 사건을 통제할 수는 없다. 계절의 변화 같은 것들은 우리의 힘으로 통제할 수 없다. 그러므로 남은 선택은 자신의 태도를 통제하고 환경에 적응하는 것이다. 적응하지 못할 경우 우리는 스트레스를 받고 좌절감을 느끼게 된다. 원하는 대로 사건을 통제할 수 없게 되면 우울해질 수 있는 것이다. 하지만 적어도 자신의 태도를 제어할 수 있음을 잊지 마라. 자신의 태도를 제어함으로써 자신의 운명 또한 통제할 수 있는 것이다.

《자존감의 심리학 The Psychology of Self-Esteem》의 저자인 심리학자 나다니엘 브랜든 Nathaniel L. Brandon은 자존감과 업무 생산성의 직접적인 관계에 대해 언급했다. 브랜든이 말하고자 하는 핵심은 다음과 같다. "자존감이 높을수록 업무 생산성이 높아지며 업무 생산성이 높아질수록 자존감이 높아진다."

삶의 태도와 자존감이 업무 생산성과 직접적인 영향이 있음을 절대 잊지 말아라. 시간을 바꾸거나 운명을 바꾸는 것이 아닌, 자신의 태도를 바꿀 수 있는 능력을 깨닫게 되면, 남의 차에 올라탄 승객이 아닌 자기 차를 직접 조종하는 운전수가 되는 것이다. 생산성을 더 높은 수준으로 끌어올리도록 스스로 조정할 수 있는 것이다. 자기 자신에 대해 심리적으로 못마땅하면 신체적으로 더 열심히 일하라. 목표를 세워라. 더 나은 부모가 되고 더 나은 고용인이 되어라. 더 생산적이 되어라. 그러면 자신의 자존감, 내면의 자신감, 내면의 평화는 급증할 것이다.

시간에 대해 갖는 가장 큰 오해는 시간을 절약할 수 있다고 믿는 것이다. 하지만 우리는 시간을 절약할 수 없고 축적할 수도 없다. 그저 주어진 시간을 활용할 수 있을 뿐이다. 우리 모두에게는 하루 86,400초의 시간이 주어졌다. 그리고 이 시간 동안 자신의 인생을 바꿀 수 있다. 운명을 바꿀 수 있고 시간을 제어할 수 있다. 하루 5분, 혹은 300초를 투자해 동기 부여가 이끄는 대로 따라가 보자. 그리고도 우리에게는 86,100초가 남아있다.

〰️ 비관론자는 모든 기회에 존재하는 어려움을 본다.
하지만 낙관주의자는 모든 어려움 속에 존재하는 기회를 본다.

– 윈스턴 처칠(Winston Churchill)

17장

기회는
두드리지만
문은 열리지
않는다

오늘 나의 목표는 무엇인가? 혹시 목표를 성취하는 데 방해가 되는 것이 있는가? 이 지구상에 존재하는 60억 명의 사람 중, 혹은 그 이전에 살았던 수십 억 명의 사람들 중, 나와 같은 사람은 없었으며 앞으로도 없을 것이다. 렘브란트나 고흐의 그림을 합친 것보다도 더 유일무이한 존재이다. 자 그렇다면 다음의 질문을 스스로에게 해보자. 나에게 기회가 주어졌지만 두려움때문에 잡지 못한 적이 얼마나 많이 있었는가?

　기회의 적은 미루는 버릇이다. 홀란드 J.G Holland 는 이렇게 말했다. "신은 모든 사람에게 공평하게 음식을 준다. 그 음식을 취하느냐는 각자의 몫이다."

이 세상에는 세 종류의 사람이 있다.
첫째, 무언가 일을 만들어내는 사람

둘째, 일이 일어나는 것을 지켜보는 사람

셋째, "무슨 일이 일어난 거야?" 라고 말하는 사람

자신이 마지막 부류의 사람에 속한다면 기회는 이미 우리의 문을 두드린 상태이다. 그 결과가 두려워 단지 기회를 잡지 못하고 있을 뿐이다. 두려움이 꼭 나쁜 것만은 아니다. 두려움은 좋을 수 있다. 동기 부여가 될 수 있기 때문이다. 집을 잃을 수도 있다는 두려움, 공과금을 제 때 내지 못할 거라는 두려움, 친구들이 나에 대해 험담을 하는 건 아닌가 하는 두려움 때문에 아침에 침대에서 일어나 직장으로 향하는 것이다. 다소 모순적인 사실은 이 두려움 때문에 삶은 악화되고 파괴될 수도 있다는 것이다.

두려움Fear은

False(거짓)

Evidence(증거)

Appearing(보이는)

Real(현실)의 약자다.

즉, 현실Real처럼 보이는Appearing 거짓된False 증거Evidence의 약자가 될 수 있다.

하버드대 연구 조사 결과 우리가 느끼는 두려움의 90%는 현실화되지 않는다고 한다. 하지만 두려움의 90%는 우리가 잡을 수 있는 기회의 10%를 앗아간다. 두려움은 의식, 무의식이라는 두 가지 차원으로 나타난다.

의식적인 두려움은 선생님이 리포트를 제출하라고 할 때, 상사가 요청한 일을 빨리 완수하라고 할 때, 디즈니랜드의 놀이기구를 타러갈 때 느끼는 두려움이다. 무의식적인 두려움은 삶에 전반적으로 깔려있는 두려움으로 우리가 앞으로 나아가는 것을 막는다. 하지만 과거에 느낀 두려움이 미래의 성공을 막아서는 안 된다. 두려움은 뇌의 뒷부분에 존재한다. 이 두려움이 밖으로 표출되지 않기를 바라야 한다. 사실 무의식적인 두려움은 언제나 우리 내부에 존재한다. 다만 의식하지 못하고 있을 뿐이다.

나와 아내의 몸이 100% 마비되었을 때 우리는 두려웠다. 삶은 두려움으로 가득 차 있었다. 아내는 아직도 악몽을 꾼다. 하지만 두려움을 극복해야만 했다. 나는 산소 호흡기를 제거할 때가 왔을 때 두려웠다. 내 신체가 스스로 호흡하는 것을 잊은 것은 아닌지 두려웠다. 신체적인 두려움이 아닌 정신적인 두려움이었다. 그래서 의사에게 하루만 더, 한 주만 더 산소 호흡기를 달고 있으면 안 되냐고 계속해서 말했다. 나는 두려움을 극복할 시간이 필요했다.

미루는 습관은 두려움에서 기인한다. 기회의 문을 붙잡는 것을 미루게 만드는 것이 바로 이 두려움이다. 많은 사람들이 두려움에 대해 연설을 했다. 그 중에 한 명인 윈스턴 처칠은 어렸을 때 말을 심하게 더듬었다고 한다. 하지만 자신의 약점을 인식함으로써 이 문제를 극복했다. 그는 지식을 쌓았고 이 지식 덕분에 힘이 생겼으며 생산성을 향상시킬 수 있었다. 그 결과 자신감과 자존감은 크게 향상되었다. 처칠은 카리스마 넘치는 저명한 연사가 되었다. 말더듬이가 아니라 세계적인 리더로서, 역사 작가로서 위상을 떨치게 된 것이다.

윈스턴 처칠은 이런 말을 했다. "용기가 최고의 미덕으로 여겨지는 것은 마땅한 일이다." 용기의 반대인 두려움은 언제나 인류의 가장 큰 적이다.

프랭클린 루즈벨트는 "우리가 두려워해야 할 유일한 것은 두려움 그 자체이다."라고 말했다. 그는 두려움을 느끼는 대상 자체보다는 두려움에 수반되는 감정 자체가 걱정, 스트레스, 불행 등의 원인이라고 말했다. 하지만 용기와 흔들리지 않는 자존감을 키우면 모든 가능성이 열려있다. 이 세상에서 두려워하는 것이 없다면 무슨 꿈인들 못 꾸겠는가?

위대한 리더들로부터 배워야 할 것은 용기를 기르는 습관은 다른 어떤 기술처럼 습득이 가능하다는 사실이다. 하지만 이를 습득하기 위해 우리는 체계적으로 자신의 두려움을 제거하기 위한 노력을 해야 한다. 그리고 삶에 존재하는 어쩔 수 없는 굴곡들에 두려움 없이 맞설 수 있는 용기를 길러야 한다. 하루 5분을 투자해 이 두려움을 무찔러라. 내가 두려워하는 것들을 종이에 써보자. 그것들을 눈으로 직접 보고 우리의 행동을 막는 그 두려움을 제거해 보도록 노력해보자.

미국의 칼럼니스트 앤 랜더스 **Ann Landers**는 이렇게 말했다. "사람들에게 해줄 수 있는 가장 유용한 조언이 무엇이냐는 질문을 받으면 나는 이렇게 대답할 것이다. 살면서 겪게 되는 문제들이 있다. 이를 인생을 살면서 겪게 되는 불가피한 것으로 받아들여라. 그리고 문제가 닥치면 머리를 꼿꼿이 치켜세워라. 문제를 똑바로 응시하고 이렇게 말해라. '나는 너보다 더 크다. 너는 나를 이길 수 없다.'" 이것이 성공으로 이끌어줄 태도이다.

현대 과학은 아직까지는 인간의 뇌만큼 복잡하고 창의적인 컴퓨터를 개발하지 못했다. 그리고 뇌를 어떻게 이용할지는 이 위대한 생체기계의 주인인 우리의 책임이다. 하지만 너무도 자주 이 일을 다른 이들에게 맡기고 있으며 우리 자신을 환경의 희생자로 전락시키고 있다. 예를 들어, 기분 좋게 하루를 시작했는데 차의 시동이 걸리지 않는다고 해보자. 혹은 아침에 회사에 갔는데, 일을 처리하는 데 꼭 필요한 직장동료나 조수가 병가를 냈다고 생각해보자. 혹은 직장 상사가 기분이 좋지 않아 나에게 큰소리를 냈다고 생각해 보자. 하루 일과가 끝날 무렵 우리의 프로그램에는 버그가 가득 차 있을 것이다.

바로 이 때 이렇게 말해야 하는 것이다. "나는 모든 장애물에 맞서 싸울 거야. 모든 두려움에 정면으로 맞닥뜨릴 거야. 그리고 모든 장애물을 하나의 기회로, 그리고 그 기회를 성공으로 바꿀 거야."

이 일이 항상 쉬운 것만은 아니다. 두려움은 어린 시절의 경험에 기인하기 때문이다. 어린 시절의 경험은 두 가지 종류의 두려움을 느끼게 한다.

첫째, 실패할 거라는 두려움. 이 두려움 때문에 우리는 "나는 할 수 없어. 나는 못해." 라고 생각하게 된다.
둘째, 거절당할 거라는 두려움. 이 두려움 때문에 우리는 "나는 ~해야 해. 나는 ~안하면 안 돼." 라고 생각하게 된다.

이런 두려움들 때문에 돈이나 시간을 잃을까봐, 누군가와의 관계에서 쏟은 감정이 무의미하게 될까봐 집착하게 된다. 다른 사람들의 견해와 비평에 극도로 민감해진다. 그리고 때로는 다른 사람이 인정하지 않을 것 같은 일은 아예 시도조차 하지 않으려는 상태에 이르기까지도 한다. 두려움은 우리를 마비시키는 경향이 있다. 꿈과 목표를 성취하는 것을 방해하는 것이다. 두려움은 기회의 적이다. 주저하게 되고 우유부단하게 되며 일을 미루게 된다. 변명을 하고 앞으로 나아가지 않을 이유를 찾게 된다. 그리고 결국에는 좌절을 맞보게 되며 "나는 ~해야 해"와 "나는 할 수 없어."라는 두 가지 두려움을 동시에 느끼게 된다.

나 또한 다른 사람들과 마찬가지로 이런 분위기에서 자랐다. 내 주위 어른들의 친절에 너무 의존하고 있던 터라 그들의 믿음에 반박을 가할 수가 없었다. 하지만 결국 이런 제한적인 생각에서 벗어나는 법을 터득하게 되었다. 독자 여러분들도 그렇게 할 수 있으리라 믿는다.

우리들 중 얼마나 많은 이들이 100% 긍정적인 환경에서 자랐을까? 원하는 것은 무엇이든 할 수 있으며 꿈꾸는 그 어떤 사람도 될 수 있다고 얼마나 자주 들었을까? 이런 말을 자주 듣지 않았다면 자기 자신에게 그런 말을 해 보아라. 그 동안 얼마나 부정적인 프로그램에 길들여졌는지 여부에 관계없이 우리는 그 어떤 두려움도 극복할 수 있는 능력을 지녔다.

두려움은 보통 무지에서 기인한다. 주어진 정보가 한정돼 있을 때 우리는 긴장하게 되며 행동의 결과물에 대해 확신을 가질 수 없게 된다. 이런 무지 때문에 변화를 두려워하게 되고 새로운 일을 시도하는 것을 두려워하게 된다. 결국 무언가 새롭거나 다른 일을 시도하려는 행동은 제한을 받는다. 이런 마음가짐은 반대의 경우에 있어서도 적용된다. 특정 주제나 상황에 대해 더 많은 정보를 얻을수록 우리는 그 분야에 있어 더 큰 자신감과 용기를 갖게 된다. 각자에게는 충분한 정보를 갖고 있기 때문에 어떤 일이 일어나도 해결할 수 있는 분야가 있기 마련이다. 나는 척추지압사로서 자신이 있다. 그렇기 때문에 다른 사람들의 목을 다치게 할 거라는 두려움을 극복할 수 있는 것이다. 하지만 골프채를 쥐어주고 골프 선수인 내 친구들과 내기를 하라고 하면 나의 자신감 넘치던 손은 금방 흔들리게 될 것이다.

두려움을 야기하는 요인들이 일단 파악되면, 이를 극복하기 위한 두 번째 단계는 자리에 앉아 시간을 갖고 우리 안에 존재하는 두려움을 객관적으로 정의하고 분석하는 것이다. 종이의 맨 위에 이런 질문을 적어보자. "내가 두려워하는 것은 무엇인가?"

나는 어떤 사람이라도 무언가를 두려워한다는 것을 알게 됐다. 우리의 신체적, 감정적, 재정적 상태에 대해 걱정하는 것은 지극히 정상적이고 자연스러운 일이다. 두려워하지 않는 사람이 용기 있는 사람은 아니다. 마크 트웨인이 말했듯 "용기는 두려움에 맞서는 것이지 두려움이 없는 것이 아니다." 두려움을 느끼는 지 느끼지 않는지는 중요하지 않다. 중요한 것은 어떻게 대처하느냐이다. 용기 있는 사람은 두렵지만 계속해서 앞으로 나아간다.

이 세상에는 두 가지 종류의 변화가 있다. 첫째는 물리적인 변화이다. 이는 대부분의 사람들이 이미 경험한 변화이다. 둘째는 보다 미묘한 변화로 정신적인 변화이다. 태도의 변화를 의미하며 이런 변화를 겪을 때 우리는 두려움, 의심, 걱정, 불안감 등을 표출하게 된다. 나는 '평균'이란 '최악 중 최고, 혹은 최고 중 최악'이라고 정의한다. 평균에 안주하고 싶은가?

미래는 안전을 추구하는 사람이 아닌 위험을 감수하는 사람의 것이다. 삶에서 안전을 찾으려고 하면 할수록 실제로 얻게 되는 안전은 줄어든다. 하지만 기회를 찾으려고 하면 할수록 우리가 원하는 안전을 얻게 될 확률이 높아진다.

가장 필요한 용기는 무언가를 시작하고 그것을 믿는 것이다. 이는 무언가 새롭거나 다른 것을 시도하려는 용기이며 성공이 보장되지도 않은 상태에서 편안한 영역을 벗어나는 것이다.

기회가 문을 두드리면 위험을 감수하고 그 문을 열어라. 아니, 스스로 기회를 만드는 편이 더 낫겠다.

일반적인 사람들의 기준에서 봤을 때 아브라함 링컨은 못생겼다고 여겨졌다. 하루는 한 남자가 아브라함 링컨에게 다가가 총을 머리에 겨누며 이렇게 말했다고 한다. "나는 나보다 못생긴 사람을 만나거든 그 자리에서 총으로 쏴버리겠다고 다짐했어."

그러자 아브라함 링컨은 남자를 보며 차분하고 자신감 넘치는 목소리로 이렇게 말했다. "이보시오. 내가 정말 당신만큼 못생겼다면 살아서 뭐하겠소. 자어서 방아쇠를 당기시오."

그의 말에 두 사람 모두 웃음을 터뜨렸다. 아브라함 링컨은 그 순간 얼굴을 찌푸리지도 않았다. 그는 강한 내면의 힘과 자존감으로 두려움을 극복했던 것이다.

매일 5분을 투자해 우리에게 어떠한 기회가 주어졌는지를 살펴보고 행동을 취해야 한다. 매일 새로운 기회의 문을 열어야 한다. 이는 새로운 사람을 만나는 것일 수도 있고 누군가에게 칭찬을 해주는 것일 수도 있으며 누군가를 돕는 행위일 수도 있다. 삶에 존재하는 많은 기회들을 인식하게 되는 순간 우리는 성공에 이르는 문을 열 수 있을 것이다.

～ 나쁜 습관을 깨는 것보다 아예 갖지 않는 편이 더 쉽다.

– 벤자민 프랭클린(Benjamin Franklin)

18장

습관의 힘

여러분은 원하든 원치 않든 습관을 갖고 있다. 삶은 습관으로 가득 차 있는 것이다. 우리에게 주어진 선택권은 좋은 습관, 나쁜 습관 중 어떠한 습관을 가지느냐이다. 습관에는 개개인의 심리적, 생리적 요구 사항이 반영돼 있다. 보통, 심리적으로 시작된 습관이 생리적 습관으로 변하곤 한다.

　담배를 예로 들어보자. 태어날 때부터 생리적으로 니코틴을 필요로 하는 사람은 없다. 하지만 심리적으로 담배를 피움으로써 얻는 것이 잃는 것보다 많다고 생각한다. 즉 담배 피는 습관은 나이 들어 보이기 위해서나 친구들에게 과시하고 싶은 욕구 등 처음에는 심리적으로 시작했지만 결국 생리적인 습관이 된다. 또 다른 예로는 비만이 있다. 대부분의 사람들은 신체의 필요에 의해서라기보다는 식욕 때문에 음식을 먹는다. 99%의 사람들은 태어날 때에는 비만이 아니었던 것이다. 우리에게는 행복해지거나 내면의 평화를 얻기 위해 각자가 필요로 하는 심리적 요구사항이 있다. 그리고 이런 심리적 요구사항 때문에 특정 습관을 갖게 되는 것이다.

살고자 하는 사람들의 욕구에 이의를 제기하는 사람은 없을 것이다. 우리는 갓 태어난 아기가 살기 위해 믿기 힘든 장애물들을 극복하는 것을 볼 수 있다. 아기들은 의사소통할 능력이 없다. 이 때문에 울음을 통해 주위 사람들의 관심을 끄는 등 자신만의 생존 능력을 개발함으로써 자신이 원하는 것을 주위 사람들에게 관철시킨다. 노인들 또한 살고자 하는 욕구가 아주 강하다. 노인들은 친구들 상당수가 이 세상을 떠나더라도 계속해서 살아나간다. 신체적, 심리적 장애에도 불구하고 죽음을 거부하는 강한 의지를 지니고 있다.

우리 내부에는 위험한 상황에 직면했을 때 예전에는 결코 알지 못했던 한계까지 도달하는 아주 강력한 본능이 존재한다. 내면의 평화를 유지하면서도 이런 능력을 개발하기를 권유한다. 하루 5분을 정신적 준비를 하는 데 써보도록 해라. 야구 선수는 워밍업 없이 필드에 나가지 않는다. 하지만 대부분의 사람들은 아침에 일어나자마자 침대를 박차고 나와 커피를 한 잔 마시고 차에 올라타 전화를 건다. 잠시도 쉬지 않는 것이다. 설문 조사 결과에 따르면 점심을 먹지 않는 미국인이 많아지고 있다고 한다. 성공하고자 하는 심리적 욕구 때문에 점심을 거르는 습관을 갖게 된 것이다. 하지만 그렇다 할지라도 그들의 생리적 욕구는 아마 충족되지 않을 것이다.

우리에게는 직업, 인간관계, 사랑하는 사람과의 관계에서 성공하고자 하는 욕구가 있다. 이 세상에서 가장 위대한 동기 부여는 사랑이다. 사랑을 주고받는 것이 가장 큰 동기를 부여하는 것이다. 사랑하거나 사랑받는 능력이 없을 경우 참담한 결과를 맛볼 수 있다. 생산성을 향상시키기 위해서 현재 하는 일을 사랑해야 한다. 그리고 생산성이 향상되면 더 강력해지고 자존감도 높아질 수 있다. 이는 더 많은 엔돌핀을 생성할 것이다. 엔돌핀은 뇌에서 분비되는 호르몬으로 엔돌핀이 분비되면 기분이 좋아진다. 운동을 하거나 웃기만 해도 분비될 수 있다. 엔돌핀은 사랑을 하면 분비되기도 한다. 엔돌핀은 모르핀과 같은 방식으로 뇌를 바꾸는 능력과 잠재력을 지니고 있다. 우리는 왜 마약 남용과 이와 관련된 범죄가 판치는 세상에 살고 있는 걸까? 이는 자기 조절 능력이 부족해서일까, 아니면 그저 사랑이 부족해서일까? 삶에 사랑이 없으면 빈껍데기나 다름없다. 노 없이 카누를 타고 있는 거나 마찬가지다. 사랑을 받으면 우리의 자존감은 높아지며 자신이 중요하고 유일무이하다고 느끼게 된다.

해변가에서 아침 산책을 하는 남자가 있었다. 그는 파도와 함께 수 백 마리의 불가사리가 밀려오는 것을 보았다. 파도가 밀려와 불가사리들은 그 자리에 그대로 남았고 아침 태양 빛을 받아 곧 죽을 것 같아 보였다. 남자는 몇 걸음 옮겨 불가사리 하나를 집어 들고 물속으로 던졌다. 그는 그 동작을 반복했다. 뒤에 서 있던 한 사람은 그의 행동을 이해할 수 없었다. 그래서 그 남자에게 다가서 이렇게 물었다.

"지금 뭐하시는 건가요? 불가사리는 수 백 마리나 있어요. 도대체 몇 마리나 살게 해 줄 수 있다고 생각하는 거예요? 그런다고 뭐 달라지겠어요?"

그 남자는 아무런 대답도 하지 않고 조금 더 걸어가 또 다른 불가사리를 집어 들어 물속에 던졌다. 그리고는 이렇게 말했다.

"적어도 지금 던진 저 불가사리의 삶은 달라지겠죠."

이 세상에서 우리는 어떠한 차이를 만들고 있는가? 다른 사람들을 행복하게 하고 나 자신을 행복하게 하는 이기는 습관을 가져 보면 어떨까? 모든 사람이 각자 작은 차이를 만든다고 생각해 보자. 그러면 이것들이 쌓여 결국은 아주 큰 차이를 만들게 될 것이다.

삶은 좋은 것이 됐든 나쁜 것이 됐든 다양한 습관으로 가득 차 있다. 건강한 습관, 행복한 습관, 성공적인 습관을 가져야 할 필요가 있다. 앞서 언급한 것처럼 《성공의 법칙 psycho-cybernetics》의 저자인 멕스웰 몰츠 Maxwell Maltz는 우리가 21일 동안 연속으로 무언가를 하면 습관이 된다고 했다. 매일 아침 나는 플로리다에 위치한 집에서 일어나 조깅을 하러 나간다. 덥고, 습도도 높은 날씨에 조깅을 하는 것이 그다지 즐거운 일은 아니다. 하지만 내가 느끼는 엔돌핀 때문에 잠에서 깨자마자 해야만 한다고 느끼는 건강한 습관이 되었다. 이는 심리적 욕구 때문만은 아니다. 물론 심리적 욕구에서 시작됐지만 이제는 생리적 욕구 때문에 하게 되는 습관이 되었다. 내면의 목소리가 어서 침대에서 일어나 조깅을 나가라고 말한다. 최근에 세상을 떠난 내 달마시안은 지난 14년 동안, 나에게 영감을 주는 존재였다. 매일 아침 나와 함께 하는 조깅을 정말 좋아했고 하루라도 조깅을 거르고 싶을 때에는 내게 죄책감을 느끼게 했다. 매일 아침 빨리 조깅을 나가자는 듯이 나를 빤히 쳐다봤고 그렇게 조깅 친구가 되었다. 다이어트를 하고 싶다면 누군가와 함께해라. 운동을 하고 싶으면 누군가와 함께해라. 스스로 할 능력이 없으면 혼자서 하지 마라. 같이 할 사람을 찾아라.

습관은 욕구에 의해 결정될 때가 많다. 습관은 살고자 하는 욕구, 사랑하고자 하는 욕구, 다양성을 추구하고자 하는 욕구, 건강해지고자 하는 욕구에 따라 변할 수 있다. 우리는 살면서 건강한 습관을 지녀야 한다.

하루 5분을 투자해 하루를 어떻게 보낼지 구체적으로 계획해 보자. 나는 디즈니 영화 《이상한 나라의 엘리스 Alice in Wonderland》에 나오는 장면을 절대 잊지 못할 것이다. 영화에서 엘리스는 고양이를 마주치자 이렇게 묻는다. "어떤 길로 가야하지?" 고양이는 엘리스에게 "어디로 가고 있는데?"라고 묻고 엘리스는 "나도 몰라."라고 대답한다. 결국 고양이는 이렇게 말한다. "그렇다면 어떤 길로 가든 상관없어."

어디로 가고 있는지 모른다면 그곳이 우리의 종착지가 될 것이다. 목표를 정하고 이를 수시로 점검하라. 목표를 정하는 것은 건강한 습관이다. 그리고 자신이 정한 목표를 수시로 점검하는 것은 더 건강한 습관이다. 하루 5분을 투자해 목표를 정하고 자신이 정한 목표를 수시로 점검하면 현재보다 더욱 건강하고 부유해지고 행복해 질 수 있을 것이다. 자신의 삶을 계획하고 그 계획에 맞춰 삶을 살아라.

목표를 정하는 것이 건강한 습관인 것을 알았으면 이제는 또 다시 자기 확신을 할 차례이다. 스스로에게 자신이 누구인지, 무슨 일을 하는지, 지금 어디로 가고 있는지를 말해야 한다. "나는 행복해. 나는 건강해. 나는 성공적이야."라고 말해보자. 삶은 살아가고 사랑하고 웃고 배우기 위한 것이지 투덜대고 걱정하고 일하기 위한 것이 아니다. 우리는 살아가고 사랑하고 웃을 필요가 있다. 그리고 이 모든 것은 건강한 습관이다.

노먼 커즌스 Norman Cousins의 저서, 《병의 해부학 Anatomy of An Illness》을 보면 영양이 수반된 웃음이 어떻게 불치병을 치료할 수 있는지 알 수 있다. 뇌의 능력을 무시하지 마라. 우리에게는 자신의 생리적 상태를 바꿀 심리적 능력이 있다. 그 능력을 인식하고 이를 습관으로 바꾸면 성공에 이르는 습관을 갖게 되는 것이다. 평소에 우리가 하는 행동을 위한 적절한 습관을 만들어야 한다. 이 습관은 자는 방식, 시간 등을 결정하는 습관이다. 결국 내가 독자들에게 바라는 것은 하루 5분 일찍 일어나고 5분 늦게 자는 것이다. 잠자기 5분 전은 다음 날 무엇을 할지 계획을 짜는 데 쓰도록 하라. 그리고 다음 날 아침 5분은 그날 일과를 정리해보는 데 쓰도록 하라. 그 5분 동안 스트레칭을 하고 운동을 하면 건강한 습관으로 자리 잡을 것이다. 이제부터 각자 5분 습관을 만들어 보자. 목표를 정하고 자기 확신을 하고 자신의 태도를 점검하는 등 나만의 습관을 만드는 것이다. 이 습관은 우리가 목표를 정하고 그 목표를 향해 나아가는 동안 우리를 인도해줄 등불이 될 것이다. 항해등 없는 배가 되지는 말자.

～〜 습관을 바꾸면 인생이 바뀐다. – 메이어 카플란(Meyer Kaplan)

19장

건강한 습관

많은 사람들이 커피 브레이크를 갖는다. 그리고 이 커피 브레이크 동안 미국인들이 섭취하는 카페인의 양은 하루 평균 400mg라고 한다. 하루 200mg 이상의 카페인 섭취는 카페인 중독이라고 전문가들은 말한다. 상당수가 카페인에 중독되어 있는 것이다. 카페인은 심장박동수를 증가시키고 혈관을 확장시킨다. 내면의 평화가 아닌 흥분 상태에 놓이게 만드는 화학물질을 섭취함으로써 심리적으로뿐만 아니라 생리적으로도 몸에 스트레스를 주고 있는 것이다. 몸에 좋은 허브 차 같은 것을 마시는 습관을 들여야 한다. 그렇다고 내가 아예 커피를 마시지 말라는 걸까? 그렇지는 않다. 다만 과도한 카페인 섭취는 피하고 커피 브레이크 대신 명상을 취하고 호흡을 가다듬는 시간을 갖었으면 한다.

❖ 5분 호흡 휴식
사무실에 있는 동안 매일 하루 5분 동안 편안한 자세에서 코로 숨을 깊게 들이

쉬어라. 셋을 셀 동안 가능한 한 많은 공기를 들이쉬어야 한다. 그리고 숨을 들이쉬는 동안 자신의 복부가 팽창되는 것을 느껴야 한다. 숨을 들이쉬는 동안 복부가 팽창되지 않으면 제대로 숨을 쉬고 있지 않은 것이다. 복부와 가슴이 팽창되는 것을 느끼면서 2초 동안 숨을 참고 있다가 재빨리 내뱉어라. 1분 동안 이 호흡을 한 후 다음 1분 동안은 자리에 앉아 몸 전체를 감싸고 있는 편안한 상태를 느껴보아라.

❖ 5분 운동 휴식

하루 중 5분은 운동을 하기에 충분치 않은 시간일지도 모른다. 하지만 일단은 좋은 출발점이 될 수 있다. 팔굽혀펴기나 스트레칭을 해보라. 아무 것도 하지 않는 것보다는 무언가라도 하는 것이 더 낫다. 여기서 핵심은 일단 운동을 하는 것이 얼마나 기분 좋은 일인지 깨닫게 되면 이 5분이 10분으로 10분이 15분으로 늘어난다는 사실이다. 큰 목표를 성취하는 유일한 길은 우리가 그 목표를 달성할 수 있도록 이끌어줄 작은 목표들을 세우는 것이다. 건강한 습관을 갖고 있는 사람은 건강한 태도를 지니고 있다. 이런 사람들을 어떻게 알아볼 수 있을까? 건강한 사람들에게는 다음과 같은 특징이 있다.

1. 다른 사람들을 좋아한다.
2. 삶을 즐긴다.
3. 즐거워한다.
4. 더 많은 것을 원한다.
5. 좋은 친구들이 많다.
6. 다른 사람들을 칭찬한다.
7. 감사할 줄 안다.

안 좋은 습관을 갖고 있는 사람들의 태도는 다음과 같은 특징이 있다.

1. 사람을 좋아하지 않는다.

2. 삶을 즐기지 않는다.

3. 즐거워하지 않는다.

4. 더 나아지거나 더 많은 것을 가지려 하지 않는다.

5. 친구가 거의 없다.

6. 다른 이들을 칭찬하지 않는다.

7. 감사할 줄 모르며 불평과 비난만 한다.

어떠한 습관을 지닐지, 어떠한 태도를 지닐지 정해보자. 하루 5분 동안 목표를 정하고 자기 확신을 하면서 정신 훈련을 해보자.

❖ 5분 정신 훈련

하루 동안 틈나는 대로 자기 자신에게 다음과 같은 질문을 해보자.

1. 나의 태도는 1부터 10까지를 기준으로 했을 때 어디에 속할까?

   (가능한 10에 가까워지도록 노력하라.)

2. 1부터 10에서 나의 태도가 어디에 속하길 바라는가?

3. 그곳에 당도하기 위해서는 무엇이 필요한가?

   (이것이 가장 중요한 질문이다.)

4. 오늘 나 자신이나 다른 이들을 위해 내가 할 수 있는 일은 무엇일까?

5. 다른 누군가의 기분을 좋게 하기 위해 내가 할 수 있는 일은 무엇일까?

6. 내 자신의 기분을 좋게 하기 위해 할 수 있는 일은 무엇일까?

7. 오늘 나는 누구에게 내 사랑과 감사하는 마음을 보여줄 수 있을까?

태도를 바꾸면 삶이 바뀔 것이다. 미국 심리학의 대가인 윌리엄 제임스 **William James**는 이렇게 말했다. "우리 세대의 가장 위대한 발견은 사람은 태도를 바꿈으로써 자신의 삶을 바꿀 수 있다는 사실이다." 습관이 태도를 결정할 수 있다. 많은 이들이 습관적으로 안 좋은 태도를 지니고 있다. 자신의 태도를 파악하고 스스로에게 다음과 같은 질문을 하는 습관을 가져야 한다. "지금 이 순간 나의 태도는 어떠한가?" 자신의 심리 상태에 이의를 제기하는 습관을 들임으로써 스스로의 심리 상태를 바꿀 수 있다. 웃는 습관을 들이고 밝은 마음을 갖는 습관을 가져라. 자신의 인생을 즐겨라. 페이머스 아모스 **Famous Amos** 초코칩 쿠키의 창시자, 월리스 월리 아모스 **Wallace Wally Amos**는 이렇게 말했다. "즐겨도 괜찮다." 반드시 기억하라. 지루한 사람들에게 삶은 지루하다. 삶을 즐기는 법을 배워라. 삶의 세 가지 법칙을 기억하라.

1. 별일 아닌 것에 호들갑떨지 마라.
2. 모든 일이 별 일 아니다.
3. 결국에는 우리 모두 눈을 감게 돼 있다.

삶을 조금 더 가볍게 살아도 좋다고 말하고 싶다. 지금 여기, 바로 이 순간, 자신의 삶을 즐겨도 좋다고 말하고 싶다. 크게 소리 내어 웃고 미소 짓고 삶을 즐겨라. 웃음이 병을 치료할 수 있다면 병을 예방할 수도 있다. 새로운 사람을 만날 때 많이 웃어라. 그리고 상대방의 반응을 살펴보아라. 다른 누군가를 향해 웃으면 그들 또한 나를 향해 웃기 마련이다. 우리는 웃는 것을 습관으로 만들 수 있다. 많은 사람들이 웃음과 유머의 힘을 잘 알지 못한다. 하지만 이 두 가지 요소는 인생을 사는 데 있어 훌륭한 동반자가 될 수 있다. 지금 자신이 많이 웃지 않고 누군가에게 무슨 허락이라도 받아야 한다는 생각이 든다면, 내가 이를 허락해 주겠다. 오늘부터 독자 여러분은 삶을 조금 더 가볍게 살고 인생을 즐겨도 좋다.

내 아버지는 언제나 이렇게 말하곤 하셨다. "삶은 보이는 게 결코 다가 아니다. 항상 그보다 훨씬 더 위대하다." 눈을 뜨고 주위를 둘러보아라. 삶은 당신이 만들어 가는 것이다. 노력한 만큼 얻게 되어있다. 삶은 근사해질 수 있고 실제로도 근사하다. 뿌린 대로 거둔다. 반드시 기억해라. 우리 모두에게는 하루 86,400초라는 시간이 주어졌음을. 그 시간을 어떻게 활용하느냐는 당신에게 달려있다. 다행히도 우리는 이 책을 통해 하루 5분이 우리의 삶을 어떻게 바꿀 수 있는지에 대해 배웠다. 그리고 300초를 투자한다 해도 86,100초라는 시간이 남아있다. 많은 시간도 아니다. 하루 단 5분이면 충분하다. 하루 5분 동안 자신이 삶에서 원했던 모든 것, 아니 그 이상을 얻을 수 있는 것이다. 그렇다면 어디에서부터 시작해야 할까? 우선 다음 6가지 5분 습관에 대해 먼저 살펴보자.

1. 목표를 정한다.
2. 매일 그 목표를 점검한다.
3. 자기 확신을 한다.
4. 명상을 한다.
5. 운동을 한다.
6. 동기부여를 해주는 것들을 읽거나 듣는다.

습관의 힘을 완벽하게 이해하고, 위에서 언급된 6가지 일을 각각 5분 동안 하면 총 30분이 걸릴 것이다. 큰 변화를 얻기 위한 작은 투자이다. 게다가 이 30분을 쓰고도 여전히 1,410분이 남아 있다. 시간은 우리의 친구이지 적이 아니다. 시간은 삶이며 삶은 곧 시간이다.

내 스승인 구스타인 박사가 나에게 말해준 이야기를 하나 들려주겠다.

나름 화려한 경력을 쌓은 동창생 몇 명이 옛 스승을 찾아뵈러 갔다. 화제는 곧 자연스럽게 삶과 직장에서의 스트레스에 대한 불만으로 전환됐다. 제자들에게 커피를 대접하고자 스승은 부엌으로 가, 큰 커피포트와 다양한 종류의 컵 몇 개를 가져왔다. 도자기, 플라스틱, 유리, 크리스탈 등으로 만들어진 컵이었고 평범해 보이는 컵, 비싸 보이는 컵, 이국적인 느낌이 물씬 풍기는 컵 등이 있었다. 스승은 제자들에게 각자 원하는 컵을 골라 커피를 따라 마시라고 했다. 제자들이 각자 컵을 고르자 스승은 이렇게 말했다. "눈치 챘는지 모르겠지만 자네들은 모두 근사해보이고 비싼 컵만을 골랐다네. 평범하고 저렴한 컵은 고르지 않았어. 최고만을 원하는 것이 자네들에게는 당연한 일이겠지만 바로 그것이 문제와 스트레스의 근원이야. 컵이 훌륭하다고 커피 맛이 달라지지는 않는다네. 컵은 커피보다 더 비싸고 어떨 때는 커피보다 더 튀어 보인다네. 하지만 우리가 모두 원하는 것은 컵이 아니라 커피일세. 그런데도 자네들은 가장 좋은 컵만을 골랐어. 그러고는 다른 사람이 가져간 컵에 눈독을 들이기 시작했다네. 이제 생각해 보게. 삶이 커피와 같다고. 직장, 돈, 직위 등이 바로 컵일세. 그것들은 삶을 담기 위한 도구에 불과해. 그리고 우리가 선택한 컵의 종류가 삶의 질을 정의하지도 바꾸지도 않는다네. 하지만 때로는 컵에만 집착하다가 우리는 신이 우리에게 내려주신 커피를 즐기지 못하는 거지. 신은 컵이 아닌 커피를 주셨다네. 자, 이제 커피를 들게나.

내 아버지는 언제나 "가장 행복한 사람이 꼭 모든 것을 가진 것은 아니다. 그들은 모든 것을 가장 잘 활용할 줄 아는 것뿐이다."라고 말씀하셨고 이를 믿으셨다.

아침에 눈을 뜨면 원하든 원치 않든 간에 하루가 주어진다. 그 하루를 즐겁게 보낼지 아닐지, 긍정적으로 보낼지 부정적으로 보낼지는 순전히 우리에게 달려있다. 선택은 우리의 몫이며 그 누구도 대신해서 선택과 결정을 해 줄 수는 없다. 다른 이들이 동의하지 않을 수도 있고 이들의 말로 인해 바뀔 수도 있다. 하지만 결국 이조차도 우리의 선택인 것이다.

아침에 눈을 뜨는 그 순간부터 삶은 선택의 연속이다. 침대에 계속 누워 있을지 침대 밖으로 나갈지 결정해야 한다. 그리고 좋은 하루를 보낼지 안 좋은 하루를 보낼지, 아침을 먹을지 말지, 회사에 출근할지 안 할지, 배우자에게 화를 낼지, 용서를 할지도 결정해야 한다. 선택이 모여 우리의 하루를 만드는 것이다. 흰 셔츠를 입을까? 파란 셔츠를 입을까? 커피를 두 잔 마실까? 베이컨을 먹을까? 도넛을 먹을까? 등등 우리의 삶은 선택의 연속인 것이다. 물론 어떤 선택과 결정은 다른 것들보다 훨씬 더 어려우며 하지 않기로 한 선택도 있다. 그리고 아무리 어려울지라도 해야만 하는 선택도 있다. 하지만 그것도 우리의 선택이다. 해야만 하는 선택들 중에는 그 결과가 훨씬 더 중대한 것들도 있다. 그리고 중요한 결정일수록 그로 인한 결과 또한 중대할 수밖에 없다. 중요한 것은 오늘 자신이 한 선택이 내일의 인생에 영향을 끼친다는 사실을 아는 것이다. 당신이 5년 혹은 10년 전에 한 선택들로 인해 지금 이 자리에 있는 것이다.

동기 부여자 짐 론 **Jim Rhon**은 이렇게 말했다. "지금으로부터 10년 후 우리가 어딘가에는 도달할 거라는 사실을 알고 있다. 문제는 도대체 어디에 가 있을 것인가이다." 오늘 우리가 한 결정은 앞으로 남은 인생에 영향을 끼칠 것이다. 그 결정은 사회적, 경제적 발전에 영향을 줄 수 있다. 경력에도 영향을 줄 수 있으며, 재정 상태, 심리 상태, 생리 상태에도 영향을 줄 수 있다.

오늘 당신이 한 행동이 내일을 결정한다. 행복해지느냐, 슬퍼지느냐는 각자의 몫이다. 그러므로 건강한 습관을 들여야 한다. 삶을 받아들이자.

> 우리에게 일어나는 일을 통제할 수는 없다.
>
> 하지만 그 일을 대하는 태도는 바꿀 수 있다. – 브라이언 트레이시(Brian Tracy)

20장

안전지대

이제 태도를 바꿈으로써 습관을 바꿀 수 있다는 사실을 알게 됐다. 습관은 심리적 안전지대를 꾀하는 생리적 상태이다. 안전지대 내에 있게 되면 너무 편안한 나머지 현재 갖고 있는 것 이상으로 무언가를 하거나 얻으려 하지 않는다. 안전지대는 무덤과도 같다. 안전지대는 틀에 박힌 생활과도 같으며 틀에 박힌 생활은 양 끝이 개방된 무덤과 다를 바 없는 것이다. 안전지대는 편안함을 느끼며 변화를 원치 않는 마음 상태이다. 이런 안전지대 상태가 가장 잘 반영된 것이 바로 우리의 습관이다. 저녁에 소파에 앉아 TV를 보는 습관이 있을지도 모른다. 그리고 심지어는 TV를 보기 위해 저녁 식사를 쟁반에 담아와 TV 앞에서 먹을지도 모른다. 이것이 바로 습관의 힘인 것이다.

　안전지대는 같은 일을 같은 방식으로 하는 것이다. 회의 시간에 한 마디도 하지 않는 것이 안전지대일 수 있다. 혹은 몇 마디 하더라도 자리에서는 절대 일어나지 않는 것이 안전지대일 수 있다. 자리에서 일어나게 되면 자신에게 이목이 너무 집중될까봐 안전지대를 벗어나지 않으려 한다. 하지만 때로는 이 안전지대에서 벗어날 필요가 있다. 반드시 기억해라. 안전지대는 습관의 지배를 받으며 습관은 태도를 바꾸면 변할 수 있음을. 안전지대는 우리가 편안함을 느끼는 상태이다. 그곳에서 벗어나면 불편하기 때문에 떠나기를 꺼려하는 상태이다. 하지만 이 안전지대를 벗어나 새로운 영역을 개척해야 한다. 몇 걸음 더 전진하기 위해 때로는 조금 불편함을 느껴야 할 필요가 있는 것이다. 한계까지 밀어붙여 가능성을 실험해 봐야 한다. 그러기 위해서는 다소 불편한 마음 상태도 감수해야 한다.

미국의 시인이자 유머작가인 올리버 웬델 홈스 Oliver Wendell Holmes는 이렇게 말했다. "새로운 생각으로 마음이 넓어지면 다시 원 상태로 돌아오는 것은 불가능하다." 지금 이 안전지대 안에 있다는 생각이 들면 당장 변화를 시도해야 한다. 우리의 안전지대는 같은 길을 이용해 출근을 하는 것, 매일 같은 아침 식사를 하는 것, 매일 똑같은 색깔의 셔츠를 입는 것 등이 될 수 있다. 새로운 길을 이용해 출근을 해보라. 새로운 장소에 들려 신문을 구입하고 새로운 장소에 들려 커피를 마셔보라.

새로운 사람과 점심식사를 해 보라. 오늘 저녁은 다른 TV프로를 보는 것이다. 새로운 대학 강의, 컴퓨터 강의를 들어 보라. 새로운 다이어트나 운동 프로그램을 시작해 보라. 가족과 더 많은 시간을 함께 보내라. 무언가 다른 것을 시도해 보라. 무덤과 판에 박힌 생활의 유일한 차이점은 그 길이와 깊이일 뿐이다.

한 철학 교수가 강단에 서서 자신 앞에 몇 가지 물건을 펼쳐보았다. 수업이 시작되자 그는 아무 말 없이 텅 빈 그릇 하나를 집어 들었다. 그리고는 지름이 5cm정도 되는 돌로 그릇을 채우기 시작했다. 학생들에게 그릇이 가득 찼는지 물어보았다. 학생들은 그렇다고 대답했다. 그러자 교수는 자갈이 담긴 상자를 집어 들고는 이 자갈을 그릇에 부었다. 그리고는 그릇을 살짝 흔들었다. 자갈은 당연히 돌들 사이의 빈 공간으로 흘러들어갔다. 교수는 학생들에게 이번에도 그릇이 가득 찼는지 물어보았다. 학생들은 웃으며 그렇다고 대답했다. 그러자 교수는 모래가 담긴 상자를 집어 들고 이 모래를 그릇에 부었다. 당연히 모래는 빈 공간을 전부 채웠다. 마지막으로 교수는 이렇게 말했다.

"자, 이제 자네들이 이것이 바로 삶이라는 것을 눈치 챘기를 바라네. 돌은 가장 큰 것이야. 가족, 배우자, 건강, 아이들이지. 너무 중요해서 삶에서 그것들을 잃으면 우리 자신은 거의 망가지다시피하지. 그 다음으로 자갈은 직장, 집, 차 같이 이보다는 덜 중요한 것들이야. 마지막으로 모래는 그 외의 것들이지. 가장 작은 것들일세. 이 모래로 그릇을 먼저 채우면 자갈이나 돌이 들어갈 공간이 없게 된다네. 삶도 마찬가지지. 에너지와 시간을 모두 작은 일들에 쏟아 부으면 정작 자신에게 중요한 일을 할 수가 없어. 자신이 행복해 지는 데 있어 가장 중요한 일들에 집중하게나. 아이들과 놀아주고 건강 검진을 받으러 가고 배우자와 춤을 추는 것 같은 일 말이야. 일을 하고, 집 청소를 하고 파티에 참석하고 쓰레기통을 비우는 것 같은 덜 중요한 일을 할 수 있는 시간은 언제든 할 수 있다네. 돌을 가장 먼저 돌보도록 하게. 정말로 중요한 것들 말일세. 우선순위를 정하는 거야. 나머지는 전부 모래일 뿐이라네."

5분 동안 정신 훈련을 하는 건강한 습관을 갖자.

❖ 5분 정신 훈련

1. 앞으로 30일 동안 매일 다른 일을 해보아라. 하루 5분뿐이라도 좋다.

2. 자신이 좋아하지 않는 상황이나 사람에 대해 다르게 생각해 보아라.

3. 그 상황이나 사람이 우리의 운명을 바꿀 수 있다고 생각해 보아라.

4. 무엇이 됐든 자신이 편안하다고 느꼈던 것들에 변화를 줘보아라.

5. 절대 멈추지 마라. 그러면 무슨 일이든 끝을 보게 되어있다.

매일 기적을 기대하라. 삶 자체가 기적이기 때문이다. 무언가 변하기를 기대하라. 건강한 습관. 긍정적인 습관. 이기는 습관을 만들어라. 부정적인 습관은 죄책감을 불러일으키며 죄책감은 안 좋은 사고방식으로 이어질 것이다. 그리고 안 좋은 사고방식은 심리적, 생리적 상태를 안 좋게 변화시킬 것이다.

다음을 반드시 기억하라.

1. 승리자는 패자가 원치 않는 일을 한다.

2. 승리자는 패자가 할 시간이 없다고 생각하는 일을 한다.

3. 승리자는 패자가 할 필요가 없다고 생각하는 일을 한다.

승리자가 되어라. 이기는 습관을 지녀라. 한 걸음 더 앞으로 나아가라. 위대한 걸음을 따라 이기는 습관을 만들어라.

지금 모습은 우리가 원했기 때문에 그렇게 된 것이다.

우리는 자신이 가고자 하는 곳에 가게 될 것이다.

"무엇을 먹는가가 당신의 건강을 결정한다 **You are what you eat**."라는 진부한 문구를 많이 들어봤을 것이다. 나는 "무엇을 읽고 보고 생각하는지가 당신의 건강을 결정한다."고 믿는다. 지금 당장 안전지대에서 나와야 한다. 아마 매일 밤, 저녁 식사를 마치자마자 TV앞에 앉을지도 모른다. 하지만 오늘 밤은 무언가 다른 일을 해보자. 산책을 하던지, 책을 읽던지, 명상을 하던지, 내일을 위한 목표를 세운다던지 하는 것이다. 아니면 또 다른 하루를 주신 신께 감사의 기도를 드려도 된다.

미국의 사회심리학자인 제임스 볼드윈 **James Baldwin**은 이렇게 말했다. "우리가 맞닥뜨리는 모든 것을 바꿀 수는 없다. 하지만 맞닥뜨리기 전까지는 그 무엇도 바꿀 수 없다."

그리고 고대 그리스의 시인 중 한 명인 소포클레스 **Sophocles**는 이렇게 말했다. "신은 행동하지 않는 자는 절대 돕지 않는다."

이제 행동에 옮길 차례이다. 자신만의 유일무이함을 받아들이고 무언가 다른 것을 시도해 보는 것이다. 안전지대를 떠나는 순간 내재된 잠재력을 알게 되며 이를 다른 사람들과도 공유할 수 있게 될 것이다. 우리 각자에게는 그 날 하루를 헤쳐 나가는 데 도움을 줄 여러 감각기관들이 있지만 대부분의 사람들은 그저 눈에 보이는 것에만 의존한다. 조금 더 귀를 기울이며 청력을 더 개발해야 할지도 모른다. 귀를 기울이면 다른 이들을 도울 수 있다. 다른 이들에게 우리가 변했으면 하는 부분을 물어보라. 이제 하루 5분 동안 이 결점을 바꿔보려고 노력해 보라. 현재 자신이 있는 곳에만 머물러 있지 말고 계속해서 성장하도록 노력해 보라. 그러기 위해서는 지금의 모습이 어떠한지, 다른 이들의 눈에는 어떻게 보이는지 알아야 한다. 자기 관찰과 평가는 다소 불편한 과정일 수 있다. 하지만 교훈을 얻기 위해서는 다른 이들의 말에 귀를 기울여야 한다.

오늘 하루 중 5분은 자녀, 부모, 친척, 친구들의 말에 귀 기울이는 데 쓰도록 하자. 듣는 것 **hearing**과 귀 기울이는 것 **listening**에는 큰 차이가 있다. 음악을 그냥 들으면 무슨 음악이 나오는지만 알게 되지만 귀를 기울이게 되면 음악이 하고 있는 얘기를 알게 될 것이다. 하루 5분 동안만이라도 사랑하는 사람들의 말에 귀 기울여보자. 그러면 그들을 필요로 할 때 그들 또한 기꺼이 우리의 말에 귀 기울여줄 것이다. 누군가의 삶에 변화를 가져오는 데에는 5분이면 충분하다. 이는 나 자신의 삶이 될 수도 있다. 더 나은 삶을 살고 싶으면 안전지대에서 벗어나야 한다. 안전지대를 벗어나는 가장 좋은 방법은 자신에게만 집중하지 않고 다른 이들을 돕고 이끄는 데 집중하는 것이다.

안전지대에서 벗어나 다른 이들이 잠재력을 발휘할 수 있도록 도와주어라. 다른 이들을 돕고 이끄는 데 집중하기 시작하면 영적 지대에 들어가게 될 것이다. 이 지대에 들어가면 그토록 원하던 내면의 평화를 얻을 수 있게 될 것이다. 물론 다른 이들에게 집중하는 것은 쉬운 일은 아니다. 하지만 하루 5분만 그렇게 하면 큰 차이를 가져올 수 있다. 반드시 기억해라. "밴드를 이끌고 싶거든 음악과 먼저 친해져야 한다."는 사실을. 우리 마음속의 음악이 행동을 취하라고 말하고 있다. 오늘 나의 목표, 이번 장의 목표는 독자들이 행동을 취하게 함으로써 안전지대에서 벗어나도록 하는 것이다. 다른 이들에게 본보기를 보임으로써 그들을 이끌게 될 것이다. 다음은 좋은 리더의 특징이다. 5분을 투자해 좋은 리더가 갖고 있는 습관과 특징을 살펴보도록 하자.

❖ 좋은 리더의 특징
❶ **정직** 행동을 할 때에는 진실성, 온전성, 솔직함을 담아서 하라. 기만적인 행동은 신뢰를 불러일으키지 않는다.
❷ **능력** 이성과 도의를 근거로 행동하라. 유치한 감정적 욕구나 기분에 따라

결정을 내리지 마라.

❸ **진보** 목표를 정하고 미래에 대한 예지력을 지녀라. 예지력은 철저한 준비에서 나온다. 훌륭한 리더는 원하는 것과 이를 성취하는 방법을 마음속에 그려본다. 그리고 언제나 기본적인 가치를 기반으로 우선순위를 정한다.

❹ **격려** 자신이 하는 모든 일에 자신감을 보여라. 정신적, 육체적, 영적으로 인내심을 보이면 다른 이들 또한 새로운 경지에 도달할 수 있을 것이다. 그리고 필요할 경우 책임을 질 줄도 알아야 한다.

❺ **지식** 읽고 공부하고 도전적인 과제를 스스로 찾아라.

❻ **공정** 모든 사람들을 공정하게 대하라. 편견은 정의의 적이다. 다른 이들의 감정, 가치, 관심사, 행복 등에 공감해 주어라.

❼ **관대** 다양성을 추구하라.

❽ **용기** 넘을 수 없을 것 같은 장벽에 개의치 않고 목표를 성취할 수 있는 인내심을 길러라. 스트레스를 받을 때에도 차분함을 잃지 마라.

❾ **간단명료** 적절한 시기에 올바른 결정을 하기 위한 타당한 판단력을 지녀라.

❿ **창의** 자신의 생각, 계획, 방식에 시기적절하고 적당한 변화를 주어라. 새롭고 더 바람직한 목표, 아이디어, 해결책을 제시함으로써 상상력을 보여주어라. 혁신적인 사람이 되어라.

제 2차 세계대전 중 활약했던 패튼 장군은 이렇게 말했다.

"이끌던가, 따르던가 아니면 물러서라!"

～ 빚을 진 사람은 노예나 마찬가지다. - 랄프 왈도 에머슨(Ralph Waldo Emerson)

21장

빚을 진 이후의 삶

탐욕스러운 마이다스 왕에 관한 얘기는 다들 들어봤을 것이다. 그는 금을 아주 많이 갖고 있었다. 하지만 금을 갖게 될수록 더 많은 금을 원했다. 그는 자신의 금고에 몽땅 저장해 놓고 매일 이 금을 세면서 즐거워 했다.

　하루는 이방인이 다가와 그에게 소원을 하나 들어주겠다고 했다. 왕은 무척 기뻐하며 이렇게 말했다.

"제가 만지는 것이 전부 금으로 바뀌었으면 좋겠습니다."

"진심입니까?"

이방인은 왕에게 물었다.

"그럼요." 왕이 대답했다.

"내일 아침 해가 뜨면 당신이 만지는 모든 것은 금으로 바뀔 겁니다." 이방인의 이 같은 대답에 왕은 자신이 꿈을 꾸고 있다고 생각했다. 믿을 수 없는 일이었다. 하지만 다음날 아침, 자리에서 일어나 침대, 옷 등을 만지자 모든 것들이 진짜로 금으로 변하는 것이 아닌가. 창문 밖을 내다보니 공주가 정원에서 놀고 있었다. 그는 공주를 깜짝 놀라게 해주기로 결심했다. 공주도 틀림없이 기뻐할 것 같았다. 하지만 정원에 나가기 전에 왕은 책을 보기로 했다. 그러나 책을 만지는 순간 책 또한 금으로 변해 책을 읽을 수가 없게 되었다. 그리고 자리에 앉아 아침을 먹으려고 했지만 과일과 물 컵을 만지자 이 또한 금으로 변하고 말았다. 배가 고파진 왕은 혼자 중얼거렸다.

"이런, 금을 먹고 마실 수는 없는데."

바로 그 때 공주가 그에게 달려왔고 그가 자신의 딸을 껴안는 순간 공주는 금 동상으로 변하고 말았다. 그는 더 이상 즐겁지가 않았다.

왕은 머리를 움켜쥐고 울기 시작했다. 왕의 소원을 들어주었던 이방인이 다시 나타나 왕에게 황금 손을 갖게 돼서 행복하냐고 물었다. 왕은 지금 자신은 가장 불행한 사람이라고 말했다. 그러자 이방인은 이렇게 물었다.

"음식과 사랑하는 공주를 원하오? 아니면 금덩이와 금으로 된 공주의 동상을 원하오?"

왕은 울면서 자신을 용서해 달라고 말했다.

"내가 가진 금 전부를 포기하겠소. 제발 내 딸을 되돌려 주시오. 공주가 없으면 모든 것을 잃은 거나 마찬가지요."

왕의 대답을 들은 이방인은 말했다.

"확실히 전보다는 현명해 지셨군요."

그리고 저주를 풀어주었다. 왕은 공주를 다시 품 안에 안게 되었다. 그리고 평생 동안 결코 잊지 못할 교훈도 함께 얻었다.

성공하겠다는 열망을 품는 데 있어 돈은 유용할 수 있다. 나 역시 이를 권하는 바이다. 하지만 마이다스 왕의 사례가 보여줬듯이 삶에는 돈보다 중요한 것들이 있다. 선수를 교체할 수 있는 야구경기에서와는 달리 삶에서는 나를 대체해줄 사람도 없고 한 번 지난 삶을 다시 살 수도 없기 때문이다. 우리는 왕의 경우처럼 비극을 되돌릴 기회를 다시 얻을 수는 없을 것이다. 그러므로 재정적인 성공의 핵심은 탐욕과 빚을 피하는 것이다.

젊든, 나이가 들었든, 사람들은 살면서 한 번쯤은 빚을 지게 된다. 이번 장에서는 어떻게 이 빚에서 벗어날 수 있는지, 어떻게 하면 부를 축적할 수 있는지에 대해 살펴보고자 한다. 이 분야에서 추천할 만한 책으로는 데이비드 칠턴 **David Chilton**의 《부유한 이발사 **The Wealthy Barber**》와 토드 반하드트 **Todd Barnhardt**의 《부의 다섯 가지 의식 **the five rituals of wealth**》이 있다.

재정적으로 성공하고 싶으면 돈이 우리 삶에 끼치는 영향을 이해해야 한다. 돈은 가장 큰 동기부여이기 때문이다.

우선은 빚을 지고 있는 사람들에 대해 얘기해 보자. 그들은 어쩌다 그렇게 되었을까? 아주 간단하게 말하면 버는 것보다 더 많이 썼기 때문이다. 그렇다면 어떻게 하면 빚에서 벗어날 수 있을까? 빚에서 벗어나는 한 가지 방법은 처음부터 빚을 지지 않는 것이다. 조지 클라센 **George Claussen**의 《바빌론 부자들의 돈 버는 지혜 **The Richest Man in Babylon**》라는 책에서는 한 가지 단순한 법칙을 제안한다. "빚에서 벗어나는 가장 쉬운 방법은 버는 것 이상으로 쓰지 않는 것이다."

돈에 관한 첫 번째 원칙은 자기 자신한테 먼저 쓰라는 것이다. 월급을 받으면 10%가 됐든, 40%가 됐든 자기 자신을 위한 몫을 먼저 떼어놓는 것이다. 대부분의 사람들은 "음, 그건 상식이잖아."라고 얘기한다. 하지만 보통 사람들은 월급을 받으면 자기 자신을 제외한 모든 것들에 가장 먼저 지출한다. 주택할 부금, 집세, 공과금, 차량할부금, 보험금 등을 내는 것이다. 그 후에는 밖에 나가 장을 보고, 새 옷을 사고, 그제야 남은 돈을 저금한다.

이제부터 우리가 해야 할 일은 액수에 관계없이 그 돈 없이도 우리가 살 수 있다고 생각되는 금액만큼을 먼저 떼어놓는 것이다. (성경에서는 십일조라 하여 수입의 10%를 떼어놓기를 권장하고 있다.) 《부유한 이발사 The Wealthy Barber》에서 저자는 이 10% 원칙을 주장하고 있다. 월급의 10%를 따로 떼어놓는다고 해서 크게 신경 쓸 사람은 없다. 우리는 이 돈을 갖고 투자를 해야 한다. 이 돈을 은행 계좌에 넣어둘 수도 있고, 펀드나, 채권, 부동산, 주식 시장 등에 투자할 수도 있다. 우리는 각자가 원하는 수익률을 결정해야 한다. 위험이 낮을수록 수익도 낮아지며 위험이 높을수록 수익은 높아진다. 투자법에 대해 가르쳐 주려는 것이 아니다. 결정은 각자의 몫이다. 지금 권유하는 것은 돈을 관리하는 습관을 가지라는 것이다. 그리고 자기 자신(미래를 위한 저축)에게 먼저 투자하고 그 다음에 나머지(공과금 등) 용도로 지출하라는 것이다.

갖고 있는 순 자산이 증가하면 자신감 또한 증가할 것이다. 다시 한 번 말하지만 긍정적인 습관을 갖게 되는 것이다. 자존감을 높여 줄 생산적인 습관을 기르게 되는 것이다. 부자들이 자신들의 자녀에게 가르쳤으며 나 또한 내 아이들에게 가르치고 있는 한 가지 원칙은 절대로 투자 원금을 쓰지 말라는 것이다. 옛 부자들은 한 밤중에 아이들을 깨워서 이렇게 묻기까지 했다고 한다. "돈을 쓰는데 있어 가장 중요한 원칙은 뭐지?" 가장 중요한 원칙은 절대로 투자 원금을 쓰지 않는 것이다. 투자를 통해 얻은 이익만을 쓰거나 재투자해야 하는 것이다. 이렇게 하면 절대로 자신이 모은 돈보다 더 적은 돈을 갖고 있을 수 없게 된다. 언제나 더 많은 돈을 갖고 있게 되는 것이다. 투자해서 얻은 이익을 갖고 생활하는 것을 목표로 삼자. 그리고 이를 위해서는 일단 돈을 저축해야 한다. 아무리 적은 돈일지라도 규칙적으로 저금을 해야 한다. 돈을 축적하는 쉬운 방법은 자신의 사전에서 '지출'이라는 용어를 아예 없애는 것이다. 반드시 기억해라. 우리는 돈을 지출하는 것이 아니다. 지출에 대해 생각하는 순간 돈은 이미 사라지고 없을 것이다. 돈을 지출하는 것이 아니라 사용하는 것이며 나에게 주는 것이다. 그렇게 하면 돈은 절대로 사라지지 않고 큰 수익이 되어 되돌아올 것이다.

현재 빚을 지고 있는 사람들이 벗어날 수 있는 방법이 여러 가지 있다. 전문 클리닉, 상담가, 자산 운용가 등의 도움을 받을 수 있다. 빚의 액수가 크지 않는 사람들 중에는 자신이 빚을 지고 있다는 사실조차 인식하지 못하는 이들도 있다. 빚을 파악하기 위한 한 가지 방법은 재정 분석을 하는 것이다. 갖고 있는 신용카드를 전부 분석해 보아라. 제 때 돈을 갚고 있는가? 신용대출을 받은 것은 없는가? 학자금 대출은 없는가? 이 또한 빚이기 때문이다. 집을 담보로 대출을 받고 있지는 않는가? 이 또한 빚이다. 할부로 무언가를 구입하고 있다면 이 또한 빚이다. 매 달 갚을 상환금의 액수를 늘리면 빚의 규모를 줄일 수 있다. 30년에 나눠서 낼 주택담보대출 상환금의 액수를 두 배로 늘리면 7년 안에 다 갚을 수 있다. 잘 모르겠거든 다른 사람으로부터 조언과 지도를 구하라. 돈에는 법칙이 있다. 그리고 빚에 관한 모든 법칙은 월급에서 시작된다. 월급을 받거든 이를 세 부분으로 나눠라. 그 중 10%는 자기 자신을 위해 써라. 이는 쓰지 않고 갖고 있는 것이다. 둘째, 그 중 70%는 생활비로 써라. 그리고 남은 20% 중 10%는 빚을 갚는 데 쓰고 10%는 저축을 해라. 결국 10%는 자기 자신을 위해, 10%는 빚을 갚는 데, 10%는 미래에 대비해 저축을 하는 데 쓰는 것이다. 매 달 월급을 받을 때마다 이렇게 돈을 관리하면 재정적 자유를 누릴 수 있게 될 것이다.

돈을 잘 관리하는 습관을 들이게 되면 빚을 진 이후에 어떻게 살아야 할지 알게 될 것이다. 채권자와 만나 협상을 하기도 하고 수입의 70%만 갖고 살겠다고 다짐해 볼 수도 있을 것이다.

빚을 지고 있든 그렇지 않든, 다음과 같은 아주 간단한 공식을 따름으로써 아주 빠르게 성공과 번영에 이를 수 있다. 바로 십일조이다. 수 년 동안 십일조를 해 온 사람들이 성공적인 삶을 살고 있음이 입증됐다. 우리는 우주보다, 신보다 더 베풀 수는 없다. 하지만 더 많이 베풀수록 더 많이 받게 돼 있다.

부자들에 관한 책을 읽고 그들이 어떻게 부를 축적하게 됐는지 배워야 한다. 레이 크록 **Ray Crock**, 헨리 포드 **Henry Ford**, 존 록커펠러 **John D. Rockerfeller**, 리 아이아코카 **Lee Iococca** 등 성공적인 사람들에게는 저마다의 공식과 원칙이 있다. 우리의 삶이 돈의 지배를 받아서는 안 된다. 내 아버지는 종종 이렇게 말씀하셨다. "나는 무덤으로 가는 영구차를 따르는 장갑차는 결코 보지 못했다." 하지만 사람들이 재단을 세우고 병원에 부속 병동을 세워 그 앞에 자신의 이름을 세긴 돌을 세워 놓는 것은 종종 볼 수 있다. 그들은 자신의 자녀, 손자 손녀 등을 위해 그런 행동을 한다. 이것이 바로 빚을 진 이후의 삶이다.

돈을 관리할 수 있는 방법은 많다. 하지만 돈 관리가 꼭 복잡할 필요는 없다. 그저 습관이 되기만 하면 된다. 하루 5분을 투자해 자신의 예산을 살펴보도록 하자. 자산을 축적하고 빚을 줄여나갈 계획을 세우는 것이다.

다음과 같은 세 가지 공식을 반드시 기억하라.
1. 버는 것보다 더 많이 쓰지 마라.
2. '지출'이라는 단어를 사용하지 마라. 대신에 돈을 '주다,' '활용하다,' '투자하다.' 같은 단어를 사용하라.
3. 돈을 사용하거나 줄 때, 이는 반드시 되돌아온다는 것을 기억하라.

 우리는 먼저 부에 대해 생각하고 그 다음에 이를 얻기 위해 노력해야 한다. 결국 목표를 달성할 수 있게 되는 것이다. 돈 관리는 습관이다. 부자들은 부유한 습관을 갖고 있다. 그리고 이런 습관을 들이는 데에는 하루 5분이면 충분하다.

～ 행동은 운명의 씨앗이다. - 해리 트루먼(Harry S. Truman)

22장

당신의
선택

한 남자와 아이가 당나귀를 끌고 길을 가고 있었다. 마을로 가던 도중 그들은 날카로운 돌멩이로 가득 한 길을 지나갔다. 돌멩이는 그들의 신발을 뚫고 들어왔고 물집이 잡히고 피가 났다. 행인 몇 명이 그 모습을 보고 그들을 비웃으며 이렇게 말했다. "이봐요, 왜 당나귀를 타지 않는 거죠?" 남자는 그 말에 멈춰 서 생각하다가 이렇게 답했다. "아, 물론 탈거에요." 그리고는 당나귀에 올라탔다. 그리고 그의 아들은 옆에서 절룩거리면서 걷기 시작했다. 그러자 또 다른 행인이 이렇게 소리쳤다. "이봐요, 왜 당신 아들은 걷게 하면서 혼자 당나귀를 타고 가는 거죠?" 깜짝 놀란 남자는 이렇게 대답했다. "암요, 맞는 말씀이네요." 그는 말에서 내려 아들이 말에 올라타게 했다. 잠시 후 또 다른 행인이 그들에게 소리쳤다. "이봐요, 당신네 당나귀는 아주 튼튼하고 건강해 보이는데 둘이 함께 타지 그래요?" 그 말을 듣고 남자는 자신도 올라탔고 당나귀는 험준한 길을 터벅터벅 걸어갔다. 그러다가 그들은 아주 위험해 보이는 강가에 다다랐다. 최근 내린 비 때문에 물살이 아주 세진 상태였다. 그리고 두 마을을 연결한 나무다리는 보수가 채 되지 않은 상태였다. 그럼에도 불구하고 남자와 아이는 당나귀에 올라탄 채로 다리를 건너기 시작했다. 다리 아래로 세찬 물살 소리가 들렸다. 강 중간쯤에 도달했을 때 다리는 결국 무너지고 말았다. 남자와 아이, 당나귀는 사나운 물살 속에 빨려 들어갔다. 당나귀 위에서 휴식을 취했던 남자와 아이는 아직 힘이 남아 있던 덕에 수영을 해서 살아남을 수 있었다. 하지만 힘겨운 여행으로 힘을 다 소진한 당나귀는 그럴 수가 없었다. 결국 당나귀는 세찬 물살 속에 빨려 들어가 죽고 말았다. 다른 사람의 충고를 따르는 사람은 언젠가 자신의 당나귀를 잃을 수도 있다는 것이 이 이야기의 교훈이다.

우리의 의식, 무의식, 초의식 속에는 이제껏 존재했거나 앞으로 존재할 모든 지식이 쌓여 있을지도 모른다. 하지만 그런 지식에는 책임이 따른다. 이런 책임을 받아들이는 일은 선택사항이 아니라 의무사항이다. 부정적인 생각과 감정을 제거하는 일도 마찬가지로 선택이 아니라 의무이다. 지식을 늘리고 갈고 닦는 것은 긍정적인 태도 함양을 위해서뿐만 아니라 우리의 건강, 행복, 효율성 제고를 위해서도 필수적이다. 사실 긍정적인 태도를 지녀야 밝은 미래로 나아갈 수 있다. 정점을 향해 나아가기 위해서는 부정적인 감정을 제거해야 하는 것이다. 이 부정적인 감정은 우리의 마음에 들어앉아 더 높은 곳을 향해 나아가는 것을 방해한다. 열기구에 올라타 위로 올라갈 때처럼 두려움, 걱정 등 부정적인 감정은 모두 던져버려야 한다. 이런 감정은 우리를 땅으로 끌어내리기 때문이다. 이런 짐을 다 던져버린 후에야 삶은 천천히 상승할 수 있다.

꿈을 향해 전진하는 데 있어 첫 번째 단계는 잠재력이다. 그리고 방향과 훈련이 두 번째 단계이다. 첫 번째와 두 번째 단계에 도달하기 위해 먼저 막고 있는 것들이 무엇인지 알아야 한다. 우선 마음을 정리해보자. 삶 전체를 점검하는 것이다. 과거와 현재에 대해 구체적으로 살펴봐야 한다. 부정적인 영향을 끼쳤던 기억, 생각, 상황들을 분석해보자. 분석을 하는 동안 우리에게는 이 부정적인 영향에서 벗어날 수 있는 능력이 있다고 생각해보자. 그리고 무엇보다도 중요한 것은 지난 일은 이미 지난 일이라고 생각하는 것이다. 과거는 지나간 역사일 뿐이다. 모래시계 안의 모래가 거꾸로 올라가게 할 수는 없는 것이다.

꿈을 향해 전진하는 세 번째 단계는 스스로를 좋아하는 것이다. 우리는 스스로를 좋아하고 믿어야 한다. 그렇게 되면 과거에 일어난 부정적인 사건들도 자신의 성격을 형성하는 데 도움이 되었으며 자신이 성장하는 데 긍정적인 영향을 끼쳤음을 깨닫게 될 것이다.

앞에서 살펴본 이야기에서 주인공이 당나귀를 잃은 것은 행인들의 탓이 아니었다. 다리에 도달했을 때, 그는 자신의 판단력, 지식, 지혜를 이용했을 수도 있다. 다른 사람들의 충고를 따르기보다는 그 스스로 상황을 판단했어야 했다. 자신이 처한 곤경에 대해 심사숙고 했다면 모든 무게를 불쌍한 당나귀의 등 위에 집중시키기보다는 다리 전체에 골고루 분산시켰을 수도 있었다. 물론 다른 사람의 충고에 귀 기울이고 이를 받아들이는 것은 바람직한 일이다. 하지만 그들의 충고가 법은 아니다. 이는 말 그대로 그저 조언일 뿐이다. 주위 사람들이 해 주는 조언에 귀 기울여야 하지만 그 조언을 기반으로 최종 결정을 하는 것은 각자의 몫이다.

아브라함 링컨은 이렇게 말했다. "사람들은 자신이 마음먹은 만큼 행복해진다." 우리는 여기서 행복을 성공으로 바꿀 수도 있다. 성공적이라는 느낌이 들지 않으면 이는 무엇이 성공인지 모르기 때문일 수 있다. 많은 사람들은 부모, 선생님, 목사들로부터 성공이 무엇인지에 대해 접하게 된다. 그리고 많은 사람들이 성공을 부로 착각한다.

1923년, 미국에서 가장 성공적인 자본가들이 시카고 에지워터 비치 호텔에서 모임을 가졌다. 여기에는 아주 저명한 인사들도 포함돼 있었다.

미국 최대 철장회사 사장 찰스 슈왑 **Charles Shwab**
미국 최대 유틸리티 회사 사장 사무엘 인설 **Samuel Insull**
미국 최대 가스회사 사장 하워드 홉슨 **Howard Hopson**
미국 내 가장 큰 밀 중개상 아더 커튼 **Arthur Cutten**
뉴욕 증권 거래소 사장 리처드 휘트니 **Richard Whitney**
하딩 정권 당시 내무장관 앨버트 폴 **Albert Fall**
월스트리트의 전설적 투자가 제시 리버모어 **Jessie Livermore**
세계 최대 독점기업의 총수 이바 크루거 **Ivar Krugar**
국제결제은행 회장 레온 프레이저 **Leon Fraser**

행복을 돈으로 살 수 있다면 이런 사람들은 항상 행복했을 것이다. 하지만 25년 후 이들이 어떻게 되었는지 살펴보자.

찰스 슈왑: 파산. 빌린 돈으로 5년동안 연명하다 사망
사무엘 인설: 해외에서 사망
하워드 홉슨: 정신병 앓음
아더 커튼: 타지에서 무일푼인 채로 사망

리처드 휘트니: 흉악범 수용소로 유명한 교도소에서 얼마 전에 출감

앨버트 폴: 감옥에서 사면 받은 후 빈털터리인 채로 자택에서 사망

제시 리버모어: 자살

이바 크루거: 자살

레온 프레이저: 자살

아직도 이 사람들과 삶을 바꾸고 싶은가? 사회적 지위로 봤을 때 이들은 모든 것을 가졌지만 개인적인 삶에 있어서는 결코 성공했다고 할 수 없다.

사람들은 무엇이 자신을 행복하게 하는지에 대한 저마다의 생각이 있다. 그들의 의견을 들을 수는 있겠지만 최종 결정은 우리 자신이 하는 것이다.

평생 동안 선택을 해야 한다. 우리가 존재하는 매 순간
모든 가능성의 영역 안에 있는 것이다. 그 곳에서 무한한 선택을 하게 된다.

– 디팩 초프라(Deepak Hopra)

23장

브레이크를 느슨하게 하라

방금 새로 나온 롤스로이스를 구입했다고 생각해 보라. 이제 이 고품질, 고사양의 차량이 아주 작은 결점 하나만 빼고 완벽하게 설계되었다고 생각해 보자. 이 결점은 브레이크 시스템을 조립하면서 발생했는데 앞바퀴 하나가 잠겨 있는 것이었다.

　이제 이 새로운 차를 이웃에게 자랑하려고 차를 몰고 나가고 싶어 한다고 가정해 보자. 차에 올라 타, 새 가죽시트의 냄새를 맡으며 시동을 건다. 아주 조용하지만 강한 소리를 내며 시동이 걸린다. 변속기를 드라이브에 놓고 앞으로 나가려고 한다. 이 값비싼 차에 장착된 모든 것들은 휠 브레이크 하나만 빼면 완벽하다. 하지만 앞으로 나가려고 하면 무슨 일이 벌어질까? 답은 너무 명확하다. 차는 잠겨 있는 바퀴를 중심으로 빙빙 돌 뿐이다. 아무리 세게 달려도, 차는 잠겨 있는 바퀴를 중심으로 회전할 뿐이다.

책임을 깨닫고 받아들이는 순간, 우리 삶에 채워져 있는 브레이크를 풀게 되는 것이다. 이 세상에는 새로 나온 롤스로이스 같은 사람들이 넘쳐난다. 그들은 온갖 도구는 다 갖추고 있다. 하지만 그들의 삶은 제자리를 맴돌 뿐이다. 이는 한 가지 생각이나 경험에만 집착하고 있기 때문이다. 때로는 왜 그런지는 모르겠지만 무언가가 그들의 무의식에 브레이크를 거는 것이다. 많은 사람들이 믿고 있는 신조를 생각해볼 때 이는 어찌 보면 너무 당연한 일이기도 하다.

1. 안 돼, 너는 할 수 없어.
2. 네가 될 수 없는 사람이 되려고 노력 하지 마.
3. 너는 네 분수를 몰라.
4. 누가 말을 걸기 전에는 먼저 말하지 마.
5. 미래를 위해 저축해둬.
6. 여자는 집에서 살림이나 해야 해.
7. 신은 우리에게 주기도 하셨지만 앗아가기도 하셨어.
8. 내 눈으로 본 것만 믿을 거야.

나와 내 아내는 경험을 통해 쓰디쓴 교훈을 얻었다. 하지만 그 덕분에 삶에 대해서도 많이 알게 되었다. 내 최근 저서 《젊어지기 Dying to Be Young》에서 나는 아버지가 알려주신 '삶의 교훈' 에 대해 언급한 바 있다.

❖ 5분 삶의 교훈
1. 삶은 선택이다. 현명한 선택을 하라.
2. 우리는 성장하고 진화하기 위해 이 세상에 태어났다.
3. 인간만이 자유 의지를 갖고 있다.

4. 우리는 옳고 그름의 차이를 알아야 한다.

5. 마음이 가는 데로 따르면 옳은 결정을 하는 것이다.

6. 그른 일을 하는 옳은 방법은 없다.

7. 우리가 선택을 하면 우주가 우리를 도와줄 것이다.

8. 죽음은 삶의 한 영역에서 다른 영역으로 이동해 가는 것뿐이다.

9. 진실을 찾는 이들은 신과 함께이다. 신이 진실이다.

10. 오늘 꿈꾸는 이상이 우리의 미래이다.

아무리 화창한 날이라도 돋보기를 계속 움직이면 종이를 태울 수 없다. 하지만 집중해서 돋보기를 들고 있으면 종이에는 불이 붙을 것이다. 이것이 바로 집중력의 힘이다.

저명한 시인이자 에세이 작가인 랄프 왈도 에머슨 **Ralph Waldo Emerson**은 송아지를 외양간에 넣고 있었다. 하지만 에머슨은 일반적인 실수를 저지르고 말았다. 그는 송아지를 계속해서 밀고 그의 아들은 당겼지만 송아지는 다리를 뻣뻣하게 세운 채 고집스럽게도 풀밭을 떠나려고 하지 않았다. 아일랜드인 가정부가 그들의 모습을 보았다. 그녀는 에세이도, 책도 쓸 줄 몰랐지만 송아지를 다루는 데 있어서만은 에머슨보다 아는 것이 더 많았다. 그녀는 자신의 엄지손가락을 송아지의 입에 넣고 그것을 빨게 하면서 송아지를 자연스럽게 외양간으로 데리고 갔다. 이 이야기가 주는 교훈은 간단하지만 심오하다. 다른 사람에게 영향을 끼치기 위한 가장 바람직한 방법은 우리 자신이 원하는 것이 아닌 그들이 원하는 것을 생각하는 것이다.

성공에 대해 생각하는 데에는 하루 5분이면 충분하다. 지금 당장 5분을 투자해 자기 자신과 성공하기 위해 필요한 것에 집중해보자.

성공에 대한 나의 생각은 다음과 같다.

❖ 성공에 대한 5분 생각

● 내면의 생각을 바꾸지 않고는 외부세상을 절대로 바꿀 수 없다.

● 삶에서 나아졌으면 하는 것들을 그저 바라기만 하지 마라. 적극적으로 행동을 취해라.

● 해결책을 생각하는 사람이 되라. 문제에 집중하는 것은 10%, 해결책을 생각하는 것은 90%로 해라.

● 미래는 우리의 나무다. 오늘, 이 나무를 심어라. 오늘 하는 선택이 우리의 내일을 만들 것이다.

● 약속한 것보다 더 많은 것을 베풀어라. 이는 반드시 우리에게 다시 돌아오게 돼 있다.

행동을 막는 원인을 찾아내고, 그 원인을 파악하여 해결하라. 그 후에야 우리에게 나타난 불길한 증상들이 사라질 것이다. 삶이 진창에 빠지지 않도록 하라. 책임을 지고 필요할 경우 현 상황에 변화를 주어라. 토마스 에디슨은 이렇게 말했다. "모든 것에는 항상 더 나은 방법이 있기 마련이다. 그 방법을 찾아라."

　　　삶에는 두 가지 중요한 선택이 있다. 현 상태를 있는 그대로 받아들이는 것, 혹은 그 상태를 변화시키되 이에 따르는 책임을 받아들이는 것이다.

－ 데니스 웨이틀리(Dennis Waitley)

24장

선택은 우리의 몫

The 5Minute Motivator

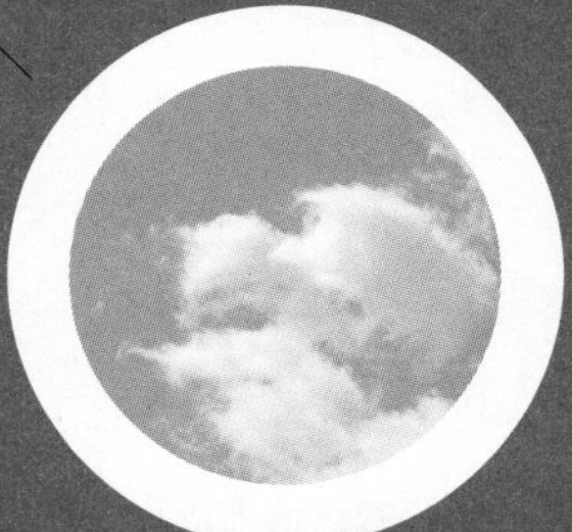

노먼 빈센트 필 **Norman Vincent Peale**은 이렇게 말했다. "가난은 그 누구도 저지할 수 없다. 텅 빈 머리와 열정 없는 마음만이 그렇게 할 수 있다." 우리는 삶을 사랑해야 한다. 그리고 삶을 사랑하기 위해서는 자신을 먼저 사랑해야 한다.

간디는 이렇게 말했다. "사랑이 있는 곳에 삶이 있다." 삶에 대한 사랑은 우리 안에 내재돼 있다. 삶에 변화를 주기 위해서 우리 자신부터 변해야 한다. 대부분 우리의 선택이 모여 변화로 이어진다. 현재는 어제 우리가 한 선택의 결과물이다. 마찬가지로 오늘 한 선택으로 인한 결과물이 우리의 내일이 될 것이다. 자신이 한 선택에 따라 살고, 죽고, 성공할 것이다. 어떤 선택은 다른 선택보다 쉽다. 몇 시에 일어날지, 무엇을 입을지, 무엇을 먹을지, 언제 운동을 할지, 어디로 일하러 갈지, 어느 학교에 진학할지, 누구와 결혼할지, 아이들을 어떻게 교육시킬지 결정해야 한다.

선택은 우리의 몫이다. 우리는 과거에 경험한 것이나 다른 이들로부터 전해 들은 경험을 기반으로 선택을 할 수 있다. 현 상황이 마음에 들지 않는가? 그렇다면 자신의 태도, 선택, 삶을 바꿔 보라. 물론 태도를 바꾸는 것이 어려울 때도 있다. 선택을 하는 것이 어려울 때도 있다. 하지만 선택을 해야만 하며 그럴 수 있는 능력이 있다. 우리는 원하는 것은 전부 할 수 있기 때문이다. 어떤 것이 내 자신과 가족, 인류 전체를 위해 가장 바람직한지 선택해야 한다. 선택은 논리를 기반으로 해야 한다.

나는 강의를 할 때, 청중들에게 텍사스의 부유한 석유 재벌에 관한 이야기를 들려주곤 한다. 이 재벌은 자신의 어린 딸을 결혼시켜야겠다고 결심했다. 그래서 달라스 출신의 가장 잘나가는 젊은이 한 무리를 자신의 집에 초대했다. 그는 이 젊은이들을 악어가 득실대는 수영장 맞은편에 서 있게 하고 자신의 딸을 그 반대편에 서 있게 했다. 그리고는 사윗감 후보들에게 이렇게 말했다. "수영장에 뛰어들어 반대편까지 갈 수 있는 사람에게는 다음 세 가지를 주겠네. 첫째, 큰 목장과 집. 둘째, 5백만 달러, 셋째, 내 딸."

그가 말을 마치자마자 첨벙거리며 풀장에 뛰어드는 소리가 들렸다. 그 소리의 주인공은 죽을힘을 다해 풀장의 반대편으로 헤엄쳐갔다. 마침내 그가 물 밖으로 나오자

석유 재벌은 그의 손을 잡으며 이렇게 말했다. "축하하네. 자네가 해냈다네. 가장 먼저 무엇을 갖고 싶은가? 돈? 목장? 아니면 내 딸?"

"아닙니다." 그 남자는 대답했다.

"그렇다면 무엇을 원하는가?" 당황한 재벌이 물었다.

그러자 그 남자는 이렇게 대답했다. "저를 물에 빠뜨린 자가 누군지 알고 싶습니다."

살면서 우리는 원치 않았지만 누군가의 등에 떠밀리는 상황에 쳐하게 될 때가 많이 있다. 그 상황에서 벗어나겠다고 선택할 수도 있지만 그 상황에서 어떻게 해서든 살아남겠다는 선택을 하기도 한다. 내면에 존재하는 성공하고자 하는 욕망이 바로 동기 부여인 것이다. 삶을 대하는 접근법에는 두 가지가 있다. 바로 올바른 접근법과 그른 접근법이다. 어떠한 접근법을 선택하든 그에 따르는 결과는 존재한다. 그 결과는 우리의 선택에서 비롯되며 선택은 접근법에서 비롯된다. 삶에서 갈림길을 만날 때 우리는 선택을 해야 한다. 자신의 신념에 따라 선택을 해야 하고 과거에 일어난 일을 기반으로 선택을 해야 하며 과거의 경험을 잘 활용해야 한다. 또한 미래에 어떤 일이 일어날지도 생각해서 선택해야 한다. 선택이 언제나 확실하고, 선택의 옳고 그름 또한 확실한 것은 아니다. 선택은 그저 선택일 뿐이다. 그 일에 관여한 모든 사람들에게 바람직한 쪽으로 결정을 내려야 한다. 선택은 어렵다. 하지만 옳은 선택과 그른 선택 사이에는 확실한 선이 있다.

옳은 선택을 할 경우 그에 따르는 결과를 절대 염려할 필요가 없다. 이는 진실을 말하는 것과도 같다. 내 아버지는 이런 말씀을 하곤 하셨다. "거짓말을 하면 이를 은폐하기 위해 또 다른 거짓말을 하게 된다. 자신이 한 거짓말을 무마하기 위해 또 다른 이야기를 지어내는 것이다." 선택은 개인의 몫이다. 옳은 선택을 하라.

스스로에게 물어보라. "나는 쉬운 선택을 했는가, 옳은 선택을 했는가?" 스스로에게 오늘 한 선택이 내일을 결정할 거라는 사실을 상기시켜보라.

긍정적으로 생각하는 것 또한 선택이다. 긍정적 사고방식에 대한 가이드북은 존재하지 않는다. 기본적인 정보만을 제공받을 뿐이며 그 이상은 전부 우리에게 달려있다. 이 일을 할지 말지 선택을 할 수 있는 것은 자신뿐이다. 누군가에게는 선택을 하고 이에 따른 책임을 지는 것이 긍정적인 사고를 하는 데 있어 가장 어려운 일일 수 있다. 스스로가 자신의 사고방식을 통제할 수 없다고 생각하고 싶어 할지도 모른다. 하지만 생각이 의식에 들어올 때 이를 통제할 수 있다. 오랜 시간 동안 많은 연습을 하면 자신의 생각을 통제하는 방법을 터득할 수 있다. 그것이 의식적인 행동이 아니라 그저 선택이라고 생각하는 단계까지 도달할 수 있는 것이다. 이번 장은 선택에 관한 것이다. 그러므로 하루 5분을 투자해 행복해지고, 성공적이고, 더 나은 사람이 되기 위한 선택을 하라.

하루는 존슨 여사네 식기세척기가 고장 났다. 그녀는 수리공을 불렀지만 그녀가 원하는 저녁 시간에는 수리공이 올 수 없었다. 다음 날은 그녀가 일을 하러 나가야 했기 때문에 그녀는 수리공에게 이렇게 말했다. "열쇠를 매트 아래 둘게요. 식기세척기를 고치고 계산서를 부엌 조리대 위에 올려놓으세요. 그러면 수표를 부쳐줄게요. 아, 그런데 저희 집 개는 신경 쓰지 마세요. 짖거나 하지 않을 거예요. 하지만 어떤 경우에도 우리 집 앵무새한테는 말을 걸지 마세요."

다음 날, 수리공이 존슨 여사네 집에 도착하자 그가 여태껏 본 개중에 가장 크고 사악해 보이는 개가 눈에 띄었다. 하지만 여사가 말한 것처럼 개는 카펫에 누워서 그가 일하는 것을 지켜볼 뿐이었다. 하지만 그가 일하는 내내, 앵무새는 꽥꽥거리고 종알거리는 등 그를 미치게 만들었다. 마침내 수리공은 더 이상 참지 못하고 소리쳤다. "제발 입 좀 다물어, 이 멍청한 새야!" 그러자 앵무새는 이렇게 답했다. "브루투스, 저 사람 물어!"

이 이야기의 교훈은 다음과 같다. 살면서 우리는 선택을 한다. 그리고 이런 선택을 할 때 각자의 경험으로부터, 혹은 다른 이들의 경험에 귀 기울임으로써 도움을 얻을 수 있다. 자신의 경험이나 다른 이들의 조언을 토대로 결정을 하면 괜한 슬픔이나 고통을 겪지 않아도 된다.

긍정적인 생각의 힘에 있어 놀라운 점은 긍정적 생각 또한 우리의 선택이라는 사실이다. 긍정적인 생각을 하도록 훈련을 하고 그것을 습관으로 삼으면 이는 완전히 무의식적인 행동이 되는 것이다. 처음에는 마음이 무언가를 볼 때 긍정적으로 반응하도록 훈련시키는 일이 쉽지 않을 것이다. 하지만 그로 인해 우리는 이 세상을 더 긍정적으로 바라볼 수 있게 될 것이다. 그러므로 나는 이런 훈련에 하루 5분 정도를 투자할 만한 가치가 있다고 생각한다. 선택에 관해 짐 론 **Jim Rohn**이 한 얘기를 살펴보자.

"언제라도 희망하기만 하면 우리는 변할 수 있다. 언제라도 희망하기만 하면 자신의 마음을 새로운 지식의 세계로 인도해줄 책을 열어볼 수 있다. 언제라도 희망하기만 하면 새로운 일을 시작할 수 있다. 언제라도 희망하기만 하면 삶을 변화시키는 과정을 시작할 수 있다. 지금 당장, 혹은 다음 주, 다음 달, 내년부터 변할 수 있다."

아무 일도 하지 않을 수도 있다. 실제 행동에 옮기기보다는 그런 척만 할 수 있다. 자신을 변화시켜야만 한다는 생각이 불편하게 만든다면 현 상태를 그대로 유지할 수도 있다. 일 대신 휴식을, 공부 대신 오락을, 진실 대신 기만을, 자신감 대신 의심을 선택할 수 있다. 선택은 우리의 몫이다. 하지만 선택이 미래에 영향을 끼침을 잊지 말아야 한다. 셰익스피어 **Shakespeare**는 이렇게 말했다.

"과거에 한 선택이 현재 우리의 환경을 만든 것이다. 오늘 당장부터 더 나은 선택을 할 능력과 책임이 있다. 바람직한 삶을 갈망하는 사람들은 더 나은 결론에 도달하기 위해 무언가를 생각할 시간이 더 필요하지 않다. 그들에게 필요한 것은 진실뿐이다."

자신이 저지른 실수를 매일 반복해서는 안 된다. 이는 잘못된 길로 이끌 뿐이다. 우선 삶에서 큰 차이를 만드는 기본적인 가치들을 살펴봐야 한다. 그 다음에 우리의 일상에 행복과 기쁨을 안겨다 줄 여러 선택들을 해야 하는 것이다.

삶에 변화를 주고자 하는 이들에게 해 줄 내 마지막 조언은 다음과 같다. "현재 상황이 마음에 들지 않는다면 당장 바꿔라! 자신의 삶에서 마음에 들지 않는 부분을 완전히 바꿀 수 있는 능력이 있다. 그것은 선택할 수 있는 능력이 있기 때문이다."

시간이 인생이고 인생이 곧 시간이다. 시간을 가장 잘 활용하는 삶을 살아라. 현명한 선택을 하면 된다. 하루 5분 동안 자신이 한 선택을 점검해 보라. 자신이 한 선택이 마음에 들지 않을 경우 당장 바꿔라. 내일이 위대한 이유는 오늘 한 실수를 내일 되풀이하지 않아도 되기 때문이다. 선택은 우리의 몫이다!

> 사람들은 기존에 존재하는 것을 보고 "왜?"라고 묻는다.
> 하지만 나는 새로운 것을 꿈꾸며 "왜 안 되는데?"라고 묻는다.
> – 조지 버나드 쇼(George Bernard Show)

25 장

만약에

우리가 마법의 왕국을 다스리는 왕이라면 어떨까? 그 누구도 될 수 있으며 그 무엇도 할 수 있다. 그리고 모든 것을 소유할 수 있고 원하는 대로 살 수도 있다. 자신만의 '환상의 섬'을 만들 수 있는 것이다. 만약에 그럴 수 있다면 어떨까?

한 리포터가 조지 버나드 쇼에게 가서 그에게 '만약에' 게임을 하자고 요청했다. 리포터는 그에게 이렇게 물었다. "만약에 당신이 삶을 다시 살 수 있다고 칩시다. 왕족, 고위 정치인, 세계적으로 저명한 작가, 예술가, 강의자, 과학자, 교사가 될 수 있고 그들이 가진 모든 것을 소유할 수 있으며 역사에 등장하는 위인이 될 수도 있다면 어떤 삶을 선택하시겠습니까?"

이 질문에 버나드 쇼는 이렇게 답했다. "저는 조지 버나드 쇼의 삶을 선택할 것입니다. 하지만 과거에 결코 하지 못했던 일을 할 수 있는 버나드 쇼의 삶을 말이요."

그는 현실주의자였다. 삶에서 더 많은 것을 성취할 수 있음을 알았던 것이다. 그리고 자기 자신 이외의 삶을 살 수 없다는 사실도 알았던 것이다. 신은 그 무한한 지혜로 우리가 유일무이한 존재가 되게 만드셨다. 세포 구성이 똑같은 사람이 존재할 수는 없는 것이다. 우리 각자는 값을 매길 수 없을 정도로 귀중하며 이 세상에 딱 한 명 존재한다. 절대로 복제할 수 없는 모나리자와도 같다. 우리에게는 자신만의 재능과 능력이 있다.

15살의 나이에 삶에서 쟁취하고자 하는 127가지 목록을 작성한 존 고더드 **John Goddard**. 그의 목록에는 에베레스트 산 정복, 나일 강 탐험, 성경 정독, 브리태니카 백과사전 정독, 책 쓰기, 피아노곡인 '달빛'(프랑스의 작곡가 C.A. 드뷔시의 피아노곡) 연주, 잠수함 타기, 세계일주 등이 포함돼 있었다. 그는 오늘날 가장 유명한 탐험가 중 하나이다. 127개 목표 중 105개를 달성했으며 아직도 도전중이다! 그의 목표는 총 141개 국가를 여행하는 것이다. 현재 내가 알기로 그는 아마존 강, 나일 강, 콩고 강 등을 탐험하는 등 111개 국가를 여행해왔다. 그는 절대로 다른 사람의 눈으로 사물을 바라보고 싶어 하지 않는다. 자신만의 꿈과 비전으로 삶을 살아왔다.

그가 다른 사람이 되기를 원한다거나 다른 어딘가에 있기를 원한다면 어떨까? 우리가 할 수 있는 일을 대신해 줄 수 있는 사람은 아무도 없다.

네바다 게임 협회는 조지 포맨 **George Foreman**이 너무 늙어서 권투를 할 수 없다고 말했다. 그는 권투경기에 참가하기 위해 소송을 걸어야만 했다. 그는 승소했고 인생에서 가장 값진 두 번의 승리를 거둘 수 있었다. 만약 자신이 너무 늙었다고 믿었다면 어땠을까? 그가 꿈꾸지 않았다면? 자기 자신을 믿지 않았다면?

월트 디즈니의 피노키오의 주제가에는 이런 가사가 나온다. "당신이 별에게 소원을 빌 때, 당신이 누구인지는 상관없어요. 당신의 마음이 원하는 어떤 것이든 이루어지게 될 거예요." 플라톤은 자기극복이야말로 가장 값진 승리라고 말했다. 이 세상에서 승자란 자신의 무의식과 내면의 욕망을 이용해 그 어떠한 역경에도 불구하고 성공을 이루는 사람이다.

"성공에 이르는 길은 언제나 공사 중이다." 위대한 인물들은 언제나 꿈을 꾸는 이들이었다. 토마스 에디슨은 몽상가였고 크리스토퍼 콜럼버스도, 존 F. 케네디도 모두 몽상가였다. 동화도 현실이 될 수 있다. 우리의 마음만 젊다면 언제든 현실이 될 수 있는 것이다.

토머스 에드워드 로렌스 **T.E. Lawrence**는 이렇게 말했다. "모든 사람은 꿈을 꾼다. 하지만 모두가 같은 꿈을 꾸는 것은 아니다. 밤에 꿈을 꾸는 이들은 아침에 일어나면 모든 것이 헛되다는 것을 알게 되지만 낮에 꿈을 꾸는 이들은 자신의 꿈에 귀를 기울이고 이를 실현시키기 위해 노력한다."

하루 5분을 투자해 몽상을 해보자. 눈에 보이지 않는 것을 보게 될 때 불가능한 일을 할 수 있게 되는 것이다.

헤리어트 터브만 **Harriet Tubman**은 이렇게 말했다. "모든 위대한 꿈은 몽상가로부터 시작됐다. 항상 기억해라. 이 세상을 바꿀 수 있는 별에 닿을 힘, 인내, 열정이 우리 안에 있음을."

위와 같이 이 세상에는 영향력이 큰 사상과 글이 존재한다. 이는 모두에게 힘을 주고 우리를 고무시킨다. 이 세상을 바꿀 모든 능력은 이미 우리 안에 존재한다는 사실을 아는 것만으로 이미 큰 힘이 되지 않는가. 몽상가가 되는 것은 자신의 원대한 꿈을 실현시키기 위한 첫 단계일 뿐이다.

원대한 꿈이 없었다면 비발디는 사계를, 바흐는 마태 수난곡을, 헨델은 메시아를 절대 작곡하지 않았을 것이다. 미켈란젤로는 시스티나 성당 천장에 그 위대한 그림을 그리지 않았을 것이고 레오나르도 다빈치는 낙하산과 헬리콥터 그림을 그리지 않았을 것이다. 또한 최후의 만찬과 모나리자 같은 걸작은 탄생하지 않았을 것이며 인체를 해부학적으로 분석하려는 최초의 시도 또한 없었을 것이다.

이 세상에 존재하는 위대한 인물들은 각자 자신만의 비전을 갖고 이 세상을 바라봤으며 그들의 원대한 꿈을 성취했다. 자신의 꿈을 개척하고 다른 사람의 의견에 흔들리지 않은 것은 바로 이들이 지닌 용기 덕분이었다.

'너는 할 수 없어, 불가능해!' 이 같은 말을 들어봤을 것이다. 하지만 이런 바깥의 소리가 아닌 마음의 소리에 귀 기울이는 것이 중요하다. 헤리어트 터브만의 말처럼 필요한 것은 모두 이미 마음속에 있으며 우리 자신에게는 이 세상을 바꿀 잠재력이 있다.

자신의 원대한 꿈은 무엇인가? 깨어나기를 기다리고 있는 내 안에 내재된 위대한 잠재력은 무엇인가? 삶을 변화시킬 위대한 책을 쓰는 것인가? 체중을 감량하는 것인가? 자기 사업을 시작하는 것인가? 우리에게는 미켈란젤로처럼 걸작을 탄생시킬 잠재력이 있다. 비발디, 바흐, 헨델처럼 위대한 클래식 음악을 작곡하고 싶어 할지도 모른다. 혹은 레오나르도 다빈치 같은 위대한 발명가가 되고 싶어 할지도 모른다.

삶에는 두 번의 기회가 주어지지 않는다. 지금 이 순간뿐이다. 매일 우리에게는 86,400초가 주어진다. 이 시간을 현명하게 써라. 모래시계 안의 모래는 거꾸로 올라가지 않는다. 오늘이 우리에게 주어진 마지막 날이라면? 스스로의 삶을 바꿀 수 있다면? 희소식은 지금 이 순간, 그 어떤 변화도 가져올 수 있다는 것이다. 선택해라. 너무 늦기 전에.

다시 살 수 있다면

다시 살 수 있다면
더 적게 말하고 더 많이 귀 기울일 것이다.
우리 집 카펫에 얼룩이 묻어 있고 소파가 낡아빠졌을지라도 친구들을 저녁식사에 초대할 것이다.
거실에서 팝콘을 먹을 것이며 누군가가 벽난로에 불을 지피고 싶어 하면 먼지 걱정 따위는 덜 할 것이다.
할아버지가 자신의 젊은 시절에 대해 한탄하는 것을 조금 더 잘 들어드릴 것이다.
화창한 날에, 머리를 깔끔하게 손질하고 스프레이를 뿌렸다고 해서 창문을 내리지 않는 일 따위는 절대 하지 않을 것이다.

장미 모양으로 조각된 분홍색 초가 창고에서 썩기 전에 사용할 것이다.

아이들과 함께 정원 잔디밭에 앉을 것이며 잔디 때문에 옷에 얼룩이 지는 것은 걱정하지 않을 것이다.

TV를 보며 웃고 우는 시간을 줄일 것이며 삶을 즐기며 웃고 우는 시간을 늘릴 것이다.

내 배우자가 짊어진 책임을 더 나눠질 것이다.

아프면 침대에 누워 쉴 것이다. 내가 없으면 하늘이 무너질 것처럼 굴지는 않을 것이다.

실용적이거나 평생 쓸 수 있다고 해서 아무 물건이나 사지는 않을 것이다.

10개월의 임신 기간이 빨리 끝나기를 바라기보다는 매 순간을 소중히 여기며, 내 안에 자라고 있는 경이는 신이 기적을 행하는 것을 도울 수 있는 유일한 기회임을 받아들일 것이다.

아이들이 갑자기 나에게 뽀뽀를 하려고 하면 절대로 "뽀뽀는 나중에. 저녁 먹기 전에 손 씻고 와야지."라고 말하지 않을 것이다.

"미안해" 보다는 "사랑해"라는 말을 더 자주할 것이다. 그리고 무엇보다도 다시 살 수 있는 기회가 주어진다면 나는 매 순간을 붙잡을 것이다. 매 순간을 직시하고 그 순간을 살 것이다.

"용기를 가지고 대담하게 행동하라. 삶을 뒤돌아보면 자신이 한 일보다 하지 않은 일에 후회를 더 많이 하게 될 것이다."

당신의 꿈이 무엇이든 간에 나는 독자 여러분에게 하루 5분을 투자해 원대한 꿈을 꾸고 이 세상에 나가서 그 꿈을 이루도록 권유하고 싶다. 자기 자신에게 무언가를 성취할 수 있는 능력이 얼마나 많은지 알게 되면 놀랄 것이다. 우리가 역사에 기록될 인물이 될지 누가 알겠는가.

하루 5분 동안 몽상을 해보자. 눈을 감고 우리가 원하는 대로 삶이 굴러간다고 상상해보자. 삶을 바꿀 능력이 있다면? 꿈을 이룰 능력이 있다면? 성취불가능한 일을 할 수 있는 능력이 있다면? 평범한 것을 비범한 것으로 바꿀 능력이 있다면? 하루 5분 동안 우리의 운명을 꿈꾸고 계획하고 조정한다면? 하루 5분이면 삶을 바꿀 수 있다. 더 이상의 만약에, 하지만 등은 필요 없다. 당장 실행해 옮겨라.

편안한 자세로 앉아 눈을 감고 이 세상이 좀 더 살기 좋은 곳이라고 상상해 보라. 그리고 이 세상을 좀 더 살기 좋은 곳으로 만들기 위해 자신이 무엇을 할 수 있을지 생각해 보라. 그 방향으로 데려다줄 길을 따라 가라. 자신이 원하는 것을 꿈꾸어라. 그리고 꿈이 현실이 되도록 계획을 세워라.

성공적인 사람이 되려고 하지 마라. 그 대신 가치 있는 사람이 되려고 해라.

– 알버트 아인슈타인(Albert Einstein)

26장

성공으로 가는 길은 항상 공사 중이다

누구나 성공으로 가는 길을 택할 수 있다. 가장 중요한 것은 '성공으로 가는 길은 항상 공사 중'임을 아는 것이다. 역경은 언제나 존재한다. 성공으로 가는 길에는 장애물이 많다. 그래서 사람들은 우회로를 만들었다. 우리는 성공을 향해 가는 여정 내내 그 우회로를 찾고자 한다.

　법칙1. 손가락으로 그곳을 가리켜라. 삶은 현재 어느 위치에 있느냐가 아니라 어떠한 마음가짐을 지니느냐에 달려있다.

　법칙2. 성공적인 삶은 우리가 어떠한 생각을 하느냐에 달려 있다. 좋은 생각은 좋은 삶과 같으며 나쁜 생각은 나쁜 삶과 같다.

　독일의 위대한 철학자 괴테Goethe는 보다 성공적이고 균형 잡힌 삶을 위해 다음과 같은 원칙을 세웠다.

1. 즐겁게 일할 수 있을 정도로 건강을 유지하라.
2. 자신이 하고 싶은 일을 할 수 있을 정도로 부를 축적하라.
3. 고난에 맞서 싸우고 이를 극복할 수 있을 정도로 강해져라.
4. 목표를 성취할 때까지 일할 정도로 충분한 인내심을 가져라.
5. 충분히 품위를 지켜라.
6. 충분히 노력하라.
7. 네 자신이 다른 사람들에게 도움이 되도록 충분히 사랑하라.
8. 미래에 관한 모든 두려움을 떨쳐낼 만큼 희망을 가져라.

괴테의 신조는 우리가 성공에 이르는 계획을 세우는 데 있어 기본적으로 무엇이 필요한 지를 가르쳐 줄 것이다. 초자아는 우리에게 지식과 힘을 준다. 인간에게 있어 가장 큰 힘의 원천이 바로 이 초자아이다. 초자아는 우리가 깨어 있는 시간 동안 이루고자 하는 목표를 향해 나아갈 수 있도록 해준다. 그리고 잠들어 있을 때조차도 생각, 사상, 상상, 기대 등을 통해 성공을 향한 여정을 계속 할 수 있게 해 준다.

나폴레온 힐 **Napoleon Hill**과의 인터뷰에서 우드로 윌슨 **Woodrow Wilson**은 이렇게 말했다. "무의식에 도움을 요청할 때 내 마음 상태가 어떤지에 따라 결과가 크게 달라집니다. 아주 위급한 상황 속에서 감정적 스트레스에 시달리고 있을 때 문제 해결책은 금방 찾을 수 있습니다. 하지만 그 결과는 보통 부정적이지요. 하지만 내가 문제의 해결책을 알고 있다고 강하게 믿으면 그 결과는 항상 긍정적입니다." 그러자 나폴레온 힐은 이렇게 말했다. "윌슨은 무의식적인 마음 상태야말로 무한한 지식에 이르는 길이고 신념이라는 완벽한 정신 상태를 통해야만 이를 효과적으로 사용할 수 있음을 알고 있었다."

나는 건강을 기본으로 하는 철학을 추구한다. 산부인과 의사들은 매 주 264만 5천 개의 항생제 처방전을 쓴다. 그리고 인턴들은 매 주 141만 6천 개의 처방전을 쓰며 소아과 의사는 한 가지 질병에 대한 치료제로 5억 달러 상당의 항생제를 처방한다고 한다. 이 질병은 바로 아이들에게서 나타나는 중이염이다.

뉴잉글랜드 의학저널은 중이염 치료제로 항생제의 일종인 아목시실린을 투여한 4명의 아이 중 3명은 질병이 재발한다는 내용의 기사를 실었다. 게다가 현재 또 다른 5억 달러가 소아 질병 치료에 쓰여 지고 있다.

페니실린을 발견한 알렉산더 플레밍은 이 세균을 남용할 경우 박테리아 내성이 발생할 수 있다고 경고했다. 하지만 의학계는 그의 주장을 최근까지도 철저히 무시 해왔다. 최근 타임지는 '미생물의 복수' 라는 기사를 실었다. 소제목은 '신종 바이러스와 약물에 내성이 생긴 박테리아가 전염병에 대한 인간의 승리를 뒤집고 있다.' 였다.

뉴스위크지 또한 '항생제, 기적의 약물의 종말' 이라는 기사를 실었다. 이 기사의 내용은 '항생제는 킬러 버그에 더 이상 효과가 없다.' 로 요약될 수 있다.

지난 15년 동안 이런 기사들과 지식이 충분히 전파되었음에도 불구하고 아이들에게 발급되는 항생제 처방전은 무려 51%나 증가했다.

비유의 대가인 제리 사인필드 **Jerry Seinfeld**는 자신의 저서 《세인의 언어

SeinLanguage》에서 모든 사람들이 건강해지기를 원한다고 했다. 하지만 놀라운 사실은 대부분의 사람들이 건강관리를 어떻게 시작해야 할지 모른다는 것이다. 우리는 기본부터 시작해야 한다. 하루 5분 동안 질병 예방의 필요성을 이해하려고 노력하는 것이 그 시작이 돼야 한다. 1997년 5월 29일, USA 투데이는 헤드라인에서 300억 달러가 암 연구에 쓰이고 있지만 전부 헛되게 쓰이고 있으며 이 상황을 바꿔야 한다고 전했다. 병에만 집중하는 것이 아닌 그 예방책에도 신경을 써야 하는 것이다. 질병예방이야말로 미래로 가는 열쇠라 할 수 있다.

토마스 매큐언 Thomas McKeown은 자신의 저서 《의학의 한계와 새로운 가능성 The Role of Medicine: Dream, Mirage, or Nemesis》에서 이렇게 말했다. "의회의 연구 결과, 미국에서 사용되는 항생제의 40~60%는 오남용 되고 있음이 밝혀졌다." 21세기를 사는 우리는 스스로에게 한 가지 기본적인 질문을 해봐야 한다. "오늘날 겪고 있는 건강 위기는 부풀려진 의료비용에 기인하는가, 아니면 부적절한 건강관리 때문인가?" 의료 서비스의 트렌드가 사람들의 영양 섭취에 영향을 끼치고 있다. 기업, 정부가 내놓는 다양한 트렌드에 맞춰, 우리는 질병 치료 위주의 의료 시스템에서 건강관리 위주의 시스템으로 옮겨가고 있다. 의학 전문가들조차도 이런 상황에 혼란스러워하고 있으며 이를 우려하고 있다. 하버드대학에서 학생들을 가르치고 있는 딘 보아 Dean Boa 의학박사는 이 실태에 대해 다음과 같이 요약했다. "우리가 학생들에게 가르치는 지식의 절반은 잘못된 것이다. 문제는 어떤 것이 잘못됐는지를 모른다는 사실이다."

약품이 더 이상 쓸모가 없어졌다는 얘기일까? 그렇지는 않다. 하지만 사람들이 진정한 해결책을 찾기 시작했다는 것은 확실히 알 수 있다. 질병 예방 접근법은 더 이상 개념에 그치지 않는다. 이제는 하나의 운동이 되었다. 오늘날 의사들은 척추 지압사들과 아주 빠른 속도로 협력하고 있으며 그들과 공생관계를 맺고 있다. 《심장병 고치기 Reversing Heart Disease》를 포함한 5권의 책을 집필한 줄리안 휘터커 Julian Whiteker 의학 박사는 이렇게 말한다. "의학계가 다루는 방식은 범죄에 가깝습니다. 몸이 아파질 때까지 자신을 방치하는 것은 잘못된 일입니다. 이제 우리는 질병을 예방하는 방법을 알고 있습니다. 그러므로 자동적으로 바늘, 메스 등에 의존하는 것은 잘못된 일입니다."

중동에서만 전쟁이 일어나고 있는 것은 아니다. 각 가정 내에서도 전쟁이 일어나고 있다. 아래는 내가 《건강 Wellness》이라는 책에서 읽은 구절이다. 내 친구이자 같은 학교 출신인 밥 호프만 Bob Hoffman 박사가 이 책을 썼는데, 그는 현재 컨설팅 회사인 마스터스 서클 Masters Circle의 사장이다. 그는 이 분야에 있어 매우 유명하다. 그를 내 친구라 부를 수 있어서 너무 자랑스럽다.

우리 각자는 지금 전쟁 중이다. 자신의 집과 사무실에서 세균과 전쟁을 치르고 있는 것이다. 이는 현재 미 전역을 휩쓸고 있다. 다음을 생각해보자.

미국의 의료비 지출은 1조 8000억 달러를 넘었다. 이는 국방비 지출액의 4배이며 국토보안에 쓰이는 비용의 40배에 달한다. 최근 하버드대학의 연구 결과에 따르면 미국에서 발생한 파산의 절반은 과도한 의료비 지출로 인한 결과라고 한다. 워렌 식 Warren Sick은 워싱턴포스트지에 매 30초마다 심각한 질병으로 인해 누군가 파산 신청을 한다는 내용의 기사를 실었다. 은퇴한 부부가 매우 기본적인 의료혜택을 받기 위해서는 20만 달러에서 30만 달러의 비용이 필요하다고 말하는 전문가들도 있다.

이 정도로도 충분치 않다면 《미국 의학 협회보 The Journal of the American Medical Association》에 실린 최근 기사를 보기 바란다. 존스 홉킨스 위생 및 공중보건대학 바바라 스타필드 Barbara Starfield 박사는 현재 미 의료 시스템의 실태에 대해 실었다.

- 병원 측 진료 실수로 매 년 7천명 사망
- 불필요한 수술로 매 년 1만 2천명 사망
- 불필요한 입원 8백만 건
- 불필요한 장기 입원 3백만 건
- 매 년 예방 가능한 질병으로 19만 9천명 사망
- 병원에서 얻은 다른 질병으로 매 년 2만 명 사망
- 불필요한 처방 7천7백만 건
- 불필요한 지출 770억 건

에이즈로 인해 매 년 2만 명 정도가 사망한다. 하지만 불필요한 진료로 인해 매 년 19만 9천명이 사망하고 있는데도 이 부분은 간과되고 있다.

하버드 의대의 조교수 데이비드 힘멜스타인 David Himmelstein의 말에 따르면, 우리는 심각한 병 하나에만 걸려도 곧장 파산할 거라고 한다. 스테피 우랜더 Steffie Woolander 하버드대 교수도 이렇게 말했다. "가장 좋은 의료 정책에도 허점은 많이 존재합니다. 현 의료 시스템 내에서는 수 천만 달러의 돈을 흥청망청 쓰는 것이 아주 쉽죠."

약과의 전쟁이 지금 겪고 있는 의료 문제의 가장 큰 원인이다. 나의 목표는 지금 상황을 변화시키는 것이다. 무의식적으로 약품과 수술에 지나치게 의존하는 것부터 바꿔야 한다. 우리는 증상만 치료하는 것이 아니라 그 원인을 찾아서 치료하고 제거해야 한다. 그저 젊어지기 위해서만은 아니다. 나는 내 자신이 모범이 되고 그래서 사람들이 나의 이야기에 귀 기울일 수 있도록 건강해지고 튼튼해지고 싶다.

의료소비자인 우리는 제대로 된 교육을 받고 선택을 해야 한다. 스스로를 치료해야 하는 것이다. 어떠한 삶을 살아야겠다는 결심에는 우리가 누구인지, 무엇을 하는지가 반영돼 있다. 현재 제멋대로 가고 있는 의료제도의 희생양이 되어서는 안 된다. 각자는 유일무이한 존재이지만 모두에게는 한 가지 공통점이 있다. 이는 무언가를 배울 수 있는 능력이다. 이 능력은 이성적인 인간 모두에게 내재돼 있다.

나는 "신체를 만드는 능력이 신체를 치료할 수도 있다."고 믿고 있다. 신경마비성 질환인 보툴리누스 중독은 치료방법이 없다고 한다. 하지만 나는 살아남았고 현재 건강한 상태이다. 말은 할 수 없지만 처음으로 글을 쓸 수 있게 됐을 때 내 주치의이자 절친이기도 한 데니스 에기토 **Dennis Egitto** 박사에게 비타민 C 5천 밀리그램과 비타민 B 복합군 2천 밀리그램을 정맥주사로 놓아달라고 했다. 병원 측은 처음에는 거절했지만 당시에 내가 병원에 지불하는 비용은 하루 만 달러였다. 말도 안 되는 요구는 아니었던 것이다. 결국 내 요구대로 됐고 올바른 영양을 섭취한 내 신체는 스스로를 치유했다.

◉ 신체는 하루 동안 20억 개의 세포가 재생되면서 자가 치유하게 된다.
◉ 20일마다 피부를 재생시킨다.

◉ 매 달 위를 재생시킨다.

◉ 6주마다 간을 재생시킨다.

◉ 3개월마다 뼈를 재생시킨다.

◉ 매 년 몸 안의 모든 세포를 재생시킨다.

그러므로 어제의 내가 마음에 들지 않더라도 걱정하지 마라. 얼마 안 가 완전히 다른 사람이 될 것이기 때문이다. 신체는 물리적으로 계속 변하고 있는 것이다. 우리는 결정을 하고 더 나은 삶을 살기 위해 변하기만 하면 된다.

노벨상을 수상한 박사들로 이루어진 연구진이 세월을 거꾸로 돌리는 방법을 찾고 있다고 한다. 정말로 나이가 들어도 더 젊어질 수 있다면? 한 의사가 말단소체복원효소로 그렇게 할 수 있는 방법을 발견했다. 말단소체복원효소는 염색체의 양쪽 끝에 말단소립을 부착해 염색체를 보호하는 역할을 하는 효소이며, 염색체의 이 양 끝단을 말단소체라 부른다. 말단소체는 세포 분열이 일어날 때마다 짧아진다. 그리고 이 말단소체가 너무 짧아질 경우 세포는 더 이상 자가 복제를 하지 못하게 된다. 너무 오래 살면 세포 복제에 의존하는 조직과 기관들이 제 구실을 못하게 된다. 피부는 쳐지고 내부 기관은 부실해지며 면역체계의 반응도 더뎌져 감기 한 번에 죽을 수도 있게 되는 것이다.

엔드류 박사는 이렇게 말한다. "안 좋은 생활 습관을 지니면 말단소체가 위험할 정도로 짧아지기도 전에, 심장병이나 암 같은 다른 질병으로 사망할 확률이 높아집니다." 그는 자기 관리를 잘 하고 항산화제가 함유된 보충제를 먹으면 누구라도 말단소체를 활성화시킬 수 있고 신체의 노화 속도를 늦출 수 있다고 본다. 엔드류 박사는 노화의 근본 원인을 다이너마이트에 비유한다. 끝이

뭉뚝해진 말단소체는 도화선까지 얼마 남지 않은 다이너마이트와도 같은 것이다. 말단소체는 세포 분열에도 기여한다. 세포가 쪼개질 때마다 염색체 말단이 두 개의 새로운 딸세포로 완벽하게 복제되지 않으면 일부 DNA가 소실된다. 이 경우 다른 염색체에는 문제가 발생하지 않지만 세포가 자주 분열되면 말단세포는 분열이 일어날 때마다 짧아지게 된다. 말단세포의 역할은 새로운 DNA를 합성하여 이를 짧아진 말단세포에 제공해줌으로써 노화의 속도를 막는 것이다.

세월을 거꾸로 돌릴 수 있다면? 아무런 부작용 없이 정말 그럴 수 있다면? 지난 몇 년 동안 노화의 주요 원인인 이 말단소체에 대한 관심이 증가해왔다. 말단소체 전문가는 이렇게 말한다. "심장의 건강은 혈관 벽을 덮고 있는 내피세포에 달려있습니다. 그리고 뇌의 건강은 뉴런을 보호하는 막인 미엘린을 생성하는 시반세포에 달려있습니다. 이 모든 세포들은 시간이 가면서 노화되기 마련이지요."

지난 해 나온 한 기사에 따르면, 하버드대 연구원인 론 데핀호 Rohn Depinho 박사는 네이처지 Nature에 말단소체에 관한 논쟁을 재조명하는 두 개의 연구 결과를 발표했다고 한다. 그는 실험용 쥐에게 합성 에스트로겐 약물을 주입하거나 주입하지 않음으로써 말단소체를 제거하거나 다시 투여하는 독창적인 모델을 제안했다. 첫 번째 연구에서 말단소체가 제거된 쥐의 경우 우리가 80세나 90세에 겪는 것 같은 주름진 피부, 장기 노화, 뇌의 노화 같은 현상이 나타났다. 하지만 다시 말단소체를 투입할 경우 한 달 내에 조직이 활성화되었다.

약품과 수술 대신 다른 방법을 택할 수 있다. 젊어 보이고 젊다고 느끼기 위해 우리 각자는 다른 선택을 할 수 있는 것이다. 이 방법은 스스로 연구하길 바란다. 그리고 다른 사람들이 하는 말에 좌우되지 말고 소신껏 행동하길 바란다.

타불라 라사 **tabulal rasa**라는 철학적 개념이 있다. 이는 아무것도 쓰여 있지 않은 깨끗한 서판, 즉 편견 없는 마음을 뜻한다. 인간은 모두 같은 지적 능력을 지닌 채 태어났다. 하지만 우리가 어떠한 경험을 하느냐에 따라 그 위에 쌓이는 지식이 달라지고 우리 각자의 모습이 결정되는 것이다.

과거에는 가족, 종교, 책 등이 지적 능력 향상에 큰 영향을 끼쳤다. 하지만 이제는 이 역할이 다른 것들로 대체되고 있다. TV가 대표적 예이다. TV는 우리의 지식수준이 낮아지는 데 큰 기여를 하고 있다. 물론 우리는 TV를 통해 많은 교육 프로그램을 접할 수도 있다. 하지만 실제로 미국 인구의 5%도 안 되는 사람만이 TV를 교육 도구로 사용하고 있다. 평균적으로 미국 가정은 하루에 4시간 이상 TV를 시청한다. 아이들은 부모들과 보내는 시간보다 TV 앞에서 보내는 시간이 더 많다. 우리의 아이는 누가 키우는 것일까? 누가 아이들의 이상을 형성할까? 어떠한 TV프로그램이 아이들의 꿈을 형성할까? 어떠한 TV광고가 아이들의 건강 습관을 형성할까?

시간이 지날수록 인류의 지적 능력은 저하되고 있다. 이를 입증하는 증거는 넘쳐나고 있다. 예를 들어, 초창기의 알파벳은 오늘날 우리가 사용하는 알파벳보다 훨씬 복잡했다. 그리고 과거 천문학자들은 예수 탄생 이전에 이미 지구가 둥글다고 선언했고 이를 증명하기까지 했다. 타불라 라사를 믿든 믿지 않든 우리는 한 가지 사실만은 이해해야 한다. 바로 과학자들이 아직까지도 인간의 마음을 완벽하게 이해하지 못하고 있다는 것을 말이다. 인간의 마음을 이해하는 가장 쉬운 방법은 이를 컴퓨터에 비유해 보는 것이다. 컴퓨터는 기본적으로 다음과 같은 세 가지 일을 한다.

정보 처리, 정보 계산, 정보 저장

하지만 컴퓨터는 프로그램이라는 지시를 받은 후에야 이와 같은 일들을 수행한다. 일단 프로그램 되면 컴퓨터는 주어진 일을 아주 짧은 시간에 수행한다. 컴퓨터는 망설이거나 불평도 없이 계속해서 표를 만들고, 기록하고, 추천하고, 조직하고 수정 작업을 한다. 컴퓨터는 급여 인상을 요구하지도 않는다. 성능 좋은 메모리만 있으면 된다. 휴가나 병가, 육아 휴직은 말할 것도 없다.

지적 능력은 의식, 무의식, 초의식으로 이루어져 있다. 그리고 각 의식은 마음가짐, 신조 등에 따라 반응한다. 우리가 컴퓨터에 하듯 적당한 영양과 음식을 기반으로 한 건강한 습관을 프로그래밍하면 어떻게 될까? 이렇게 다시 프로그램 하는 데에는 하루 5분이면 충분하다. 지능은 컴퓨터와 다를 바 없는 것이다. 하지만 우리와 컴퓨터 사이에는 큰 차이점이 있다.

자신의 지능을 통제하고 프로그램 할 수 있다.
허락 없이는 그 누구도 프로그램을 바꿀 수 없다.
무한한 능력이 있다. 자신만이 우리의 지능을 켜고 끌 수 있기 때문이다.

5분 동안 자신의 길을 선택하자. 건강해지려면 어떻게 해야 할지, 행복해지려면 어떻게 해야 할지 그 방향을 결정하자. 모델을 설정하고 그 모델을 프로그램 해보자. 윈스턴 처칠이 말했듯 "절대, 절대, 절대로 포기하지 마라." 성공에 이르는 길은 항상 공사 중이다. 하지만 그 길은 우리 스스로가 정의하고 바꾸고 건설하는 것이다.

◥◡ 성공하지 않으면 그저 평범하게 사는 것이다. – M. H. 앨더슨(M. H. Alderson)

27장

선택의
결과

소피아라는 여성이 아니었다면 우리는 문학 천재의 위대한 작품을 결코 감상하지 못했을지도 모른다.

눈이 내리던 어느 추운 겨울 날, 나다니엘은 침통한 마음으로 집에 갔다. 그는 용기를 내어 자신의 아내 소피아에게 직장에서 해고되었다고 말했다. 아내는 그와 함께 침통해하기보다는 기쁨에 찬 목소리로 그를 놀라게 했다. "그럼 이제 책을 쓸 수 있겠네요."

"물론이지. 그런데 내가 책을 쓰는 동안 우리 가족은 누가 먹여 살리지?" 나다니엘이 물었다.

그랬더니 놀랍게도 아내는 서랍을 열고 돈이 가득 들어 있는 상자를 꺼냈다.

"도대체 이 많은 돈이 다 어디서 난거야?" 나다니엘이 물었다.

"우리가 처음 만난 날부터 저는 당신이 천재라는 사실을 알았어요. 그리고 꼭 위대한 분이 되리라는 것도요. 그래서 매 달 당신이 주는 돈의 일부를 저금해 뒀죠. 언젠가 당신이 책을 쓰리라는 것을 알았으니까요." 아내가 대답했다.

그녀의 믿음 덕분에 미국 문학 상 가장 위대한 소설 하나가 탄생했다. 바로 나다니엘 호손 **Nathaniel Hawthorn**의 《주홍글씨 **The Scarlet Letter**》였다.

W. 클레멘트 스톤 **W. Clement Stone**은 이렇게 말했다. "사람들 사이에는 큰 차이가 존재하지 않는다. 하지만 이 작은 차이가 큰 차이를 만드는 것이다." 작은 차이는 삶을 대하는 태도이고 큰 차이는 그것이 긍정적이냐 부정적이냐 이다. 바로 이 태도가 변호사이자 평화주의자인 조용하고 겸손한 한 남자에게 거대 왕국을 무너뜨릴 힘을 주었다. 마하트마 간디 **Mahatma Gandhi**는 인도의 미래를 바꿨고 불가능한 꿈을 가능하게 만들었다. 그는 이렇게 말했다. "할 수 없다고 믿으면 정말로 할 수 없게 된다. 하지만 할 수 있다고 믿으면 결국에는 그런 능력을 얻게 된다." 성공에 이르는 한 가지 비밀은 공공연하게 선언을 하는 것이다. 그렇게 하면 번복할 수 없기 때문이다. 믿음만 있다면 우리가 꿈꿔 온 모든 것을 성취할 수 있는 능력, 힘, 자원이 있다.

나이키는 '보는 알고 있다. 일단 한 번 해봐 **Bo knows. Just do it**'라는 광고문 구로 유명하다. 보 잭슨 **Bo Jackson**은 유명한 운동선수였을 뿐 아니라 부상을 당한 선수들 모두에게 영감을 주는 인물이었다. 스포츠 역사상 고관절 치환수 술 후 다시 경기에 뛰어드는 선수는 없었다. 수술 후 그는 장애를 극복하기 위 해 혼신의 힘을 다했다. 그 누구도 하지 않았던 일이었다. 그 태도가 차이를 만든 것이다.

코미디언 두들리 무어 **Dudley Moore**는 피터 쿡 **Peter Cook**과의 코미디 듀오로 가장 유명하다. 그의 발은 아주 작았으며 어린 시절에는 기형으로 굽은 발을 오랜 기간에 걸쳐 치료받아야만 했다. 인생 초창기는 매우 우울했다. 하지만 그는 아주 잘 웃는 걸로 유명했으며 피터 쿡과의 라이브 쇼에서 쿡의 농담에 쉽게 웃음을 터뜨리곤 했다. 그는 유명한 음악가이기도 했고 코미디언의 자리를 떠나 옥스퍼드에 위치한 막달레나 대학에 장학금을 받고 다니기도 했다. 하지만 안타깝게도 2002년 핵상마비에 걸려 삶을 마감하고 만다. 그는 이 말을 마지막으로 숨을 거둔다. "나는 내 주위의 모든 노래 소리를 들을 수 있습니다."

미아 햄 **Mia Hamm**은 전설적인 스포츠 선수이다. 그녀는 축구선수로 활동할 시절 축구 역사를 통틀어 남녀 할 것 없이 그 어떤 축구 선수보다도 골을 더 많이 넣었다. 그녀는 전 세계 운동선수들에게 큰 영감이 되었다. 사람들은 특히 그녀의 용기와 확신에 크게 감명 받았다. 기형인 발을 갖고 태어난 그녀는 발을 치료하기 위해 몇 년 동안 깁스를 하고 지내야 했다. 하지만 온갖 노력 끝에 여성 축구계를 장악했고 펠레는 그녀를 FIFA 선정 최고의 선수 중 하나로 꼽기도 했다.

영화배우 데이먼 웨이언스 **Damon Wayans**는 코미디언, 배우, 감독, 제작자 등으로 구성된 예술가 집안에서 10번 째 아이로 태어났다. 그는 기형인 발을 갖고 태어났지만 그것을 자신의 코미디 소재로 삼았다. 그는 굉장히 재치 있는 사람으로 자신의 역경 때문에 자신의 즐겁고 유머러스한 삶이 방해받도록 내버려두지 않았다.

어렸을 때부터 양키즈 팬이었던 나는 태어날 때부터 외팔이었던 투수, 짐 애버트 **Jim Abbott**를 존경한다. 그는 이제 동기부여 연설가로 활동하고 있다. 다음

은 그가 했던 연설 의 한 부분이다.

얼마 전 우리 동네에서 한 여자아이가 외팔인 채로 태어났습니다. 아이의 부모는 당황한 상태였습니다. 1주일 후 저는 인근에서 그들을 마주쳤는데 제 생각을 물었습니다. 자신들의 딸에게 해 줄 조언이 없냐는 것이었습니다. 저의 조언이라고요? 자신들의 딸의 인생인데 저의 조언을 묻고 있었습니다. 하지만 당시에 저는 그들에게 해줄 무언가 근사한 말이 없었습니다.

그래서 제 자신에게 말했죠. 다시는 이런 일이 일어나지 않도록 하자고 말이죠. 제가 경험한 것을 남들과 공유할 수 있는 것은 매우 뜻 깊은 일입니다. 저는 무슨 일이든 다르게 할 수 있으며 남들만큼 잘 할 수도 있다는 사실을 알게 되었습니다. 그리고 장애로 인해 괴로워하기 보다는 우리에게 주어진 능력을 발휘해야 함을 알게 되었습니다.

저는 태어날 때부터 오른 손이 없었습니다. 하지만 그렇다고 해서 나약하게 굴지 않았습니다. 앞마당에서 아버지와 함께 공을 던지고 잡으며 다른 아이들처럼 야구하는 법을 배웠습니다. 다른 아이들과 차이가 있었다면 같은 손으로 공을 던지고 잡는 방법을 개발해야만 했다는 것입니다. 그 당시 아버지와 제가 고안한 방식을 평생 동안 사용하며 있습니다. 저는 우리 집 쪽 벽에 공을 던졌고 글러브를 꼈다가 벗었다가를 반복하고 벽 쪽으로 더 가까이 가서 점점 더 빠르게 글러브를 끼고 벗는 연습을 했습니다. 머릿속으로 성공적인 운동선수가 된 제 모습을 상상했습니다.

자라면서 저는 스포츠를 통해 인정받고자 결심했습니다. 이 정도 실력이면 필드에 나가도 될 것 같다고, 아이들이 저 또한 그들과 다르지 않다고 여길 거라고 생각했던 것 같습니다. 사실 저는 스포츠 뒤에 숨어 있었던 거죠. 성공할 경우 얻게 되는 관심을 받고 싶었지만 장애에 사람들이 관심을 보이는 것은 싫었습니다. 최근 LA 타임지에 고교생 외손 투수에 관한 기사가 실렸습니다. 그가 저에 대해 언급하기는 했지만, 자신이 원하는 롤모델은 랜디 존슨(Randy Johnson)이라고 했습니다. 처음에 저는 맘이 상했지만 곧 그 학생의 마음을 이해할 수 있었습니다. 제가 자라면서 느꼈던 기분과 같았기 때문이었습니다. 저는 장애인으로 취급받기를 원치 않았습니다. 제 손이 아닌 투구실력에 사람들이 관심 같기를 원했죠.

저는 공 던지기를 좋아했습니다. 삶에서 자신이 미치도록 좋아하는 일을 찾는 것은 아주 중요합니다. 무언가를 너무 좋아해 자연스럽게 연습하게 되면 언젠가 그 일이 너무 쉬워지기 때문입니다.

18승을 기록한 적도 있었고 18번의 패배를 맛보기도 했습니다.
아까 저에게 조언을 요청했던 부부에게 제 부모님이 얼마나 대단하셨고 지금도 얼마나 대단하신지 말씀드리고 싶습니다. 부모님은 항상 격려를 해주셨습니다. 그러면서도 매 순간 그 자리에 머무르지 말라고 하셨습니다. 제 기억에 부모님은 손이 하나밖에 없다고 봐주지 않으셨습니다. 아마 저에게 더 많은 것을 요구하셨는지도 모르겠습니다. 부모님은 제가 손을 핑계거리로 삼는 것을 절대로 허락하지 않으셨습니다. 그점을 언제나 감사하게 생각하고 있습니다.

이웃집 그 아이에게 이렇게 말하고 싶습니다. "세상 밖으로 나가서 네가 정말 하고 싶은 일을 찾으렴. 네가 선택한 일이 가장 명백하고 적합한 일이 아닐지도 모르겠지만 그렇다고 해서 그 일을 멈추지는 마렴." 야구는 손이 하나밖에 없는 사람이 하기에는 가장 부적합한 일이었습니다. 하지만 저는 야구를 사랑했고 그래서 계속 할 수밖에 없었습니다. 아무리 험난할 지라도 꿈을 실현하기 위해 자신이 할 수 있는 전부를 했다고 가슴에 손을 얹고 말할 수 있을 때까지 절대 포기하지 마세요. 장애는 우리의 탓이 아닙니다. 그냥 무시하세요. 실패하면 일어나 다시 도전하는 겁니다. 변명 따위는 하지 마세요. 우리가 할 수 없는 일에는 신경 쓰지 마세요. 저는 손이 하나밖에 없다는 사실을 거의 잊고 지냅니다. 그래서 손이 두 개인 사람을 절대로 부러워하지 않죠. 가슴 속 깊은 곳에서 들려오는 목소리에 귀 기울이세요. 그 목소리는 자신이 최선을 다했을 때가 언제인지 압니다.

우리의 수명이 다할 때 쯤 누군가 와서 이렇게 묻는다고 생각해 보시기 바랍니다. "나는 너에게 이러이러한 재능을 주었다. 그 재능으로 무엇을 했느냐?" 우리에게는 누구나 잠재력이 있습니다. 그리고 그 잠재력을 발휘하는 것이 우리의 의무입니다. 열심히 노력하세요. 절대 뒤 돌아보지 마세요. 그리고 인생에 내려진 축복을 마음껏 즐기시기 바랍니다.

- 짐 에보트, 유명한 외팔이 메이저 리그 야구 선수

매 순간 우리가 취하는 행동들은 우리의 운명을 바꿀 수 있다. 《운명의 칵테일 Mr. Destiny》이라는 영화에서 제임스 벨루시 James Belushi는 과거에 자신이 저지른 한 가지 일 때문에 우울증에 걸린 기업 임원으로 나온다. 아주 중요한 야구대회 결승전에서 삼진 아웃을 당하는 바람에 우승을 놓친 것이다. 그는 평생 동안 당시의 실패 때문에 괴로워한다. 이 영화에서 마이클 케인 Michael Caine은 바텐더로 나오는데 그는 마법의 물약으로 벨루시가 과거로 돌아가 홈런을 치게 해준다. 그의 운명을 바꾼 것이다. 《멋진 인생 It's A Wonderful Life》의 현대판인 이 영화는 매 순간이 지닌 중요성을 일깨워준다. 모든 일에는 다 이유가 있는 것이다. 모든 행동에는 이에 반대되는 동등한 힘이 존재한다는 보편적인 법칙처럼 말이다.

지금 이 순간 어디에 있든 그 자리는 우리가 선택해서 있게 된 자리다. 미래에 있게 될 자리 또한 우리가 선택한 것이다. 일상은 선택으로 가득 차 있다. 나폴레온 힐은 이렇게 말했다. "모든 성취의 출발점은 열망이다." 이 말을 계속해서 가슴에 새겨라. 약한 열망은 미미한 결과를 가져온다. 작은 불씨는 열을 조금 밖에 내지 못하는 것이다. 현재 취하는 행동이 미래에 처하게 될 환경을 결정한다. 그리고 그 환경에 어떻게 반응하는지가 운명을 결정한다. 우리는 자신이 원하는 사람, 자신이 성취하고자 하는 목표에 가까이 있다. 그렇다. 양지를 원하면, 몇 개의 물집정도는 각오해야 하는 것이다.

그저 소유하는 것이 아닌 행하는 것에서 행복을 찾을 수 있다.

– 나폴레온 힐(Napoleon Hill)

28 장

마법의 씨앗

'잭과 콩나무'이라는 우화는 누구나 한 번 쯤 들어봤을 것이다. 우리 모두 잭처럼 위험을 무릅써야 한다. 그는 자신이 아끼는 소를 팔아서 마법의 씨앗을 샀지만 다른 이들로부터 비웃음을 사고 조롱당하기만 했다. 하지만 그 어떤 것도 신념을 꺾을 수는 없었다. 그는 위험을 무릅쓰고 마법의 씨앗을 심었다. 그 결과는 굳이 말 안 해도 다 알 것이다.

살면서 나는 여러 번 위험을 무릅썼고 그 때마다 자기 확신이라는 마법의 씨앗을 갖고 있었다. 나는 이 씨앗을 매일, 매 주 심고 길렀다. 이것은 희망의 씨앗, 지혜의 씨앗, 성공의 씨앗이었다. 살다보면 상서로운 인물이 우리에게 이 씨앗을 공짜로 줄 때도 있다. 하지만 그것을 심고 가꾸는 일은 각자의 몫이다. 그리고 이 일은 절대로 끝나지 않는다. 나 또한 아직까지도 끝내지 못하고 있다. 내 할아버지는 이런 말씀을 하곤 하셨다. "소의 젖을 한 번 짰다고 해서,

잔디를 한 번 깎았다고 그 일이 끝나는 것은 아니다." 무언가 마무리 되면 항상 새로운 시작이 존재하기 마련이다.

성공으로 이끄는 것은 무엇을 경작했는지가 아니다. 그 경작물을 갖고 무엇을 했느냐에 따라 우리의 성공이 결정된다. 많은 사람들이 골다 마이어 **Golda Maier** 전 이스라엘 수상을 평범한 여성으로 생각한다. 하지만 그녀 안에 존재한 힘, 미, 열정이 그녀를 이스라엘 수상의 자리에까지 이르게 했던 것이다. 마가렛 대처 **Margaret Thatcher** 영국 수상이 21세가 될 때까지 아버지의 식료품 가게에서 일했다는 것을 누가 믿겠는가? 하지만 그녀는 자신의 내면에 자신감이라는 씨앗을 심었고 결국 영국을 이끌 수 있었다.

싹이 트는 데 오랜 시간이 걸리는 씨앗도 있다. 미국의 국민화가 모지스 할머니 **Grandma Moses**는 70대가 돼서야 그림을 시작했다. 하지만 그녀는 유명한 작품을 500점이나 남겼다. 프랑스의 화가 르누아르 **Auguste Renoir**도 있다. 당시에 그의 그림을 좋아하는 사람은 아무도 없었다. 파리 출신의 한 미술 전문가는 그의 그림을 보고 이렇게 비웃었다. "당신은 자신을 즐겁게 하기 위해 장난삼아 그림을 그리고 있군요." 이 말에 르누아르는 이렇게 답했다고 한다. "물론이지요. 그림을 그리면서 제 자신이 즐겁지 않으면 저는 그림을 그리지 않을 겁니다."

얼 나이팅게일 **Earle Nightingale**은 자신이 진행하는 라디오 프로그램, 변화하는 세상 **Our Changing World**에서 르누아르에 관한 이야기를 했다. 이야기의 내용은 이렇다. 모든 사람들이 르누아르에게 재능이 없으니 그림 그리기를 포기하라고 했다. 하지만 당시 예술계에서 인정받지 못하던 예술가들 몇 명이 모여 자신들만의 작은 단체를 결성했다. 그 단체에 소속됐던 인물로는 당시에는 무명이었던 드가, 모네, 세잔, 르누아르 등이 있었다. 이들은 자신들의 열망을 위해 캔버스에 위대함의 씨를 심었다. 인상파 화가로 알려진 이들은 당시에는 무시당했지만 지금은 대가로 인정받고 있다.

이야기는 여기서 끝이 아니다. 몇 년 후, 르누아르가 류마티스를 앓고 있을 당시 마티즈가 그를 찾아와 이렇게 물었다. "왜 아직도 붓을 놓지 않으시는 거죠? 왜 계속해서 자신을 고문하시는 겁니까?" 이에 르누아르는 이렇게 대답했다. "고통은 지나가네. 하지만 미를 창조하는 즐거움은 계속 남아 있는 다네." 우리 각자의 내면에는 위대함이라는 씨앗이 존재한다. 열심히 땅을 고르고 경작해 우리의 성공작을 수확해야 한다. 게일 브룩 버켓 Gail Brooke Burkett은 자신의 저서 《기억해야 할 특별한 날들 Special Days to Remember》에서 다음과 같은 시를 썼다.

나는 평탄한 길을 가게 해달라고,
쉬운 길을 가게 해달라고 요청하지 않겠다.
나는 돌로 뒤덮여 있는 길을 가기 위해
힘과 용기를 달라고 기도한다.
나에게 그런 용기를 준다면
나는 가장 험난한 봉우리도 오를 수 있다.
나의 발부리에 걸리는 모든 장애물을
디딤돌로 바꿀 수 있다.

많은 사람들이 위대함의 씨앗을 인식하지 못하고 있다. 이를 인식하기 위해서는 마음속에 그려보아야 한다. 무언가를 실현시키기 위한 첫 단계가 바로 이 심상화이기 때문이다. 많은 사람들이 두려움 때문에 계획을 수정하고 거부 당했다고 해서 가던 방향을 바꾼다. 우리는 자신의 정원에 들어오는 그런 잡초들을 제거해야 한다. 내면에 존재하는 위대함의 씨앗은 주위 사람들의 마음과 영혼에 사랑을 심을 수 있는 능력이다. 심상화는 우리가 일어나기를 원하는 것을 마음속에 그려 보는 것이다. 이렇게 상상을 하면 실제로 원하는 것을 가질 수 있게 된다. 이것이 무언가를 얻는 가장 유용한 방법이다. 이는 모든 사람들에게 효과가 있다. 심상화는 동기 부여를 활성화시키는 가장 강력하고도 빠른 방법 중 하나이다. 우리의 요구 사항, 꿈, 욕구 등을 실현시킬 수 있는 가장 강력하고 빠른 방법인 것이다. 원하는 것은 어떤 것이든 얻을 수 있는 가장 신뢰할만한 방법이기도 하다. 반드시 기억하라. 심상화는 무의식과 초자아가 힘을 발휘할 수 있게 해 준다. 마음은 실제 경험하는 것과 우리가 바라는 대로 마음속에 계속해서 그려보는 것 사이의 차이를 인식하지 못한다. 무언가를 계속해서 마음속에 그려보면 마음은 실제로 그렇게 돼야 한다고 믿기 시작할 것이다.

데니스 웨이틀리는 어린 시절 할머니께 "잔디를 참 잘 깎았구나."라는 말을 들었을 때 이를 자기 확신으로 삼았다. 웨이틀리가 매주 토요일, 할머니 집에 가기 위해 32km나 되는 거리를 자전거를 타고 간 것은 놀랄 일도 아닌 것이다.

내가 좋아하는 저술가 중 한 명인 데니스 웨이틀리 **Dennis Waitley** 는 마음의 힘은 그 어떤 역경도 극복할 수 있다는 삶의 신조를 갖고 있다. 세계적으로 유명한 연설가이자 컨설턴트로 그의 고객은 우주비행사, 올림픽 선수, 포춘지 선정 500대 기업의 간부, 슈퍼볼 챔피언 등이다. 그는 젊은이, 군인, 기업가, 전 세계 리더 등을 대상으로 연설을 했다. 그의 지혜가 담긴 말들은 책과 오디오 프로그램으로 기록돼 있다. 저서 《승자의 심리학 The Psychology of Winning》, 《위대함의 씨앗 Seeds of Greatness》, 《마음의 왕국 Empires of the Mind》등은 현재 여러 언어로 번역되어 출간되고 있다.

웨이틀리는 좋은 집안에서 태어나지 않았다. 1942년 당시만 해도 그는 자신이 전혀 영향력 있다고 생각하지 않았다. 아직 소년에 불과했던 그는 갑자기 집안의 가장이 되었다. 그는 슈퍼맨을 자신의 롤 모델로 삼았다. 슈퍼맨처럼 이 세상을 헤쳐나가야 한다고 느꼈던 것이다. 강해져야만 했다. 어머니는 자신의 앞날만을 걱정했고 세 자녀는 안중에도 없었다. 어머니는 아이들을 돌보지 않았고 아이들은 자신들의 존재가 어머니에게 짐이 될 뿐이라고 느끼기도 했다.

웨이틀리는 힘을 기르기 위해 자신의 할머니 댁을 방문했다. 할머니는 그에게 현재 처한 환경이 다가 아니라며 그 이상을 내다보고 자신이 원하는 사람이 되기 위해 노력하라고 말씀하셨다. 할머니는 또한 웨이틀리를 책의 세계로 인도해 주셨다. 당시 교정자로 일하고 있던 할머니는 남편과 함께 서점도 운영하고 있었다. 웨이틀리는 할머니의 영향을 받아 처음으로 도서관 카드를 발급받기도 했다.

중학교 2학년 때 그의 담임은 책을 선물해 주었는데 이는 웨이틀리의 삶에 큰 영향을 끼쳤다. 이 책은 제임스 앨런 James Allen의 《생각하는 그대로 As a Man Thinketh》였다. 제임스 앨런은 개개인을 씨를 심는 정원사에 비유했는데 웨이틀리의 할머니 또한 그랬다.

웨이틀리는 할머니가 하신 말씀이 아직도 기억 속에 생생하다며 이렇게 말했다. "할머니와 저는 정원을 함께 가꾸었죠. 우리가 땅에 심은 그 작은 씨앗이 나중에 먹을 수 있는 무언가가 된다는 것에 너무 놀랐습니다." 놀라워하는 그에게 할머니는 자신들이 심은 것은 위대함의 씨앗이라고 말했다. 몇 년 후 할머니의 말은 뉴욕타임지 선정 베스트셀러가 된 《위대함의 씨앗 Seeds of Greatness》의 책 제목이 되었다.

오랜 기간 반복되는 실패에서 벗어나려고 노력하는 사람들에게 어떠한 말을 해주고 싶냐는 질문에 웨이틀리는 성공한 사람들의 자서전을 읽어보라고 추천한다. "반드시 기억하세요. 성공한 사람들도 대부분 인생 말년이 되어서야 성공했습니다. 자신이 갖고 있는 재능이 무엇인지 발견하고 거기에 집중하는 것이 중요합니다. 월급이 아닌, 자신의 열정을 따르세요. 긍정적인 사람들과 어울리시고요."

웨이틀리는 자신의 삶에 수많은 씨앗을 심었다. 하지만 웨이틀리만 이런 개념을 제안한 것은 아니다. 사실 씨앗을 심는 것은 우리의 목표를 향해 전진하는 것과 다를 바 없다. 무언가를 실현하기 위해 그것을 마음속에 그려봐야 하는 것이다.

이 심상화에 좀 더 효과를 주기 위해 한 가지 재료를 더 추가해야 한다. 즉 열정이라는 씨앗도 심어야 한다. 랄프 왈도 에머슨 Ralph Waldo Emerson은 이렇게 말했다. "열정 없이는 그 어떤 위대한 것도 성취할 수 없다." 우리가 원하는 것을 마음속에 그려보면 내면의 눈이 깨어날 것이다. 이 내면의 눈은 평화, 조화, 평온을 가져다줄 것이다. 그리고 꿈이 현실이 되도록 해 줄 것이다. 모든 사람들은 심상화 할 수 있는 능력을 지니고 있다. 눈을 감고 산과 언덕으로 둘러싸인 들판에 자신이 있다고 상상해 보아라. 깨끗하고 상쾌한 공기를 맡아 보아라. 발이 딛고 있는 흙을 느껴보아라. 건강하고 행복한 자신을 보아라. 마음속에 그려보면 현실이 된다. 하지만 그려보는 것이 다가 아니다. 느껴야 한다. 자신의 모든 세포, 조직을 통해 느껴야 한다.

상상력은 원하는 것을 그려볼 수 있게 해준다.
이상은 우리가 상상한 그림이 실제 현실이 되도록 해준다.

– 로버트 콜리어(Robert Collier)

29장

보는 것이
얻는 것

우리에게는 심상화 할 수 있는 능력이 있다. 심상화는 인생에 힘을 준다. 이는 마음을 훈련시키는 것이다. 심상화에는 두 종류가 있다. 긍정적인 심상화와 부정적인 심상화이다. 긍정적인 심상화는 우리가 일어나기를 희망하는 것에 집중하는 것이고 부정적인 심상화는 일어날까봐 두려워하는 것에 집중하는 것이다. 긍정적인 것만을 상상해야 한다. 우리는 자신이 원하는 그 어떤 것이든 마음속에 그려볼 수 있다. 이 자유로운 세상에서 마음먹은 대로 하지 못할 이유가 어디 있겠는가? 긍정의 씨앗을 심고 소망한 결과를 수확하도록 하자. 우리는 좋은 건강을 마음속에 그려볼 수 있다. 행복하고 건강하고 활력 넘치는 자신의 모습을 그려볼 수 있다. 몸이 아플 경우 우리의 혈구가 변하고 있다고 상상해 보자. 백혈구가 몸 안의 질병과 싸워 이기고 있다고 상상해 보자. 이 건강한 백혈구가 몸 안에 침입한 병균과 박테리아와 맞서 싸우는 작은 병사와도 같다고 생각해 보자. 자신이 건강해지고 있다고 상상할 수 있다. 마음속으로 암 덩어리가 줄어들고 있다고 상상할 수 있다. 우리의 몸이 병이 난 부분을 치유하고 있다고 상상할 수 있다. 우리의 몸을 만든 힘은 치료할 힘 또한 있다는 사실을 반드시 믿어야 한다. 침대 밖으로 나오지 못하겠거든 일어나서 움직이고 걷고 있다고 상상해 보라.

사고로 전신마비가 된 크리스토퍼 리브 Christopher Reeve는 자신의 삶과 투쟁했다. 그는 다시 걸을 수 있다고 마음속으로 상상했고 사람들은 그를 치료하기 위한 해결책을 찾아다녔다. 덕분에 긍정적인 마음을 가질 수 있었다. 그는 현재 일어나고 있는 일이 아닌, 일어나기를 희망하는 일을 마음속에 그렸다. 우리도 이 심상화를 통해 자신의 삶을 바꿀 수 있다.

심상화를 위해서는 편안한 장소를 찾아야 한다. 알맞은 장소를 찾았으면 앉거나 누워서 편한 자세를 취해라. 자신의 몸이 편안하다고 상상해 보아라. 발, 다리, 몸통, 팔, 어깨, 머리 등 편안해진 자신의 신체를 상상해 보라. 자신이 거의 떠있다고 생각해 보라. 심상화는 무언가를 성취하는 데 있어 가장 효율적인 도구이다. 신이 우리에게 무엇을 원할지 생각해 보라. 가족이 나에게 무엇을 원할지 생각해 보라. 그리고 스스로에게 무엇을 원하는지 생각해 보라. 마음속에 그려보면 현실이 된다. 하루 5분 동안 이 심상화를 해보자. 우리가 되고 싶은 모습을 마음속에 그려보는 것이다. 심상화는 미래로 가는 씨앗, 위대함의 씨앗을 심는 일이다.

올리버 웬델 홈스 Oliver Wendell Holmes는 이렇게 말했다. "많은 사람들이 내면에 음악을 간직한 채 죽는다." 가만히 앉아서 주식이 오르기만을 기다리지 마라. 우리의 삶과 가족들의 삶에 심상화의 씨를 심어라. 그러면 나머지는 자연이 다 알아서 해줄 것이다.

맥도날드의 창시자인 레이 크록 **Ray Kroc** 또한 자신의 꿈과 목표를 마음속에 그려본 인물이다. 그의 자서전 《성공은 쓰레기통 속에 있다 **Grinding It Out**》는 베스트셀러가 되기도 했다. 그는 처음에는 종이컵을 판매하는 사업을 했다. 그렇게 일주일 동안 35달러어치의 종이컵을 팔고 피아노 연주 아르바이트를 하면서 아내와 어린 딸을 돌봤다. 그러다가 결국 그 사업을 그만두고 믹서기 사업에 뛰어들었다. 밀크 쉐이크 같은 것을 만들 수 있는 기계였다. 그의 아내는 처음에는 새로운 사업을 그다지 달가워하지 않았다. 아내의 부정적인 반응에도 불구하고 레이 크록은 자신의 믹서기를 전국의 모든 약국, 음료 판매점, 농장 등에 판매하겠다는 목표를 세웠다. 그는 "아직 푸릇푸릇한 이상 자라고 있는 것이다. 익기 시작하는 순간 썩는 것이다."라는 신조를 갖고 있었다. 그의 삶은 순탄치 않았다. 매일 제품 판매를 위한 프레젠테이션을 했지만 거부당하기 일쑤였다. 하지만 목표가 있었다. 아내와 가족들에게서 떨어져 위험을 무릅쓰고 자신을 희생했다. 그러던 중 그는 맥도날드 형제들이 한 번에 40개의 밀크 쉐이크를 만들고 있다는 얘기를 접했다. 그길로 당장 캘리포니아 샌 버나디노로 달려가 이를 자신의 눈으로 직접 확인했다. 햄버거, 프렌치 프라이, 밀크 쉐이크 등을 생산하는 기계를 직접 본 후 한 장소에서 그 모든 것을 다 만들 수 있다는 사실에 크게 놀랐다.

누군가 자신보다 더 대단한 일을 하고 있다면 부러워하지 마라. 그들을 모방하면 되는 것이다. 가서 배워라. "학생들이 준비가 돼 있어야 선생님이 나타날 것이다."라는 말도 있지 않은가. 크록은 맥도날드 형제에게 가서 이렇게 말했다. "맥도날드 지점을 내는 건 어때요?" 그들은 "그건 굉장히 골치 아플 것 같네요. 게다가 누가 지점을 내려고 하겠어요?"라고 말하며 거절했다.

하지만 이야기는 여기서 끝이 아니었다. "1954년, 바로 그 운명의 날에 저는 시카고로 돌아왔죠. 맥도날드 형제가 방금 서명한 계약서를 들고 말이죠. 저는 사업에 닳고 닳은 기업가였지만 열정 하나만은 대단했죠. 당시에 52살이었습니다. 당뇨병도 있었고 관절염도 앓고 있었죠. 담낭을 잘라낸 상태였고 갑상선 대부분도 마찬가지였습니다. 하지만 열정만은 그 누구도 따라잡을 수 없었답니다. 저는 아직 푸릇푸릇했고 여전히 자라고 있었습니다."

레이 크록이 여전히 푸릇푸릇했다면 맥도날드 형제들은 이미 익기 시작하고 있었다. 그들은 더 이상 일하고 노력 하기를 싫어했다. 그래서 270만 달러에 맥도널드를 넘기기로 결심했다. 레이 크록은 당시에 그렇게 부유하지 않았기 때문에 회사를 인수하기 위해서는 돈을 빌려야만 했다. 결국 맥도날드 형제들은 자신들의 몫을 챙기고 여유롭게 낚시나 즐기러 갔다. 레이 크록이 57세가 되던 때에도 맥도날드는 계속해서 성장했다. 그리고 오늘날 맥도날드는 수십억 달러의 매출을 올리고 있다. 52세에 맥도날드를 운영하기 시작한 레이 크록은 22년 만에 맥도날드를 그 위치에까지 오르게 한 것이다. 같은 위치에 도달하기까지 IBM은 46년이 걸렸고 제록스는 63년이 걸렸다. 그렇다. 우리는 끊임없이 노력해야 하는 것이다.

운명은 기회의 문제가 아니다. 이는 선택의 문제이다. 레이 크록은 두 가지 원칙을 입증했다.
1. 절대 늦었다는 법은 없다.
2. 성공에는 시간이 걸린다.

맥도날드 형제의 자손들은 당시 270만 달러에 판 기업의 현재 가치가 얼마나 되는지 알면 놀라움을 금치 못할 것이다. 분명 헐값에 맥도날드를 판 것을 안타까워할 것이다. 중도에 포기하는 것이 아닌 끝까지 붙잡고 늘어지는 자가 승리하게 되어있다.

셰익스피어의 《줄리어스 시저 Julius Caesar》에는 다음과 같은 구절이 나온다. "인생사에는 거대한 조류가 있다. 모진 풍랑에 쓸려가다가도 운명의 조류를 따라가기 마련이다. 표류하고 있는 우리는 고난에 부딪히기 마련이고 밧줄을 보강하고 단단히 맬 때 다시 조류를 타게 된다. 아니면 좌초되거나."

랄프 왈도 에머슨 Ralph Waldo Emerson은 이렇게 말했다. "잘한 일에 대한 보수는 그 일을 했다는 사실이다." 우리는 성공하기 위해서 견뎌내야 한다. 웬디스 버거를 설립한 데이브 토마스 Dave Thomas는 고아였다. 그리고 KFC의 창시자인 커넬 센더스 Colonel Sanders는 60세 이후에야 성공할 수 있었다. 이 두 남자 모두 다른 길을 선택했을 수도 있다. 하지만 그들은 같은 길을 고수했다. 성공에 이르고자 하는 욕구와 열망을 잃지 않았던 것이다. 이들은 절대로 실패를 두려워하지 않았다. 삶을 받아들였고 견뎌냈다. 거북이도 등껍질에서 고개를 내밀지 않는 한 앞으로 나아갈 수 없다. 우리는 이 패스트 푸드 업계의 대가로부터 성공은 쉽게 오는 것이 아니라 끈기 있게 노력하고 마음속에 그려봄으로써 얻을 수 있다는 사실을 배웠다. 끈기 있게 견뎌라!

> 나는 부(富)란 마음의 상태라고 결론지었다.
> 누구라도 부유한 생각을 함으로써 부유한 마음의 상태를 얻을 수 있다.
>
> – 엔드류 영(Andrew Young)

30장

고개를 들라!
마음의 힘

에드먼드 스펜서 **Edmund Spenser**는 "선과 악, 행복과 불행, 부와 가난을 결정하는 것은 마음이다."라고 했다.

믿음만 있으면 무슨 일이든 할 수 있다. 불가능한 일을 가능한 일로 만드는 것이 이 믿음이다. 역으로 가능한 일을 불가능한 일로 만드는 것 또한 믿음이다. 믿음을 갖고 선택을 하면 운명을 바꿀 수 있다고 믿는다.

아이티 사람들은 주술사가 뼈를 사람에게 향하면 그 사람은 죽을 거라고 믿는다. 하지만 실제 사람을 죽이는 것은 주술사가 아니라 사람들의 믿음, 두려움, 불확실성 등이다. 살면서 우리는 긍정적인 기대와 부정적인 기대를 한다. 어떠한 기대를 하는지가 현재의 환경과 신념체계에 영향을 끼친다.

《생각하는 그대로 **As a Man Thinketh**》의 저자, 제임스 앨런 **James Allen**은 이렇

게 말했다. "우리는 주위 환경을 통제할 수 없다. 하지만 생각을 통제할 수는 있다." 생각이 새로운 환경을 만드는 것이다. 생각은 믿음과도 같다. 믿음은 운명을 창출할 수 있는 능력이다. 반드시 기억하라. 우리가 의미를 부여하지 않는 한 삶에는 그 어떤 것도 의미가 없음을. 미국 헤리티지 사전에는 믿음이란 '신뢰 혹은 자신감, 확신 혹은 의견'이라고 정의돼 있다. 믿음은 확실한 감정인 것이다.

소포클레스 Sophcles는 이렇게 말했다. "하늘은 행동을 취하지 않는 자를 절대 돕지 않는다." 나는 독서야말로 세상으로 안내해줄 창문이라고 믿고 있으며 그 믿음에 따라 살고 있다. 우리는 독서를 통해 자신의 신념체계를 바꿀 수 있다. 해리 트루먼 Harry Truman은 이렇게 말했다. "책 읽는 모든 사람이 리더는 아니다. 하지만 모든 리더들은 책을 읽는다." 훌륭한 리더에게는 모두 자신만의 신념체계가 있다. 에디슨은 필라멘트와 전구를 발명하는 동안 천 번 넘게 실패한 한 후에도 자신은 언젠가 성공하리라 믿었다.

성공에 이르는 비밀은 무엇일까? 기본은 신념체계에서 시작된다. 자기 자신에 대한 믿음, 확신에 찬 믿음이다. 최근 포브스지는 미국에서 가장 부자인 빌 게이츠 Bill Gates의 프로필을 실었다. 그는 하버드대학에 다니던 시절 일을 시작했다. 당시에 그는 소프트웨어 개발에 혼신의 힘을 다했었다. 자신이 본 적도 없는 컴퓨터에 사용할 소프트웨어였다. 이렇듯 스스로에 대한 굴하지 않는 믿음 덕분에 업계 최고의 자리에 오를 수 있었다.

마하마트 간디 Mahatma Gandhi는 다른 종류의 성공을 전형적으로 보여준다. 그는 대영제국에 비폭력적으로 반대하면서 인도가 평화적으로 자치권을 얻을 수 있다고 믿었다. 그 자신도 해 본 적 없는 일이었다. 현실적인 일은 아니었지만 자신이 옳다는 것을 입증했다.

스스로를 믿어라. 스스로에 대한 믿음이 우리의 미래에 도움이 될 것이다. 믿음은 자기 확신에서 출발할 수 있다. 5장에서 자기 확신에 대해 살펴봤듯이 다시 한 번 설명하자면 자기 확신은 그저 스스로와의 긍정적인 대화에 불과하다. 스스로에게 긍정적인 문구를 반복해서 말하는 것이다. 이렇게 스스로에게 말하다보면 자신에 대한 믿음이 증가될 것이다. "나는 건강해. 나는 행복해. 나는 성공적이야. 나는 사람들에게 사랑을 받아. 나는 가치 있는 사람이야." 같은 것들을 말이다. 하루 5분 동안 자기 확신을 하는 것은 아주 중요하다. 자기 확신은 믿음을 만들어낼 것이다. 그리고 이 믿음은 자존감을 향상시킬 것이다.

반드시 기억하라. 자기 확신은 무언가를 성취하고 싶을 때 자신에게 말하는 긍정적인 문구임을 말이다. '나'로 시작하는 문구를 사용하면 더욱 강력한 자기 확신을 할 수 있다.

예를 들어,
나는 지금 건강하다.
나는 잘하고 있다.
나는 행복하다.
나는 성공적이다.
'나는'은 우리가 사용할 수 있는 가장 강력한 문구이다. '나는'은 내면의 신념체계에서 가장 핵심적인 부분이다. '나는' 내 운명을 결정한다. '나는' 이 책의 작가이다. '나는' 행복하다. '나는' 자랑스럽다. '나는' 이 문장들을 읽으며 자기 확신을 하고 있다.

우리는 자기 자신에게 끊임없이 얘기한다. 하지만 자신에게 하는 얘기의 대부분은 무엇을 해야 하는지, 무엇을 할 수 있는지가 아닌 무엇을 할 수 없는지에 대한 것이다. 많은 시간, 우리가 왜 실패하는지, 왜 성공하지 못하는지, 왜 아무도 좋아하지 않는지, 왜 돈이 없는지, 왜 친구가 없는지에 대해 얘기한다. 즉 자신과의 대화가 부정적일 때가 많은 것이다.

우리가 얼마나 높이 오를 수 있는지는 나이나 인생에서의 위치와는 아무 상관이 없다. 오직 태도에 달려 있다. 오프라 윈프리 쇼에 나온 얘기 하나를 소개하겠다.

4월, 마야 안젤루 Maya Angelou, 미국의 시인이자 영화배우는 74번째 생일 기념으로 오프라 윈프리 쇼에 출연했다. 오프라는 그녀에게 나이 드는 것에 대해 어떻게 생각하느냐고 물어보았다. 그녀는 나이 드는 것은 아주 즐거운 일이라고 했다. 그러면서 매일 겪는 신체 변화에 대해 얘기했는데 자신의 가슴이 처지는 것에 대해 이렇게 말했다. "어느 쪽 가슴이 허리에 먼저 닿을지 경주를 보는 것 같다니까요." 그녀의 재치 있는 이 말에 관중들은 너무 웃어서 눈물이 날 지경이었다.

또한 이렇게 말했다. "나이 들면서 저는 이 사실 또한 알게 되었습니다. 무슨 일이 일어나든, 오늘 상황이 얼마나 안 좋든 삶은 계속되며 내일은 더 나아질 거라는 사실을요."
긍정적인 자기 확신을 하라. 긍정적인 자기 확신으로 가득 찬 신념 체계를 지녀라. 긍정적인 신념 체계는 무엇을 성취하기를 원하든지 간에 무의식, 초의식이 그것을 얻을 수 있도록 해준다. 아침에 일어날 때, 밤에 잠자리에 들 때 자기확신을 해볼 것을 권장한다. 낮 시간 동안 자기 확신을 하는 것도 아주 좋다. 누군가 우리에게 소리를 치면 스스로에게 이렇게 말해 보아라. "나는 긍정적이다. 나는 자신감 있다. 나는 이 부정적인 말을 사적으로 받아들이지 않겠다."

자기 확신을 통해 긍정적인 자존감을 기르자. 우리의 무의식은 가짜와 진짜를 구별하지 못한다. 그러므로 "나는 건강해. 나는 가치 있어. 나는 부유해. 나는 성공적이야." 같은 말을 해 주면 무의식은 진짜로 그렇게 믿게 된다. 자존감이 낮은 이들은 자신이 건강하지도 않고 가치도 없으며 부유하지도 않고 성공적이지도 않다고 생각할지도 모른다. 하지만 "나는 건강해. 나는 가치 있어. 나는 부유해. 나는 성공적이야."라는 말을 충분히 오래, 확신을 갖고 해주면 우리의 무의식은 이 사실을 믿기 시작할 것이다. 그리고 실제로 가치 있고 행복한 사람이 될 것이며 긍정적인 신념 체계를 갖게 될 것이다. 또한 이 신념 체계는 자신감을 갖게 해 줄 것이다. 반드시 기억하라. 자기 확신을 하는 데에는 하루 5분이면 충분하다.

자신에 대해 마음에 드는 자질을 10가지 나열해 보라. 성공적인 사람은 자신이 성공할 수 있다고 믿는 사람이다. 우리에게는 핵심적인 신념 체계가 필요하다. 현재 우리가 어떤 사람인지뿐만 아니라 어떤 사람이 될 수 있는지에 관한 신념 체계이다.

나는 플로리다 팜비치에 살고 있다. 덕분에 영광스럽게도 수많은 성공한 사람들과 인생을 함께 보내고 있다. 만약 내가 팜비치 카운티에서 수련을 하지 않았다면 도널드 트럼프의 가족 주치의가 되지 못했을지도 모른다. 그리고 그를 내 첫 번째 저서인 《유명한 사람들의 라이프스타일 Lifestyle Of the Fit and Famous》의 표지에 등장시키지도 못했을 것이다. 그 이외에도 나는 수 년 동안 수많은 성공한 사람들과 친하게 지내는 영광을 누렸다.

❖ 성공적인 사람의 10가지 특징

❶ 성공적인 사람들은 성실하다.

성공적인 사람들은 일찍 일어나고 불평은 거의 하지 않는다. 그들은 주위 사람들이 최선을 다하기를 기대하지만 자기 자신한테는 더 많은 것을 바란다. 성공하고 싶으면 성실해야 함을 잊지 말아라. 이 성실함은 반드시 성과를 거두게 돼 있다.

❷ 성공적인 사람들은 항상 스스로의 능력을 향상시키기 위해 노력하며 무언가를 배우는 데 열성적이다.

성공적인 사람들은 공부를 하며 질문도 하고 끊임없이 무언가를 읽는다. 그들 대부분이 학교에서 좋은 성적을 거두었음에도 불구하고 거기에 안주하지 않는다. 상당수가 학교를 졸업 한 후 경험을 통해 더 많은 것을 배우며 계속해서 공부 하고 수업, 세미나 등에 정기적으로 참석한다. 나는 두 아들들에게 성공은 무언가를 암기하는 것만이 아니라 정보를 받아들이고 이를 새롭고 창조적인 방식으로 적용하는 능력이라고 가르친다. 성공적인 사람들은 모든 것을 알고 싶어 한다. 그들은 성공에 이르는 길은 항상 공사 중임을 안다.

❸ 성공적인 사람들은 다른 사람들과 관계를 맺고 그들의 말에 귀 기울이는 법을 안다.

성공적인 사람들은 다른 사람들과 관계를 맺는다. 도전을 받고 질문을 하고 다른 이들을 만나 교류하는 것을 좋아한다. 그들의 인맥은 많은 사람들로 이루어져 있으며 다양한 종류의 사람들을 안다. 성공적인 사람들은 친구, 이웃, 직장 동료, 바텐더의 이야기에 귀 기울인다. "고장 난 시계조차도 하루 2번은 맞는다."는 옛 속담을 잘 알고 있다. 그래서 그들은 모든 사람들이 하는 모든 얘기에 귀 기울인다. 성공적인 사람들은 우정을 중시하는 사람들을 많이 알고 있으며 전화나 이메일로 자주 안부를 묻는다.

❹ 성공적인 사람들은 절대 포기하지 않는다.

갑작스럽게 인기를 얻은 사람은 거만하며 결국 대중들에게서 잊혀 지지만 진짜 성공적인 사람들은 자신들의 모든 부분-성격, 리더십 기술, 관리 기술, 삶의 모든 부분-에 대해 신경 쓴다. 인간관계나 사업 등에 차질이 생기면 그들은 모든 책임을 떠안으며 모든 것으로부터 배우며 실패를 미래의 성공으로 바꾼다. 월트 디즈니가 수차례 파산했음을 기억해라. 성공적인 사람들은 결점을 용납하지 않는다. 그들은 결점이 있으면 이를 고치려고 한다.

❺ 성공적인 사람들은 창조적이다.

성공적인 사람들은 왜?라고 묻는 것에서 끝나지 않는다. 그들은 새로운 것을 시도하며 왜 안 되는데?라고 묻는다. 그들은 성공하지 못했던 사람들이 문제나 한계라고 인식했던 것들을 새로운 도전, 가능성, 기회 등으로 본다. 그들은 한 밤중에 깨서 "해 내고 말겠어!"라고 소리친다. 그들은 조언을 구하고 실험을 하며 전문가의 상담을 받는다. 언제나 더 빠르며 보다 경제적인 해결책을 찾는다. 성공적인 사람은 갖고 있는 것에 만족하지 않는다. 그들은 새로운 것을 창조한다!

➏ 성공적인 사람들은 책임을 진다.

성공적인 사람들은 비난을 염려하지 않으며 불만을 토로하느라 시간을 낭비하지도 않는다. 결정을 내리고 즉각 행동에 옮긴다. 솔선수범하고 성공에 뒤따르는 책임을 받아들인다.

➐ 성공적인 사람들은 언제나 차분하다.

골프는 한 사람에 대해 많은 것을 말해준다. 숏 퍼팅 내기를 하면 그 스트레스 때문에 성인들도 움츠려들기 마련이다. 성공적인 사람들로부터 내가 배운 것은 그들은 도전을 기대하며 경쟁을 받아들인다는 사실이다. 스트레스를 받거나 좌절하는 상황에서도 성공적인 사람들은 마음의 평정심을 잃지 않는다. 사랑, 우정, 유머, 인내 등의 가치를 안다. 당황하거나 그 자리에서 결정을 내리려고 안절부절 하지도 않는다. 성공적인 사람들은 그 어떤 상황에서도 편안하게 호흡하고 올바른 질문만을 하며 현명한 결정을 내린다.

➑ 성공적인 사람들은 현재에 충실하다.

성공적인 사람들은 '지금'이 자신이 통제할 수 있는 유일한 시간임을 안다. 삶이 내려준 선물은 '지금'임을 안다. 성공적인 사람들은 상대방의 눈을 들여다보고 진심으로 귀 기울여준다. 그들은 좋은 음식과 와인, 음악을 즐길 줄 알며 아이들과도 잘 놀아준다. 절대로 허둥지둥하지 않으면서도 많은 일을 처리한다. 자신에게 주어진 매일을 최대한 활용한다. 성공적인 사람들은 절대로 시간을 낭비하지 않는다. 그들은 매 시간을 잘 활용한다.

➒ 성공적인 사람들은 현재를 보고 미래를 위한 계획을 세운다.

현 트렌드를 살펴보고 변화를 인지하고 다른 이들이 놓치고 있는 사소한 것에도 귀를 기울인다. 그들은 금, 부동산, 주식시장 등에 투자하고 자신의 사업과 자기에 대한 투자도 잊지 않는다. 프로 야구 선수가 아디다스 옷을 입는 것은 별 것 아니겠지만 대학 야구 선수가 아디다스 옷을 입는 것은 아주 중요한 의미가 있다. 이웃집 아들이 이 옷을 입고 있다면 흥미로울 것이고 자신의 아이가 그 옷을 사달라고 하면 이는 하나의 투자이다. 성공적인 사람들은 매 순간 미래를 내다보며 현재를 산다.

❿ 성공적인 사람들은 즉각 반응한다.

성공적인 사람들은 투자한 것이 수익을 내지 못할 때에는 서슴지 않고 자신의 사업이나 개인적인 포트폴리오에 수정을 가한다. 그들은 비가 올 때 하늘이 무너진다는 말을 믿지 않는다. 당황하지 않으며 자신에게 닥친 어떤 문제에도 재빠르게 대처한다. 기회를 보면 그 기회를 잡기 위해 시간과 에너지를 투자한다. 중요한 관계가 소원해지고 있으면 시간을 들여 이 관계를 다시 복구시킨다. 새로운 경쟁자가 나타나거나 변화가 생겨 조정이 필요할 경우 가장 먼저 나서서 가장 빠르게 이에 대응한다. 스티브 잡스는 아이팟, 아이폰, 아이패드로 애플을 다시 정상의 자리에 세웠다. 그는 항상 대중이 원하는 것 이상을 그들에게 주었다. 그는 언제나 재빠르게 대응했으며 그의 성공은 전설적이라 할 수 있다.

오늘 하루 성실히 일하자.
매 순간을 살자.
목표를 정하자.
자기 확신을 암송하자.
자신의 삶에 대해 책임을 지자.

절대로 포기하지 말자.

삶에서 겪게 되는 모든 역경을 극복하도록 노력해 보자.

사람들과 더 소통하고 불평은 줄이자.

긍정적인 신념 체계를 갖도록 노력하자.

우리를 정상에 이르게 할 태도를 갖자.

반드시 기억하라. 지금보다 더 나은 시간은 없으며 오늘, 지금, 여기보다 더 나은 장소는 없다는 사실을. 성공적인 사람들의 특성을 잘 세기고 자신의 내면에 존재하는 승자를 깨워라. 하루 5분 동안 자신의 마음을 굳게 먹고 목표를 세우고 공부하며 성공에 이르기 위한 자질을 키우도록 하자.

삶을 가장 잘 활용하는 것은 삶을 오래 지속시킬 일을 하는 데 쓰는 것이다.

31_장

내면의 지혜 또는 마법사

우리는 답을 찾기 위해, 용기를 찾기 위해 헤매고 다닐지도 모른다. 하지만 답은 전혀 엉뚱한 데서 찾을 수 있는 것이 아니다. 답은 내면에 존재하는 지혜에서부터 얻을 수 있다. 베스트셀러인 《갈매기의 꿈 Jonathan Livingston》의 저자 리차드 바크 Richard Bach는 이렇게 말해다. "애벌레는 세상의 끝이라고 말하지만 현자는 그것을 나비라고 부른다."

애벌레 두 마리가 바위 위에 앉아 있는데 그 곁으로 나비 한 마리가 날아 갔다. "저거 봤어?" 한 애벌레가 다른 애벌레에게 말했다. 그러자 다른 애벌레가 이렇게 대답했다. "너는 나비가 되는 데 있어 나를 절대 따라오지 못할 거야."

멀지 않은 곳에 위치한 낭떠러지 끝에 한 사람이 서 있었다. 그녀 또한 같은 나비를 보고 있었다. 그 때 갑자기 그녀의 발 아래로 땅이 흔들리기 시작했다.

30m 정도 아래로 떨어진 그녀는 나무에 묶여 있는 줄을 간신히 붙잡을 수 있었고 그 줄에 죽어라 매달렸다. 아래를 내려다보니 아직 바닥까지는 한참이나 남아 있었다. 그래서 그녀는 위를 올려다보고 있는 힘을 다해 외쳤다. "위에 아무도 없나요?"

그러자 구름이 걷히며 황금빛이 그녀 주위를 감싸기 시작했다. 그리고 하늘에서부터 아주 큰 목소리가 들렸다. "여기 있다."

"저 좀 도와주시겠어요?"

"아무런 질문 없이 내 말을 따르겠느냐?"

"무엇을 원하시죠?" 그녀가 물었다.

"밧줄을 놓거라." 하늘에서 들려온 목소리가 말했다.

오랫동안 밧줄에 매달린 채로 그녀는 생각했다. 그리고 마침내 하늘을 다시 올려다보며 이렇게 말했다. "거기 다른 사람 없나요?"

지금은 그저 밧줄에 매달려 있기만 할 때가 아니다. 지금은 밧줄을 잡고 올라가야 할 때이다. 불가능한 일은 없다.

불가능한 것을 볼 수 있는 사람은 불가능한 일을 할 수 있다. 디즈니 월드는 월트 디즈니가 사망한 후에야 완성되었다. 테마 파크가 오픈한 직후 손님 하나가 디즈니의 부인에게 이렇게 말했다. "월트 디즈니가 살아서 이 멋진 테마 파크를 보지 못한 게 참 안타깝습니다." 그러자 부인은 이렇게 답했다. "그는 보았어요. 그랬기 때문에 오늘 테마파크가 세워질 수 있던 거랍니다." 월트 디즈니는 내면의 마법사를 믿었던 것이다. 그리고 내면의 마법사는 무한한 잠재력을 지니고 있다는 것을 알았던 것이다.

❖ 우리는 다음의 이유 때문에 미룬다.

1. 아직 준비가 안 되었다.

2. 그 일을 불쾌하고 어렵고 지겹다고 본다.

3. 그 문제가 시급하지 않다고 생각한다.

4. 시간이 충분치 않다.

5. 다른 이들이 미루라고 하면 그 말을 쉽게 따른다.

❖ 우리는 다음과 같은 방법으로 이 문제를 해결할 수 있다.

1. 미리 계획한다.

2. 일을 창조적이거나 즐겁게 만든다.

3. 일이 터지기 전에 미리 준비하는 습관을 지닌다.

4. 하루 5분 같은 자투리 시간을 잘 활용한다.

5. 결단력 있게 행동한다.

6. 내면의 마법사를 믿는다.

영화 《오즈의 마법사 The Wizard of Oz》는 사회에 위협이 되고 무정부 상태를 초래한다는 이유에서 원래 미국 일부 지역에서 상영이 금지되었다는 사실을 알았는가? 이 사실을 처음 알았을 때 상당히 놀랐다. 복잡한 가정에서 자란 나에게 오즈의 마법사는 일종의 도피 수단이었다. 어떻게 이 클래식한 영화를 금지했던 걸까? 어떻게 그런 일이 벌어진 걸까? 검열의 이유는 도대체 무엇이었던 걸까? 어떻게 그토록 아름답고 재미있는 이야기가 불순하다는 판결을 받았던 걸까? 그 이유는 오즈의 마법사가 사람들에게 자신의 욕망을 실현시킬 내면의 힘에 대해 가르쳤으며 자신들의 욕망을 실현시키는 데에는 그 어떠한 정권도 필요 없다고 가르쳤기 때문이었다. 이제 이해가 되는가?

오즈의 마법사는 우리에게 많은 것을 생각하게 해 준다. 각각의 캐릭터는 여행에 꼭 필요한 무언가가 자신들에게 부족하다고 느낀다. 허수아비는 자신에게 뇌가 없다고 느꼈고 겁쟁이 사자는 자신이 용기가 없다고 생각했으며 양철나무꾼은 자신에게 심장이 없다고 생각했고 도로시는 집으로 가는 법을 몰랐다.

하지만 여행을 하면서 마주치는 사건들은 그들로 하여금 내면의 힘을 이용하게 했고 결국 모든 것은 이미 그들의 내부에 존재한다는 사실을 입증해 주었다. 한 예로 내가 가장 좋아하는 허수아비 캐릭터에 대해 얘기해 보자. 허수아비는 자신이 뇌가 없다고 생각했지만 마녀를 무찌르는 전략을 고안해 냈다. 또 양철나무꾼은 심장이 없다고 생각했지만 자신이 녹슬자 너무 슬프게 눈물을 흘렸다. 그리고 겁쟁이 사자는 영웅이 됨으로써 자신에게 늘 부족하다고 여겼던 용기를 보여주었다. 이 모든 것들은 우리에게 얼마나 근사한 메시지를 선사해 주는가. 위대함에 이르는 모든 도구는 이미 우리 안에 존재하는 것이다.

영화는 그들이 옐로 브릭 로드를 가면서 마주치게 되는 고난과 시련에 대한 이야기이다. 그리고 이야기의 끝에 그들은 결국 자기 자신의 모습을 찾게 된다. 그들은 마법사의 조언과 지지를 얻기 위해 오즈의 나라에 가게 되지만 결국은 마법사 또한 인간에 불과하며 자신들보다 특별한 능력을 소유한 것도 아니라는 사실을 깨닫게 된다. 마법사는 그저 동기부여의 원천일 뿐이었다. 마법사는 자신을 찾아온 이들에게 애초부터 그들이 원하는 것을 이루기 위해 필요한 모든 것은 그들의 내면에 존재했음을 상기시켜준다. 마법사는 그들이 여행하는 동안 겪은 난관들을 극복했을 때처럼 그들의 내면에 존재하는 힘을 이용하라고 조언해 준다. 그들이 어떻게 마녀를 물리쳤는지 기억나는가? 날아다니는 원숭이는 또 어떻게 처치했는지 기억하는가?

　마법사의 역할은 지혜, 힘, 지식을 찾아 길을 떠난 그들에게 그들이 원하는 모든 것은 내면에 존재했으며 자신이 아닌 다른 누군가 혹은 다른 무언가에 의존하는 것은 환상에 불과한 것임을 상기시켜주는 역할을 했을 뿐이다. 마법사는 모두가 갖고 있는 마법의 원천인 내면의 마법사에게로 그들을 이끌어준 것이다. 나는 이 내면의 마법사를 무의식의 지배를 받는 내면의 지성이라고 생각한다. 이를 얼마나 잘 활용하느냐에 따라 삶의 질이 달라지는 것이다.

　오즈의 마법사는 상징성으로 가득 찬 이야기이다. 마법사는 우리 모두가 갖고 있는 헛된 생각과 믿음을 상징한다. 이런 생각과 믿음 때문에 남들이 우리를 지배하도록 허락하게 되는 것이다. 우리는 살아가는 데 필요한 힘을 내면에서 찾아야 한다. 성공, 건강, 행복이 우리의 의지와는 아무런 관계가 없다고 믿어서는 안 된다. 이러한 환상을 쫓다보면 내면의 마법사를 깨우지도, 잠재력을 이용하지도 못하게 된다. 내면의 마법사는 모든 문제를 해결할 지식과 힘을 지니고 있다. 우리 자신의 개인적인 가이드이자 힘의 원천이다. 이는 우리에게 통찰력, 능력뿐만 아니라 우리가 일상에서 부딪힐 모든 역경, 장애물을 극복할 에너지를 줄 것이다. 자신의 내면을 바라보고 내면의 마법사를 깨워라. 이미 소유하고 있는 내면의 에너지를 느껴라. 마법사는 사랑을 느끼고 사랑을 받을 수 있는 능력이 있다. 그리고 이 능력은 자신이 통제하는 것이다. 그 사실만으로도 우리는 충분히 능력이 있는 것이다.

　오즈의 마법사는 한 인간의 진실 탐구 추구를 바탕으로 한 이야기이다. 도로시는 그저 집으로 가는 길, 자신이 편안함을 느끼는 그곳으로 돌아갈 방법을 찾고 있었다. 도로시에게 집은 조건 없는 사랑, 편안, 평화를 상징하는 장소였다. 우리는 모두 이런 장소를 찾고자 한다. 그것이 바로 우리의 길이다. 그것이 운명이다. 하지만 이 장소는 멀리 있는 것이 아니다. 평화, 위안, 조건 없는 사랑은 이미 내 안에 존재한다. 도로시와 함께 여행을 한 이들이 각자에게 필요한 것을 이미 갖고 있었던 것처럼 도로시 또한 늘 그곳으로 갈 수 있는 능력을 지니고 있었다. 그렇다. 그 누구도 될 수 있고 어디로도 갈 수 있는 힘과 능력이 있다. 내면의 마법사를 들여다보기만 하면 된다. 하루 5분을 투자해 이 내면의 마법사를 깨워보자. 스스로에게 어떤 질문이든 해보자. 그러면 내면의 힘이 활성화되면서 마법사는 깨어날 것이다.

나는 내 자신이 종교적인 사람이라기보다는 정신적인 사람이라고 생각한다. 어머니에게 이렇게 물은 적이 있다. "신은 누구예요?" 그러자 어머니는 이렇게 답하셨다. "신은 사랑이고 사랑은 신이란다."

옛날 옛적에, 행복, 슬픔, 지식, 사랑 등 모든 감정이 살고 있는 섬이 있었다. 하루는 섬이 가라앉게 되자 사랑은 도움을 요청하기로 결심했다. 그 때 큰 배에 올라 탄 채로 부가 지나가고 있었다. 사랑은 부에게 이렇게 말했다. "부야, 나 좀 데리고 가면 안 되겠니?"
그러자 부는 이렇게 대답했다. "안 돼. 내 배에는 금과 은이 가득 있어서 네가 탈 자리가 없어."
사랑은 아름다운 배에 올라 탄 채로 지나가고 있는 허영에게 도움을 요청하기로 했다. "허영아, 제발 나 좀 도와줘!"
"그럴 수가 없어 사랑아. 너는 너무 젖어서 내 배를 망가뜨리고 말거야." 허영이 대답했다.
그 때 슬픔이 지나갔고 사랑은 도움을 요청했다. "슬픔아, 나 좀 데리고 가줘."

"아, 사랑아. 나는 너무 슬퍼서 혼자 있어야겠어."

행복도 사랑의 곁을 지나갔지만 너무 행복한 나머지 사랑이 자신을 부르는 것을 듣지 못했다. 그 때 한 목소리가 들렸다. "사랑아, 이리오렴, 내가 널 데리고 가겠다." 그 목소리의 주인공은 사랑보다 나이가 조금 더 있었다. 사랑은 너무 기쁜 나머지 그들이 어디로 가고 있는지도 묻지 않았다. 땅에 당도하자 자신의 길을 가버렸다.

자신이 그에게 큰 빚을 진 것을 깨달은 사랑은 지식에게 물었다. "나를 도운 건 누구였니?"

"그건 시간이었어." 지식이 대답했다.

"시간?" 사랑이 물었다. "하지만 시간이 왜 날 도운거지?"

"시간만이 사랑이 얼마나 가치 있는지 알기 때문이야."

우리는 있는 그대로 아름답고, 강하고, 현명하고, 능력 있고, 사랑스럽다. 우리에게는 짧은 시간에 삶을 바꿀 시간과 능력이 있다. 지금 당장 거울을 들여다 보고 자신의 내면에 존재하는 능력과 힘을 바라보아라. 우리에게는 과거에 일어난 일 때문에 겪은 고통을 치유할 힘이 있다. 그냥 잊어버리면 되는 것이다. 자신이 늘 꿈꿔온 삶을 살 수 있는 능력이 있다. 이 힘은 내면의 마법사가 우리에게 준 것이다. 사랑이 마음속에 있는 한 내면의 마법사에게 힘을 실어줄 수 있다. 자신의 마음에 사랑을 가득 채워라. 지금, 이 순간 이 내면의 마법사를 작동시켜보도록 하자. 우리가 쓸 수 있는 가장 가치 있는 5분이 될 것이다.

자신의 내면에 얼마나 강력한 힘이 존재하는지를 이해하면 외부에 존재하는 모든 것의 힘과 가능성 또한 무한대로 증가시킬 수 있다.

– 스티브 마라볼리(Steve Maraboli)

32 장

1의 힘

정자 하나와 난자 하나가 만나 한 사람의 인생이 시작된다. 그리고 단 한 번의 삶만이 주어진다. 하루하루는 유일무이하며 각 하루는 86,400초로 이루어져 있다. 우리에게는 하나의 몸만이 주어지며 뇌 하나, 심장 하나, 의식 하나, 무의식 하나, 초의식 하나가 주어진다.

　올리버 웬델 홈스 **Oliver Wendell Homes**는 한 모임에 참석했는데 그는 모임에 모인 사람 중 키가 가장 작았다.
"홈스 박사, 아무래도 우리처럼 큰 사람들 사이에 있으니 다소 작다고 생각이 드실지 모르겠네요." 모임에 참석한 사람 하나가 빈정거렸다. 그러자 홈스는 이렇게 응수했다.
"그렇네요. 저는 페니(1센트) 사이에 있는 다임(10센트) 같이 느껴지네요."
　잠재력을 발휘하도록 하는 것은 무엇일까? 나는 신체적, 화학적, 감정적, 이 세 가지 요소가 함께 작용해야 한다고 생각한다.

우리를 한계까지 밀어붙이는 것은 무엇일까? 나는 일주일에 16~24km를 조깅한다는 사실을 자랑스럽게 여긴다. 수차례에 걸쳐 수술을 받았고, 퇴행성관절염과 때로는 불면증을 겪고 있으며 어쩔 때는 침대 밖으로 나오는 것이 힘들 때도 있지만, 나는 정신적으로 건강하다고 느낀다. 하지만 내 관절이 약할지라도, 내 심장은 강할 것임을 알기 때문에 습관적으로 스스로를 밀어붙이는 것이다.

하지만 내가 한 일은 스투 미틀맨 **Stu Mittleman**이 성취한 것에 비하면 그리 대단한 일은 아니다. 그는 11일 19시간 만에 1609킬로미터를 달리면서 장거리 기록을 깼다. 하루 평균 135km를 달린 것이다. 그를 한계까지 밀어붙인 것은 무엇이었을까? 그것은 바로 내면의 힘이었다. 자신의 신체, 마음, 영혼을 쏟아 부으면 못할 일이 없다. 종은 우리가 치지 않는 한 종이 아니다. 노래를 부르지 않는 한 노래도 노래가 아니다. 삶 또한 살지 않는 한 삶이 아니다. 그러므로 자신의 삶을 있는 힘을 다해 살아라. 우리 내면의 힘을 인식하라. 아브라함 링컨은 이렇게 말했다. "미래는 딱 한 번만 온다는 점 때문에 멋진 것이다." 삶은 1로 시작하지만 여기서 끝나지 않는다. 곧 시작인 것이다. 자기 자신과 내면의 힘을 과소평가하지 마라.

현재 어디 있는지가 아니라 어느 방향으로 나아가고 있느냐가 중요하다. 우리는 계속해서 전진해야 한다. 아프리카에서 태양이 떠오르면 가젤은 뛰기 시작한다. 그렇지 않을 경우 사자의 점심식사가 되기 때문이다. 아프리카에서 태양이 떠오르면 사자도 뛰기 시작한다. 가젤을 잡지 못할 경우 굶어죽기 때문이다. 이 이야기의 교훈은 태양이 떠오르면 자신이 어떤 위치에 있든지 간에 뛰는 게 낫다는 것이다. 그렇지 않을 경우 굶어죽거나 잡아먹혀 죽을 것이다.

다음은 브라이스 코트나이 Bryce Courtney의 《더 파워 오브 원 The Power of On》에 나오는 이야기이다.

생각은 항상 작게 시작한다네. 묘목에 불과하지. 하지만 그 때 덩굴나무가 다가와 우리의 생각을 질식시키려 하지. 그래서 생각이 자라지도 못하고 죽고 마는 거야. 더 큰 생각이 될 수도 있는데 그것조차 모른 채로. 아주 크게 자라서 무성한 잎을 뚫고 하늘까지 닿을 수도 있는 데 말이야. 덩굴나무는 새로운 생각, 창의성을 두려워하는 사람들이야. 마주치게 되는 대부분의 사람들이 바로 이 덩굴나무 같을 거야. 우리가 아직 어리다면 그들은 아주 위험한 존재이지. 언제나 네 자신의 목소리에 귀 기울여야 해, 기존의 관습을 그대로 따르는 것보다는 잘못된 행동을 하는 편이 더 나아. 잘못된 거라도 그것으로부터 무언가를 배우면 한 층 더 강해지는 거야. 만약 자네가 옳았으면 만족스러운 삶으로 한 층 더 다가가는 것이고...

❖ 긍정적인 결과를 위한 5분 연습

우리는 자신의 잠재력을 인지해야 한다. 그리고 이를 이용해야 한다. 시간은 계속 흐른다. 건강이나 성공에 있어 휴식시간은 존재하지 않는다. 삶에는 무언가를 배우는 두 가지 방식이 존재한다. 자신이 직접 경험하거나 다른 사람의 경험을 통해 배우는 것이다.

그래서 우리는 학교에서 역사 공부를 하는 것이다. 역사를 공부함으로써 조상들의 성공과 실패로부터 배운다. 나는 예전에 "실패로부터 무엇을 배울 수 있습니까?"라는 질문에 이렇게 대답했다. "무엇을 말해서는 안 되고 해서는 안 되며, 믿어서는 안 되는 지 배울 수 있습니다. 실패한 사람을 따라해야 할 필요는 없지 않습니까?"

고대 그리스의 아테네에서 데모스테네스 **Demosthenes**라는 젊은이는 리더들에게 연설을 해달라는 제안을 받았다. 그래서 그는 역사상 가장 위대한 연설가들이 청중인 무대에 올랐다. 그의 목소리는 작았고 떨렸으며 제스처는 소심했으며 그의 생각 또한 뒤죽박죽이었다. 말을 더듬기까지 했다. 그가 연설을 마치자 청중은 야유했고 빨리 무대에서 내려오라고 했다. 하지만 데모스테네스는 거기서 포기하지 않았다. 다시는 준비가 안 된 상태에서 연설을 하지 않으리라고 다짐했다. 그는 폐로 호흡하며 자신의 목소리를 가다듬는 연습을 했다. 그리고 용기를 기르기 위해 천장에 칼을 매달아 놓고 그 아래에서 연습을 했다. 말더듬는 습관을 없애기 위해 입에 조약돌을 물고 몇 시간이고 연습했다. 연습을 너무 많이 해서 종종 과도하게 연습한다고 비난받기도 했다. 다음 번 군중들 앞에서 연설했을 때 그는 완전히 다른 사람이 되어 있었다. 유창하고 강력한 단어를 사용했고 힘 있는 목소리와 위풍당당한 모습으로 연설을 했다. 그리고 결국 청중들로부터 우레와 같은 박수를 받았다.

어떻게 무대 공포증에 말까지 더듬었던 사람이 실패를 딛고 일어나 그리스 역사상 가장 위대한 웅변가가 될 수 있었을까? 정답은 바로 '연습'이었다. 우리는 방금전에 우리 내면에 마법사가 존재한다고 배웠다. 이 마법사는 작은 목소리로 우리가 무엇을 해야 하고 무엇을 하지 말아야 하는지를 말해줌으로써 자신의 존재를 드러낸다. 누군가는 이를 의식이라고 부르고 다른 누군가는 무의식이라고 부르며 또 다른 누군가는 초의식이라고 부른다. 이 작은 마법사,

이 작은 목소리는 귀에다 대고 매일 말한다. 이 목소리가 우리를 인도하는 것이다. 이 목소리로 인해 운명이 바뀔 수 있다. 이 목소리는 잠재력을 발휘하지 못하도록 꽁꽁 묶고 있던 쇠사슬을 풀어준다. 데모스테네스는 자신이 처음으로 한 연설이 자신의 운명을 결정짓지 않으리라는 사실을 알았다. 제대로 된 연습을 통해 그는 능력을 키웠고 그 능력을 통해 자신감을 키웠으며 그 자신감을 통해 더 나은 이미지를 만들었고 그 이미지를 통해 정상에 이를 수 있었던 것이다.

베토벤은 청각장애를 극복하고 훌륭한 음악을 작곡했다. 스티비 원더는 실명을 극복하고 노래를 불렀다. 헬렌 켈러는 볼 수도 들을 수도 말할 수도 없었지만 동기 부여가, 작가, 그리고 한 인간으로서 역사상 자신의 위치를 확고히 했다. 루이지아 메이 알코트 **Louisa May Alcott**는 편집자로부터 작가로서의 재능이 없으니 그만 포기하라는 말을 들었다. 그리고 그로부터 얼마 안 있어 그 유명한 《작은 아씨들 **Little Women**》이 탄생했다. 토마스 에디슨은 고등학교도 졸업하지 못했지만 스티븐 스필버그 감독 또한 그의 뛰어난 발명품에 감탄을 금치 못했을 것이다. 월트 디즈니가 자신이 처음으로 그린 작품을 출판해 달라고 의뢰했을 때, 편집자는 그에게 재능이 없으며 특히 그가 그린 동물 그림은 수준 이하라고 말했다.

성공에 이르는 공식은 다음과 같다.

1T+4D=S
재능(Talent) + 열망(Desire) + 전념(Dedication) + 훈련(Discipline) + 결단(Determination) = 성공(Success)

5분을 투자해 이 공식을 종이에 써보자. 이를 지갑에 넣어 들고 다니며 필요할 때마다 꺼내서 읽어보자. 성공에 한 발자국 더 다가갈 수 있을 것이다.

❖ 5분 성공 팁

❶ 열망

우리는 얼마나 많은 것을 원하는가? 그리고 그것을 얻기 위해 얼마나 많은 희생을 치를 준비가 되어 있는가? 성공하고 싶거나 성공할 필요가 있는가? 성공을 그저 갈망하는가, 아니면 그 어떤 희생을 치르고서라도 성공하고 싶은가? 열망은 성공하고자 하는 끊임없는 욕구이다.

❷ 전념

운동선수들은 매일 훈련을 한다. 그리고 자신의 몸을 한계까지 밀어붙인다. 배우들도 매일 훈련을 한다. 그들은 자신의 뇌를 한계까지 밀어붙인다. 우리 각자는 그러한 노력을 할 준비가 되어 있는가? 하루 5분 일찍 일어나고 하루 5분 늦게 잘 준비가 되어 있는가? 평범함과 비범함은 한 끝 차이다. 그 한 끝을 더 투자할 준비가 되어 있는가?

❸ 훈련

자신을 훈련하고 있는가? 자신이 지니고 있는 습관이 건강한 습관인가? 최대를 원하면서 최소의 노력만 하고 있지는 않은가? 최소를 기대하며 최대의 노력을 하고 있지는 않은가? 자신의 운명을 통제하고 있는가, 아니면 운명이 우리를 통제하고 있는가? 자신의 운명을 통제하는 사람이 되어라.

❹ 결단

성공하고자 마음먹었는가? 치러야 할 대가를 치를 준비가 되어 있는가? 장애물이 우리를 우회하는가, 아니면 내 자신이 장애물을 우회하는가? 장애물이 있거든 우회하는 사람이 되어라.

❺ 성공

성공은 우리의 이상, 꿈, 욕망, 헌신, 훈련, 결단의 결실이다.

지금 당장 이 4D를 연습해 보자. 지금이야말로 가장 적합한 때이다. 반드시 기억해라. 승자는 패자가 시간이 없다는 핑계로 하지 않는 일을 하는 사람이라는 것을. 성공에 이르는 공식은 간단하다. 하지만 그것을 따르고 실행하기 위해서는 하루 5분 이상의 시간이 필요하다. 하루 5분을 투자해 우리의 삶에서 이 공식을 실행해 보자. 그러면 성공은 자연스럽게 따라올 것이다.

➤ 행동은 성공에 이르는 가장 중요한 열쇠이다. – 파블로 피카소(Pablo Picasso)

33장

내가 할 수 있으면, 당신도 할 수 있다

⁓ 나는 말 그대로 빈털터리로 인생을 시작했다. 생모에게서 버려졌다. 당시 내 생모는 어린 나이의 미혼모였으며 캐나다 서스캐처원주에 위치한 무스틀라라는 작은 마을 출신이었다. 중년의 가난한 존과 매리 링크레터 부부가 나를 입양했다. 양아버지 는 내가 알던 사람 중 가장 친절하신 분이었지만 사업에는 소질이 없으셨다. 복음주의 설교자로 아르바이트를 하고 계셨던 아버지는 보험 판매, 작은 잡화점 운영, 신발 제 조 등의 일을 하셨지만 모두 실패하고 마셨다. 결국 우리는 샌디에고에 위치한 지역 교회가 운영하는 자선의 집에서 살게 되었다. 당시에 아버지는 정식으로 복음주의 설 교자라 되라는 신의 부름을 받으셨다고 느끼셨고 그로 인해 우리는 더 가난해졌다. 그 나마 우리가 갖고 있던 것들은 먹을 것을 찾아 헤매는 사람들과 나눠 가져야 했다.

나는 고등학교를 조기 졸업하고 16세의 나이에 떠돌이 일꾼이 되었다. 하지만 내가 길 거리에서 가장 먼저 마주친 것은 총부리였다. 길거리에서 알게 된 친구와 나는 차에서 자고 있다가 한 깡패 무리에게 붙잡혔다. "손 뒤로 하고 바닥에 엎드려." 무리 중 한 남자가 명령했다. "찍소리 내면 머리통을 날려주겠어." 그들은 주머니를 뒤져 돈을 찾았다. 나는 그들이 원하는 것이 돈이 다일까 걱정했다. 왜냐하면 나이든 떠돌이 일꾼들이 어린 소년들을 성폭행 한다는 얘기를 들었기 때문이었다. 우리는 여전히 꼼짝도 않고 있었다. 그들은 내 주머니에서 1.30달러를 꺼내갔지만 내가 코트 안쪽에 꿰매 놓은 10달러는 가져가지 않았다. 그들은 내 친구 덴버 팍스에게서는 2달러를 가져갔다.

나는 그들이 뭔가 고민 중임을 느낄 수 있었다. 덴버와 나는 나란히 어둠 속에 엎드려 있었다. 총부리가 등에 닿는 느낌이 들자 식은땀이 등을 타고 흘렀다. 우리를 죽일까 고민 중임을 알 수 있었다. 차 밖에는 비가 내리고 있었고 우리가 내는 소음은 빗소리에 묻힐 게 분명했다. 두려움과 공포에 사로 잡혀있던 나는 양아버지에 대해 생각했다. 그리고 그가 이 상황을 알면 나를 위해 어떻게 기도해 줄 것인지 생각했다. 그러자 갑자기 공포 대신 평화와 편안함을 느낄 수 있었다. 내 안에 있던 자신감이 다시 고개를 들기 시작했다. 그러자 나는 무리 중 한 명이 무언가를 건네는 것을 느낄 수 있었다. "자 여기 30센트, 아침이나 사먹어."

나는 방송 역사상 가장 장수한 두 프로그램의 진행자로서 지난 45년을 지냈다. 그리고 사업가로서, 저술가로서, 강의자로서 수많은 성공을 일궈냈다. 그리고 나는 내 가족에 대해서도 자랑스럽게 생각한다. 지난 58년 동안 한결 같이 내 아내, 5명의 자녀와 함께했다. 자랑하려고 이 얘기를 하는 것이 아니다. 경제적으로 어려움을 겪고 있는 이들에게 용기를 주기 위한 것이다. 내가 처음 시작했을 때 내 위치가 어땠는지 기억하길 바란다. 내가 할 수 있다면 당신도 할 수 있다. 우리 모두는 할 수 있다.

– 아트 링클레터(Art Linkletter)

5분 동안 다음의 격언들을 읽으며 그 단순성에 내포된 재미와 우아함을 음미해 보기 바란다. 아트 링클레터 **Art Linkletter**는 사람들을 웃게 했고 즐겁게 했다. 이제는 그 자신이 웃을 차례다. 사무실 벽에 붙여놓은 이 격언들은 매일 나의 하루를 밝혀준다. 독자 여러분도 그러길 바란다.

❖ 오늘을 위한 5분 격언

◉ 모든 사람들은 사진처럼 정확한 기억력을 갖고 있다. 간혹 필름이 없는 사람들이 있을 뿐이다.

◉ 가장 마지막에 웃는 자는 가장 천천히 생각하는 자이다.

◉ 태양빛이 없는 날은 밤이나 마찬가지다.

◉ 다른 쪽 손에는 다른 손가락들이 있다.

◉ 잔돈은 자판기에서나 받을 수 있는 것이다.

◉ 나는 그저 생각에 빠져 있었을 뿐이다. 이는 익숙하지 않은 경험이었다.

◉ 보고, 행하라. 모든 것을 기억할 수는 없다.

◉ 칼에 의존하는 자는 칼을 갖고 있지 않은 자에게 당한다.

◉ 나는 평행한 우주에 대각선으로 주차된 기분이다.

◉ 당신은 아무 말도 하지 않을 권리가 있다. 당신이 하는 것은 잘못 인용될 것이며 당신에게 불리하게 이용될 것이다.

◉ 평화를 사랑한다면 경적을 울리고 조용히 있어라.

◉ 사는 데 드는 비용이 아무리 높을지라도 사람들은 모두 살려고 한다.

◉ 타고난 바보는 항상 실패하게 돼 있다.

◉ 기억해라. 세상이 잘 돌아가지 않으면 우리 모두는 떨어져 나갈 것이다.

◉ 50-50-90 법칙: 무언가를 제대로 할 확률은 50 대 50이다. 무언가를 잘못할 확률은 90%이다.

- 모든 것을 다 가질 수는 없다. 그것들을 전부 어디에 놓을 것인가?
- 신발 한 짝이 맞는다면 같은 신발 한 짝을 하나 더 사라.
- 기다리는 사람 손에 들어오는 것은 처음으로 가져간 사람이 버린 것이다.
- 사람에게 물고기를 주면 그것을 먹을 것이다. 하지만 물고기를 잡는 법을 가르치면 하루 종일 보트에 앉아 맥주나 마실 것이다.
- 손전등: 수명이 다 된 배터리를 담는 용기
- 정강이: 가구의 위치를 찾는 장치
- 벌금은 잘못한 것에 대한 세금이다. 세금은 잘한 것에 대한 벌금이다.
- 모두가 거짓말을 한다. 하지만 아무도 듣지 않기 때문에 이는 문제되지 않는다.
- 나는 무일푼에서 시작했지만 이제는 전부를 갖고 있다.
- 법정에 선다는 것은 배심원을 할 만큼 똑똑하지 않은 12명의 사람들에게 자신의 인생을 맡기는 것이다.
- 빛은 소리보다 빠르다. 그래서 어떤 사람들은 말을 하기 전까지는 똑똑해 보이는 것이다.

우리가 할 수 없는 일은 없다. 오늘 하루 5분을 투자해 목표를 정하고 자기확신을 하고 삶에 감사하자. 그리고 내면의 마법사를 깨우자.

~ 말보다 행동이 중요하다. 하지만 꼭 그런 것은 아니다.

– 마크 트웨인(Mark Twain)

34장

수동적이 아닌
능동적으로

가치 있는 것들을 믿으면 삶의 전 영역에서 생산성, 조화, 성취, 수익성이 더 높아질 것이다. 우리가 풀어야 할 숙제는 도덕적 가치, 정신적 가치, 관계적 가치를 명확히 하는 것이다. 온도 조절 장치 같은 사람들이 있다. 이 사람들은 온도를 정해 놓는다. 그들은 솔선수범한다. 반면 온도계 같은 사람들이 있다. 이들은 그저 다른 이들이 정해 놓은 온도에 반응하기만 한다. 다른 이들이 정한 기준에 수동적으로 대응하기만 할 뿐이다.

　아트 링크레터는 내가 책에서 언급한 수많은 위대한 인물들이 이룬 성공의 전형적인 예이다. 그리고 내가 앞서 언급한 레이 크록, 데이비드 토마스, 베토벤, 헬렌 켈러, 루이지아 메이 알코트 등은 열망, 믿음, 심상화의 힘을 전형적으로 보여준다. 플로렌스 채드윅 **Florence Chadwick**은 다른 이들이 영국 해협을 건너다 목숨을 잃은 것을 알았지만 이에 도전했다. 라이트 형제는 그 누구도 하늘을 날아본 적이 없었다는 사실을 알았지만 그 사실 때문에 도전을 멈추지는 않았다. 커넬 샌더스는 자신만의 사업을 하고 싶었다. 그래서 다른 이들은 그가 너무 늙어서 도전할 수 없다고 했지만 이에 굴하지 않았다.

이상을 갖고 있는 사람은 적게 말하고 대신 행동으로 많은 것을 보여준다. 반면 환상에 빠져 있는 사람은 행동은 적게 하면서 말만 많이 한다.

위대한 사람들 중 상당수가 어린 시절을 가난하게 보냈다. 엔드류 카네기는 초창기 한 달에 4달러를 받고 일했으며 존 D. 록커펠러는 한 주에 6달러를 받고 일했다. 아브라함 링컨이 통나무집에서 태어나고 자란 것이 대단한 것은 아니다. 그가 그곳을 벗어났다는 사실이 대단한 것이다. 줄리어스 시저는 간질성 발작을 앓고 있었고 나폴레옹은 가난한 부모 밑에서 태어났으며 천재와는 거리가 멀었다. 그는 65명 중 46등을 하는 학생이었다. 찰스 디킨스는 평범했고 헨델도 마찬가지였다. 호머는 장님이었고 플라톤은 곱추였으며 월터 스콧 경은 신체 마비 증상을 앓았다.

이 위대한 인물들이 힘겨운 장애물을 극복하고 성공할 수 있도록 그들에게 이상, 믿음, 열망을 준 것은 무엇이었을까? 그들 모두는 자신의 내면에 꿈을 간직하고 있었으며 그 꿈에 붙은 불은 쉽게 꺼지지 않았던 것이다. 나폴레온 힐은 이렇게 말했다. "위대한 이상은 내면에서 시작된다." 자신의 이상과 꿈을 소중히 여겨라. 마치 그들이 우리 영혼의 자녀인 것처럼, 우리가 꿈꾸는 최종 목표의 청사진인 것처럼.

❖ 지금 즐기고 나중에 그 대가를 치르거나
지금 대가를 치르고 나중에 즐기기

각자가 선택하는 길에는 두 가지 종류가 있다. 지금 즐기고 나중에 그 대가를 치를 수도 있고 지금 대가를 치르고 나중에 즐길 수도 있다. 어떤 선택을 하던 지 한 가지만은 확실하다. 삶에는 대가가 있다는 것이다. 내 아버지는 성공에 이르는 길에는 항상 '공짜 점심은 없음.' 이라는 표지가 붙어 있다고 말씀하셨 다. 제대로만 하면 기분 좋은 성취감을 느낄 것이다. 그리고 기분 좋은 성취감 이 느껴지면 제대로 한 것이다.

성공에 이르기 위해 필요한 주요소 중 하나는 진실성이다. 진실성의 사전적 정의는 '완전하고 통일된 상태' 이다. 우리에게 진실성이 있으면 말과 행동이 일치하는 것이다. 말한 그대로 실제로 행동으로 보여주는 것이다. 우리는 욕 구를 갖고 태어났다. 동기도 갖고 태어났으며 진실성도 갖고 태어났다. 1살짜 리가 집 안을 이곳저곳 돌아다니며 집 안에 무엇이 있나 찾는 것만 봐도 알 수 있다. 이 아이가 걷고 말하는 것을 배우는 것을 보아라. 이것은 자연적인 동기 에서 나온 행동이다.

나는 무언가를 추구하고자 노력하는 사람들이 성공하고자 하는 열망을 갖고 시작하지만 종종 그들을 둘러싼 환경 때문에 포기하는 것을 보았다. 그런 사 람들이 다시 의욕을 갖게 만드는 것이 나의 목표이다. 어린 아이들은 학교에 가고 싶어 한다. 하지만 조금 더 크면 아이들은 학교에서 벗어나고 싶어 한다. 그리고 성인이 된 후 직장에 들어가면 다시 학교로 돌아가고 싶어 한다. 사람 들에게 동기를 부여하고 다시 동기를 잃게 하는 것은 무엇일까? 성공하기 위 해 사람들에게 필요한 자질은 다음과 같다.

❶ 긍정적인 마음가짐

모든 사람들과 상황을 긍정적으로 바라보는 능력

❷ 충만한 에너지

열심히 일하고 절대 지치지 않은 힘, 활력, 열망

❸ 진실성

도덕적이고 진실하며 바람직한 인성

❹ 바람직한 자기 이미지

자신에 대해 좋게 느끼며 다른 이들도 스스로에 대해 좋게 느끼게 하는 능력

❺ 리더십

자기에 대한 믿음은 다른 이들로 하여금 신뢰를 불러일으킨다.

❻ 팔로워십

굴복할 줄 알며 팀원으로서 행동하고 리더를 따를 줄 아는 능력

❼ 유머감각

삶을 즐겨라. 사람들과 함께 웃을 줄 알며 스스로를 농담의 소재로 삼을 줄 알아야 한다.

❽ 자기 수련

대가를 치를 줄도 알아야 한다.

❾ 창조성

남들이 생각하지 못하는 해결책을 찾을 줄 아는 능력

❿ 큰 그림 보기

개인적 이해관계를 넘어서 전체 그림을 볼 줄 아는 능력

⓫ 항상 배우는 자세

삶에서 계속해서 무언가를 배우고자 하는 자세

알버트 아인슈타인은 이렇게 말했다. "성공적인 사람이 되려고 하지 마라. 가치 있는 사람이 되려고 해라."

오늘 5분 동안은 자신의 가치, 현재 누구인지, 누가 되고 싶은지에 대해 생각해 보아라. 우리의 가치가 인격을 정의할 것이다. 매일 5분을 자신의 가치, 인격을 정의하는 데 쓰는 것은 작은 투자에 불과하다.

　　　지금 당장 행하라. 미래는 누구의 것이라고 정해져 있지 않다.

– 웨인 다이어(Wayne Dyer)

35장

말의 힘

이번 장은 (모두, 어떤 이, 누구, 아무도) 라는 이름의 네 명의 사람에 관한 이야기로 시작 하겠다.

처리해야 할 중요한 일이 있었다. 모두는 이 일이 어떤 이들의 일이라고 생각했다. 누구도 그 일을 할 수 있었지만 아무도 하지 않았다. 그것은 모두의 일이었기 때문에 어떤 이들은 화를 냈다. 누구도 그 일을 할 수 있다고 모두가 생각했지만 모두가 그 일을 하지 않으리라는 것을 아무도 몰랐다. 결국 누구라도 할 수 있는 일을 아무도 하지 않은 것에 대해 모두는 어떤 이들을 비난했다.

　우리는 살면서 겪는 실패를 누구의 탓으로 돌리고 있는가? 매일 5분 동안 이 책에 언급된 교훈을 살펴보도록 하자. 자신의 목표를 달성할 동기부여가 될 것이다. 다른 사람들이 하는 부정적인 말들 때문에 목표를 포기하지 마라.

　이 책 초반에 나는 《네 가지 약속 The Four Agreement》이라는 책을 언급했었다. 그 책에서 저자인 돈 미구엘 루이스 Don Miguel Ruiz 는 말의 힘, 즉 한 단어가 어떻게 해서 여러 사람들에게 다른 의미로 전해지는지에 대해 얘기한다. 예를 들어, '피자' 라는 단어를 생각해 보자. 뉴욕 출신은 필시 시카고 출신과는 다른 피자를 떠올릴 것이다.

나는 월스트리트에서 유명 다이어트 회사인 뉴트리시스템의 최고 운영책임자로 승진했을 때 첫 번째 이사회 모임에서 그 자리에 참석한 모든 사람들에게 이 책을 나눠주었다. 그리고 그 이후로는 나의 아내와 아들들에게 이 책을 주었으며 이제는 독자 여러분과 이를 공유하고자 한다.

❖ 네 가지 약속

❶ 말로서 죄를 짓지 말라.

공평정대하게 말하고 자기가 진정으로 생각하는 것만을 말하라. 자기를 거스르는 말을 하지 말고 남에 대하여 나쁘게 말하지 말라. 말의 힘을 의식하고 잘 다스려야 한다. 진심과 사랑을 담아 말해라.

❷ 남이 어떤 말과 행동을 하든 자기 자신과 관련시켜 반응하지 말라.

다른 사람들이 하는 말이나 행동은 그들의 꿈이나 현실을 반영한 것이지 우리 자신 때문이 아니다. 그들의 의견이나 행동에 개의치 않게 될 때 우리는 쓸데없는 고통에서 벗어날 수 있다.

❸ 함부로 추측하지 말라.

용기를 내어 질문을 하고 자신이 진심으로 원하는 것을 표명해라. 다른 사람들과 가능한 한 명확하게 의사소통해라. 그래야 오해, 슬픔 등을 피할 수 있다.

이것만으로도 우리는 인생을 완전히 바꿀 수 있다.

❹ 항상 최선을 다해라.

최선은 때에 따라 달라질 수 있다. 몸이 아플 때와 건강할 때는 다르다. 하지만 어떤 환경에서도 최선을 다해라. 그러면 자기 판단, 자기기만, 후회 등에서 벗어날 수 있다.

말에는 의미만 담긴 것이 아니다. 말에는 힘이 있다. 그리고 말이 지닌 힘은 칼보다도 더 강하다. 우리 자신을, 우리의 선택을 자르고 갈기갈기 찢을 수 있다. 우리의 말에 진심을 담는 것은 인격 형성과 큰 관련이 있다. 인격 형성의 목적, 이 책의 목적은 자기 자신을 좋아하도록 하며 마음먹은 일은 뭐든지 할 수 있다고 가르치는 것이다.

변방에서 벗어나 삶의 중심부로 들어가야 한다. 소설가 싱클레어 루이스 **Sinclair Lewis**는 작가가 되고자 하는 대학생들 앞에서 한 시간짜리 강의를 해야 했다. 그는 다음과 같은 질문으로 강의를 시작했다.

"이 중 몇 명이나 정말로 작가가 되고 싶습니까?"

모든 학생이 손을 들었다.

"그렇다면 모두들 집으로 돌아가 글을 쓰세요. 그게 제 조언입니다."

이 말과 함께 그는 자리를 떠났다.

목표를 정하고 자기 확신을 하고 꿈을 추구하는 데에는 5분이면 충분하다. 삶은 수동적으로 대응하는 것이 아니라 적극적으로 행동하는 것이다. 루이스는 이렇게 말했다.

"가장 바람직한 방법은 과거의 일을 잊고 현재, 지금 이 순간을 사는 것이다. 삶이 우리에게서 무엇을 앗아갈지라도 그대로 내버려두어라. 과거에 일어난 일 따위는 그냥 잊어버려야 매 순간을 충실히 살 수 있다. 과거를 잊는 것은 지금 일어나고 있는 일을 즐긴다는 의미이다."

많은 사람들이 두려움과 자기 의심에 사로잡혀 있다. 우리는 그런 감정에서 벗어나 앞으로 나아가야 한다. 삶은 사랑하고 웃고 배우기 위한 것이지 불평하고 걱정하고 일하기 위한 것이 아니다. 삶에 대해 내가 확실히 말할 수 있는 한 가지는 모두 언젠가는 죽는다는 사실이다. 그러므로 오늘 하루를 열심히 살아라.

"가장 큰 두려움은 죽음이 아니다. 가장 큰 두려움은 위험을 무릅쓰고 살아가는 것이다. 살아서 우리가 무엇을 원하는 지를 말하는 것이다."

❖ 매일 5분을 이렇게 쓰자

스스로 강해지며 그 무엇도 내면의 평화를 깨뜨리지 않도록 하는 데 5분을 쓰도록 하자.

만나는 모든 사람들에게 건강, 행복, 번영의 말을 건네는 5분을 쓰자.

친구들이 자신이 특별하도록 느끼게 하는 데 5분을 쓰자.

모든 것의 밝은 부분만을 보고 꿈을 실현시키는 데 5분을 쓰자.

최상을 생각하고 최상만을 위해 일하고 최상의 결과가 나오기만을 기대하는 데 5분을 쓰자.

다른 이들의 성공을 나 자신의 성공인 냥 기뻐하는 데 5분을 쓰자.

자신의 과거를 잊고 밝은 미래로 나아가는 데 5분을 쓰자.

항상 밝은 미소를 짓고 우리가 만나는 모든 생명체에게 깊은 관심을 쏟은 데 5

분을 쓰자.

자신에 대해 생각하고 이를 말이 아닌 행동으로 보여주는 데 5분을 쓰자.

   어린 시절, 다른 아이들이 나를 놀리면 화를 냈다. 큰 귀를 놀리는 말은 나를 아주 화나게 했다. 집에 가서 엄마에게 이 사실을 말했고 어머니는 이렇게 말씀하곤 하셨다. "몽둥이와 돌멩이는 네 뼈를 부러뜨릴 수 있겠지만 말은 절대 네게 상처를 줄 수 없단다." 하지만 지난 몇 년 동안 나는 말로 인해 상처를 받을 수 있다는 사실을 알게 됐다. 말로 하는 모욕, 언어폭력 등 말이 우리의 감정과 행동에 끼치는 영향은 이미 과학적으로도 입증되었다.

   이미 지나간 일은 잊고 앞으로 어떠한 미래를 만들어 나갈지 생각하는 데 5분을 쓰도록 하자.

   흘러간 시간은 절대로 되돌릴 수 없다. – 벤자민 프랭클린(Benjamin Franklin)

36장

시간은
흐르고 있다

심장 전문의가 차량 정기 검진을 위해 점검소를 방문했다. 그곳에서 그는 점검소 주인과 평소 때처럼 가벼운 농담을 몇 마디 주고받았다. 그 주인은 기술은 뛰어났지만 그다지 부유하지는 않은 기술공이었다.

　"말해 봐요, 저는 항상 궁금했어요. 당신이 나보다 얼마나 더 많이 버는지. 우리 둘의 직업은 사실 비슷한데 말이죠." 기술공이 말했다.

　"무슨 뜻이죠?" 의사가 물었다.

　"자, 들어봐요." 기술공이 아주 크고 복잡한 엔진을 가리키며 이렇게 말했다.

　"저는 차 뚜껑을 열고 엔진을 점검한 후 이것저것 손을 보죠. 그러면 마치 새 차처럼 잘 굴러가요. 우리 둘 다 하는 일은 사실 비슷한 거 아닌가요? 그런데 어떻게 당신 월급이 나보다 10배는 많은 건지, 설명 좀 해 주시겠어요?

　의사는 잠시 생각하다가 미소 지으며 이렇게 대답했다.

　"그 일을 엔진을 끄지 않고서 한 번 해보시죠."

반드시 기억해라. 다른 사람이 무슨 말을 하는지, 우리에 대해 어떻게 생각하는지는 중요하지 않다. 우리가 무슨 생각을 하고 스스로에게 어떤 말을 하는지가 중요한 것이다. 5분 동안 이 책의 내용을 꼼꼼히 살펴보아라. 그러면 자기 확신을 통해 목표를 이루고 능력을 향상시키는 법을 알게 될 것이다. 가능과 불가능은 한 글자 차이 뿐이라는 사실을 알게 되었다. 지금 이 시간 이후로 부정적인 생각과 의견이 우리의 하루, 우리의 운명을 바꾸는 것을 허락하지 않겠다고 자기 자신과 약속해보자.

최근 한 연구에서 과학자들은 노인과 관련된 문장만 들어도 사람들이 더 천천히 걷는다는 사실을 발견했다. 또 다른 연구에서는 친절함과 관련된 단어를 읽은 사람들에게서 자기연민 향상, 기분 향상, 불안감 감소 등의 현상이 나타났다고 한다.

❖ 우리는 영혼의 예술가이다

자신만의 방식으로 자신을 발견하고 표현해라. 사랑을 공공연히 표현해라. 삶은 꿈에 불과하다. 삶을 사랑으로 가득 채우면 우리의 꿈은 걸작품이 될 것이다. 반드시 기억해라. 삶은 사랑하고 웃고 배우기 위한 것이지 불평하고 걱정하고 일하기 위한 것이 아님을.

인생, 자기 영혼의 예술가라고 믿으면 인생은 걸작품이 될 수 있다.

오늘부터 당장 매일 5분 동안 자신만이 인생의 예술가가 될 수 있다는 사실을 상기시키기 바란다. 당신은 인생의 예술가이다. 우리가 되기 원하는 대로, 나 자신을 그리면 되는 것이다. 신은 우리에게 도구를 주셨고 지식이라는 붓도 주셨다. 이제 작업만 하면 된다!

우리가 변하고 성장하기로 결심한 후에야 내 안에 내제된 잠재력을 볼 수 있을 것이다. 그 전에 진정으로 행복해 질 수 없다.

글은 살아 있는 유기체와도 같다는 말을 읽은 적이 있다. 자라고 변하고 확산되고 타인을 통해 직, 간접적으로 이 세상에 영향을 줄 수도 있는 것이다. 내가 이 책을 쓴 이유도 그것이다. 나의 목표는 내 글이 독자들의 자아에 침투해 그들의 초자아를 깨워 독자들이 무의식을 증진시키기 위한 의식적인 노력을 하게 만드는 것이다.

삶을 헤쳐나가기 위해서는 하루 5분 동안 자신의 삶에 대해 100% 책임지는 시간을 가져야 한다. 자신이 배의 선장으로서 모든 것을 통솔해야하며 삶은 매 순간 경기장 위에 있는 것과도 같음을 알아야 한다. 선수, 코치, 심판의 역할을 모두 수행해야 한다. 삶이라는 경기에서 미래는 우리의 손에 달려 있다. 운동 경기에서와 마찬가지로 삶이라는 경기에 참여하겠다고, 그 경기를 재미있게 이끌어나가겠다고 생각해야 한다.

너무 늦은 변화는 없다. 너무 늦은 성장도 없다. 반드시 기억해라. 로널드 레이건은 나이가 많다고 해서 미국 대통령이 되는 것을 포기하지 않았다. KFC의 창립자 커넬 샌더스는 65세의 나이에 프랜차이즈를 시작했다. 레이 크록 또한 나이에 개의치 않고 맥도널드를 세웠고 조지 포어맨은 1994년에 헤비급 챔피언 자리를 되찾을 수 있었다. 권투장을 떠난 지 10년이 지난 후 45세의 나이에 말도 안 되는 승리를 거머쥔 것이다. 나이는 우리를 막을 수 없다. 막는 것은 오직 자신뿐이다.

나이나 다른 사람의 부정적인 말 때문에 목표나 꿈을 포기하지 마라. 내 첫 번째 책이 출간되고 나서야 글이 지닌 힘을 진정으로 느끼게 되었다. 말은 의미뿐만 아니라 생명을 지닐 수 있음을 알게 된 것이다. 나는 살아 있는 글들과 그들이 지닌 생명력에 대해 생각해 보았다. 그 후 나는 3천 년 전에 쓰여진 글들을 찾아보았다. 수세대에 걸쳐 전해지는 이 말들이 어떻게 오늘날에도 생생하게 그 의미가 전달되는 지 궁금했다. 인쇄기가 발명되기 전에는 성직자만이 성경을 소유할 수 있었기 때문에 성경은 구전으로 전해졌다. 그렇게 구전을 통해 전해진 성경은 오늘날까지도 많은 이들에게 영향을 주고 있는 것이다.

말이 지닌 힘, 변화를 불러일으킬 수 있는 힘에 대해 알게 된 후 말하는 내용이나 듣는 방식에 더 주의를 기울이게 되었다. 말하는 것을 좋아하는 나에게 있어 이는 쉬운 일만은 아니었다.

말에는 많은 의미가 담겨 있다. 그리고 말은 기분 좋게 할 수도 무너뜨릴 수도 있다. 영어에는 가장 많이 사용되는 짧은 단어 하나가 있다. 이 단어 때문에 영어를 배우는 사람들은 어려움을 겪는다. 영어의 뉘앙스를 배우는 것이 쉽지 않기 때문이다.

다른 어떤 단어보다도 많은 의미를 지닌 이 단어는 바로 'up'이다.

사전에 'up'은 형용사, 전치사, 부사, 명사, 동사로 표시되어 있다. 하늘을 올려다보거나 명단의 가장 위를 쳐다볼 때에 'up'을 사용하는 것은 쉽게 이해할 수 있다. 하지만 우리가 아침에 일어날 때에도 왜 wake up이라는 표현을 쓰는 것일까?

회의에서 의제를 제안할 때에도 왜 come up이라는 표현을 쓸까?

왜 우리는 말하고 **speak up** 의원들은 선거에 출마 **up** 하며 레포트를 쓰는 것 **write up** 은 비서의 몫 **up** 일까? 우리는 친구들에게 전화 **call up** 하며 방을 밝히고 **brighten up** 은제품을 닦고 **polish up** 남은 음식을 덥히며 **warm up** 부엌을 청소한다. **clean up**

우리는 집의 문을 잠그고 **lock up** 누군가는 오래된 차를 고친다. **fix up** 때로는 작은 단어가 아주 특별한 의미를 지닐 때가 있다. 사람들은 문제를 일으키고 **stir up** 티켓을 사기 위해 줄을 서고 **line up** 식욕을 돋우고 **work up** 변명거리를 생각해 낸다. **think up**

옷을 입는 것은 그냥 dressed이다. 하지만 여기에 up을 붙이면 갖춰 입다 **dressed up** 라는 특별한 의미를 지니게 된다. 이 'up'의 용법은 상당히 혼란스럽다. 예를 들어, 배수구는 막혀있기 **stopped up** 때문에 열어줘야 **opened up** 한다고 할 때도 up이 사용된다. 우리는 또한 아침에 가게 문을 열고 **open up** 밤에 닫는다. **close up**

'up'의 사용법을 제대로 알기 위해서는 사전에서 'up'을 찾아보면 **look up** 된다. 'up'의 정의는 손바닥 만한 사전에서 거의 1/4페이지를 차지할 **take up** 것이며 여기에 30가지 정의를 추가 **add up** 할 수도 있을 것이다.

우리가 그것에 매진한다면 **up** 'up'이 사용되는 수많은 방식을 리스트로 만들 **build up** 수 있을 것이다. 오랜 시간이 걸리겠지만 **take up** 포기하지 않는 다면 'up'의 용도를 100개 이상은 찾아낼 수 있게 될 **wind up** 것이다.

비가 올 것 같으면 우리는 구름이 꼈다 **clouding up** 고 말한다. 태양이 떠오르면 날이 갰다 **clearing up**고 말한다. 비가 오면 땅이 젖고 **wets up** 한 동안 비가 오지 않으면 땅이 마른다. **dry up** 예는 수도 없이 들 수 있겠지만 이쯤에서 마무리 **wrap up**하겠다.

말에는 다양한 의미가 담겨 있다. 그러므로 다른 사람이 한 말에 상처받거나 좌우되지 마라. 다른 사람의 말로 자신을 정당화하려고도 하지 마라. 이는 내면의 마법사에서 오는 것이다. 이 내면의 지성은 필요한 모든 것을 갖고 있으며 우리가 그것을 꺼내주기만을 기다리고 있다.

루이스는 이렇게 말했다. "우리의 머릿속에는 위대한 생각이 많이 있다. 하지만 차이를 만드는 것은 행동이다. 그 생각을 행동으로 옮기지 않는 한 그 어떤 결과도, 보수도 없을 것이다."

성장은 변화를 의미하고 변화는 바람직하다는 사실을 알아야 한다. 자신의 생각을 변화시킴으로써 자신의 삶을 바꿀 수 있다. 계속해서 생각해 보아라. 현재 상태에 만족하는가? 그렇지 않다면 자신의 생각을 바꿔라. 그러면 운명을 바꿀 수 있을 것이다.

삶은 생각의 창이다. 우리는 생각을 짓는 목수이다. 원하는 사람이 되도록 자기 자신을 만들어라. 나는 또한 다른 이들에게 손을 뻗어 그들과 접촉할 것이다. 토마스 칼라일 **Thomas Carlisle**은 이렇게 말했다. "소외는 인간에게 가장 지독한 것이다." 자기 자신을 소외시키지 마라.

성공하면서 다른 이들 또한 우리와 함께 정상의 자리에 데리고 가게 된다. 새로운 길을 닦고 이전에 결코 시도해보지 않았던 일을 하게 될 것이다. 그리고 어느 시점에 내면에 그러한 힘이 존재함을 깨닫게 될 것이다. 처음에는 우리에게 없던 능력이 생긴 것을 보고 놀랄 것이다. 다른 이들 또한 마찬가지이다. 다른 이들을 정상의 자리에 데리고 갈 때 그들이 그 자리에 오를 자격이 없으면 그들은 알아서 떠날 것이다. 그러므로 소심하게 행동하거나 편견을 갖고 행동하지 마라. 정상으로 데리고 간 모든 이들이 행복하고 성공하기를 바라라. 자신의 목표를 정하고 그 누구도, 그 무엇도 자신이 목표를 성취하는 것을 방해하지 말도록 해라. 그것만이 중요하다. 한 발 더 나아가는 데에는 노력이 필요하다. 반드시 기억해라. 가장 중요한 것은 내면에 존재하는 동기 부여를 깨우는 일임을. 인간관계에 능한 사람은 아주 귀중한 자산을 갖고 있는 것이다. 다른 사람이 나를 대우해 주기를 바라는 방식대로 그들을 대해라. 다른 사람들이 원하는 것이 무엇인지 알아내라. 그들이 그 일을 하는 것을 도와주면 우리는 성공할 것이다.

우리에게는 그 어떤 생명에게도 존재하지 않는 유일한 능력이 있다. 큰 사랑을 받고 있으며 무한한 가능성을 지닌 우주 법칙을 탐구할 기회가 있음을 깨달아라. 기회는 부유하고 유명한 사람에게만 찾아오는 것이 아니다. 기회는 모두에게 매일 찾아온다. 하지만 기회 스스로 문을 열지는 않는다. 우리가 그 기회에게 문을 열어줘야 하는 것이다. 마음을 열면 기회의 문도 열린다. 대부분의 사람들은 두려움 때문에 성공할 수 있는 기회를 놓치고 만다. 영국의 철학자이자 정치인이었던 프란시스 베이컨은 이렇게 말했다. "현명한 사람은 자신에게 주어진 기회에만 만족하지 않고 그 이상을 찾아 나선다." 누군가가 부자가 되고 성공할 수 있는 기회를 가져다 줄 거라는 헛된 꿈을 꾸지 말아야 한다. 사람들은 자신에게 주어진 기회를 남들과 공유하지 않으려 한다.

이제 자신의 시간, 에너지, 노력에 투자하겠는가? 이 책을 통해 하루 단 5분을 사용함으로써 인생을 바꿀 수 있는 힘에 대해 배웠을 것이다. 윌리엄 아더 워드 **William Arthur Ward**는 이렇게 말했다.

새 노래를 불러라. 새로운 춤을 추어라. 새로운 길을 가라.
새로운 생각을 해라. 새로운 책임을 받아들여라. 새로운 시를 암송해라.
새로운 레시피를 시도해라. 새로운 모험을 계획해라. 새로운 생각을 해라.
새로운 언어를 배워라. 새로운 길을 닦아라. 새로운 경험을 해라.
새로운 친구를 사귀어라. 새로운 책을 읽어라. 새로운 영화를 보아라.
새로운 언덕에 올라라. 새로운 산을 올라라. 새로운 경력을 시작해 보아라.
새로운 목적을 찾아라. 새로운 욕구를 충족시켜라. 새로운 램프를 밝혀라.
새로운 운동을 해라. 새로운 진실을 찾아라. 새로운 의식을 연습해라.
새로운 차원을 시도해라. 새로운 성장을 장려해라. 새로운 시작을 해라.
새로운 답을 찾아라. 새로운 이미지를 그려보아라. 새로운 시스템을 구상해라.
새로운 꿈을 꾸어라. 새로운 코스를 밟아라. 새로운 삶을 구상해라.
새로운 문을 열어라. 새로운 가능성을 탐구해라. 새로운 비전을 잡아라.
새로운 챕터를 시작해라. 새로운 도전을 찾아라. 새로운 자신감을 표현해라.
새로운 계획을 써보아라. 새로운 페이지를 넘겨라. 새로운 방향으로 가라.
새로운 프로그램을 보아라. 새로운 사람이 되어라. 새로운 열정을 발산해라.

지금이 바로 새로운 사람이 되고 새로운 열정을 발산할 때이다. 지금이 바로 변화하고 성공할 때이다. 하루 5분이면 인생이라는 경기에 자기 자신을 몸담을 수 있다. 명예로운 승리를 하는 데에는 하루 5분이면 충분하다. 해야 할 일은 그저 시간을 투자하는 일 뿐이다.

오늘 나의 목표는 독자 여러분에게 동기부여를 하는 것이다. 독자 여러분을 고무시켜서 앞으로 남은 생 동안 매일 이 책에 나오는 내용을 실행하도록 하는 것이다. 독자 여러분이 매일 5분을 아주 현명하게 쓸 거라고 믿는다. 자신의 가치와 투자한 시간의 가치를 절대 과소평가하지 마라.

저지시티 출신의 한 남자가 오늘도 밤늦게 피곤에 찌든 채로 퇴근을 했다. 집에 오니 문가에 17살 난 아들이 그를 기다리고 있었다.

"아빠, 뭐 하나만 물어봐도 되요?"

"그럼, 뭔데?" 그는 대답했다.

"아빠, 아빠는 한 시간에 얼마나 벌어요?"

"그건 네가 알 일이 아니다. 도대체 왜 이런 질문을 하는 거니?" 그는 화가 나서 말했다.

"그냥 알고 싶어서요. 제발 말씀해주세요. 한 시간에 얼마나 버세요?"

"꼭 알아야겠니? 하루에 20달러를 번단다."

"아, 그럼 아빠 저 10달러만 빌려주시면 안 돼요?" 아들은 아버지를 올려다보며 말했다. 그러자 그는 화 난 목소리로 이렇게 말했다.

"내가 얼마 버는지 알고 싶은 이유가 단지 네가 장난감 따위를 사기 위한 돈을 빌리기 위한 거라면 당장 네 방으로 가서 잠이나 자렴. 나는 온 종일 일했단다. 너와 그런 유치한 장난 따위를 할 시간이 없어."

아이는 말없이 방으로 들어가 문을 닫았다. 남자는 자리에 앉았다. 아들의 질문을 생각하면 할수록 화가 났다. 어떻게 그저 돈을 빌리려고 그따위 질문을 할 수 있지?

한 시간쯤 지나자 남자는 마음이 좀 가라앉았고 아들에게 좀 심했나 하는 생각이 들었다. 정말로 10달러로 꼭 사야 할 물건이 있었는지도 몰랐다. 게다가 아들은 돈을 달라는 얘기를 거의 하지 않는 아이였다. 그는 아들의 방에 가서 문을 열었다.

"자니?" 그는 물었다.

"아니요, 아빠, 안자요." 아들이 대답했다.

"생각해 봤는데, 내가 좀 전에 좀 심했던 것 같구나. 너무 긴 하루였어. 괜히 너한테 화를 풀었구나. 자 여기 10달러다."

아들은 기뻐하며 "감사해요, 아빠"라고 외쳤다.

그러고 나서 자신의 베개로 손을 뻗어 구겨진 지폐 몇 장을 꺼냈다. 아이에게 이미 돈이 있는 것을 본 남자는 또 화가 나기 시작했다. 아이는 자신의 돈을 천천히 세고 나서 남자를 올려다봤다.

"이미 그렇게 많이 있으면서 왜 또 돈을 달라고 한 거니?" 남자는 투덜거렸다.

"돈이 충분치 않아서요. 하지만 이제 됐어요." 아이가 대답했다.

"아빠, 전 이제 20달러가 있어요. 이제 아빠의 시간 한 시간만 사면 안 돼요?"

이 이야기를 너무 좋아한다. 내 이야기이기 때문이다. 나의 아버지는 나를 무척 사랑하셨지만 좀처럼 시간을 내주지 않으셨다. 나중에서야 아버지가 1주일에 6일 동안 두 개의 일을 하신다는 것을 알게 됐다. 엄격하셨던 아버지는 자신이 아닌 가족들을 위해 더 많은 일을 하셨다. 아버지는 퍼플하트 훈장과 제 2차 세계대전 당시 받은 은성 훈장을 갖고 계셨다. 나중에는 국제 여성복 노동조합의 부회장이 되기도 하셨고 결국에는 제시 카운티 시장의 보좌관이 되셨다. 늘 열심히 일하셨고 시간을 소중히 여기셨다. 아버지는 오늘을 사는 분이셨다. 지금이 바로 시작할 때이다. 변화를 시작할 시간은 바로 오늘인 것이다.

오늘은 인생에서 가장 특별한 날이다. 이전에 살아 본 적이 없으며 다시는 살 수 없는 날이기 때문이다.

오늘은 특별하고 건강한 날이 될 수 있다. 그리고 우리의 시간을 다른 이들에게 쓸 경우 다른 이들에게도 특별하고 건강한 날이 될 수 있다.

오늘 우리의 시간을 다른 이들에게 쓰도록 하자.

오늘 5분은 누군가를 웃게 하는 데 쓰자.

오늘 5분은 우리가 아는 사람, 우리의 시간을 필요로 하는 사람에게 친절한 말 한마디를 전하는 데 쓰자.

오늘 5분은 일시적으로 어려움을 겪고 있는 사람에게 격려의 말을 건네는 데 쓰자.

오늘 5분은 우리의 성공을 다른 이들과 공유하는 데 쓰자.

오늘 5분은 일에만 집중하는 데 쓰자. 그러면 매일이 특별한 날, 성공적인 날, 아주 보람찬 날이 될 것이다.

> 나이는 마음가짐에 달려 있다.
> 우리가 나이를 신경 쓰지 않으면 이는 전혀 문제가 되지 않는다.
>
> – 마크 트웨인(Mark Twain)

37 장

시계바늘
되돌리기

우리는 마음, 전념, 목표 설정, 인내, 긍정적인 사고방식이 우리의 삶을 변화 시킬 수 있음을 알게 되었다. 하루 5분 동안 더 좋아 보이고 더 젊다고 느끼며 더 건강해진다고 상상해 보아라. 그 정도 시간은 투자할 의향이 있는가? 그렇다면 다음 5분 동안 어떻게 하면 그렇게 될 수 있는지 알려주겠다.

　크리스토퍼 콜럼버스 **Christopher Columbus**의 신세계 탐험 이후부터 지금까지 인류는 젊음의 샘을 찾고 있다. 그가 두 번째로 신세계 항해를 떠났을 때 후안 폰세 데 레온 **Juan Ponce de Leon**이라는 남자는 그와 함께 배에 올라탔다. 그 후 콜럼버스는 집으로 돌아왔지만 폰세 데 레온은 신세계에 남아 현 푸에르토 리코의 주지사가 되었다. 이 기간 동안 그는 젊음의 샘이라는 마법의 물에 대한 이야기를 들었다. 그 물을 마시면 젊어진다는 것이었다. 그는 이 마법의 물을 꼭 찾아야겠다고 다짐했다. 그렇게 해서 젊음의 샘에 대한 탐사가 시작된 것이다. 503년이 지난 지금 우리는 여전히 젊음의 샘을 찾고 있다.

젊음의 샘을 찾기 위해 노력한 결과 나는 지름길은 없다는 사실을 알게 되었다. 의학의 힘을 빌려 젊음을 찾으려 하다가 사지가 100% 마비된다고 생각해 보아라. 산소 호흡기에 의존한 채로 매일 매일을 고군분투하며 사는 것이다. 사람들은 나에게 경험으로부터 무엇을 배웠냐고 묻는다. 우리가 우아하고 자연스럽게 나이들 수 있다는 사실을 배웠다. 60세의 남자는 아무리 피부 리프팅 시술을 받아도 60세의 심장, 간, 폐를 갖고 있다. 책을 표지만 보고 판단할 수 없는 것처럼 우리의 건강 또한 마찬가지이다. 젊게 나이 드는 것은 내면의 일이다. 젊게 나이 드는 것의 시작은 매일 아침 일어나 몸 전체를 스트레칭하는 것이 될 수 있다. 우리 모두는 오래 살고 싶어 한다. 하지만 그 기간 동안 행복하고 건강하고 의미 있는 삶을 살고 싶어 한다. 나는 이것을 '젊게 나이 들기'라고 부르고 싶다.

기술의 발전과 여러 연구 결과, 사람이 어떻게 나이 드는지에 대해 더 잘 알게 되었다. 이 글을 읽는 지금 이 순간도 우리는 나이 들고 있다. 이 장을 다 읽는 순간 5분 더 늙어있을 것이다. 하지만 더 똑똑해져 있을 것이고 더 많은 지식을 얻게 될 것이다. 자신에게 주어진 시간에 무엇을 하느냐가 중요한 것이다. 이번 장의 내용을 습득하면 보고 느끼고 나이 드는 방식을 변화시킬 수 있다.

우리는 처음으로 세상 밖으로 나와 울음을 터뜨리는 순간부터 나이 들기 시작한다. 유아기부터 10대에 이르기까지 신체는 놀라운 변화를 겪는다. 그 시기는 성장하는 시기이기도 하지만 몸을 혹사시키는 시기이기도 하다. 먹고 싶은 것을 마음껏 먹으며 아직은 금기시된 술이나 담배 등도 접한다. 그리고 그것을 당연하게 여긴다. 나이 드는 것은 늙는다는 것과는 다르다. 이번 장에서 나이 드는 것 자체는 우리의 적이 아님을 알게 될 것이다. 하지만 어떻게 생활하느냐에 따라 나이 드는 것이 적이 될 수 있다. 희소식은 현대 과학 덕분에 우리는 스스로 나이 드는 방식과 속도를 통제할 수 있게 됐다는 사실이다.

몸은 평생 동안 변한다. 하지만 신체의 시계는 너무도 천천히 가기 때문에 종종 체내 시계가, 내분비계가 변하고 있다는 사실을 깨닫지 못하고 있다. 우리는 천천히 나이 들기 시작하지만 그렇다 하더라도 여전히 젊었을 때의 힘과 생명력을 갖고 있다. 젊고 활력 넘칠 때 뇌는 우리의 신체가 여전히 튼튼하다고 말한다. 우리는 미래를 위해 야근을 하고 가족을 먹여 살리기 위해 열심히 일한다. 정신적, 육체적으로 건강한 상태이며 나이 들고 있다는 느낌은 여전히 받지 못한 채로 지낸다.

하지만 어느 날 자신이 나이를 먹어간다고 느끼게 된다. 이때부터는 과거의 모습으로 되돌아가고 싶어 한다. 예전의 활력을 되찾고 싶어 하는 것이다. 신체의 변화를 목격하기 시작한다. 아침에 침대 밖으로 나올 때에는 예전에 비해 몸이 더 쑤시고 밤에 침대에 들어갈 때에는 예전보다 몸이 더 아프게 된다. 그리고 같이 일하고 매일 얼굴을 보는 사람들의 이름을 까먹기 시작한다. 나이가 들면서 젊은 시절의 모습은 점점 사라져 간다. 우리는 언젠가 곧 죽을 거라는 생각을 하게 된다. 가족 중 누군가 떠나거나 급격히 늙는 것을 보면 이러한 감정은 더욱 악화되며 갑자기 늙게 된다. 이 사태에 대처하고 노화의 과정을 막기 위해 무엇을 해야 할지 생각하게 된다.

이쯤 되면 우리는 성형수술 같은 의학을 힘을 통해 젊음을 되찾으려고 한다. 시계를 다시 돌려서 젊어 보이고 활기도 되찾고 싶어 한다. 내가 그랬다. 변화의 힘은 내 안에 있다는 사실을 모른 채 수술하는 데 많은 돈을 썼다. 우리는 아침에 너무 피곤한 나머지 지름길을 찾기 시작한다. 아침은 더블 에스프레소와 혈압 및 콜레스테롤 약과 함께 시작한다. 점심은 패스트 푸드로 때우다 결국 제산제를 먹고 만다. 그리고 오후에는 오후 시간을 버티게 해 줄 카페인을 섭취하기 위해 스타벅스로 향한다. 3시쯤 되면 두통 때문에 아스피린 같은 진통제를 또 먹는다. 이 카페인들 때문에 우리는 불안, 초조 등의 증상을 겪고 이를 안정시키기 위해 신경 진정제를 먹는다. 마지막으로 이 온갖 두통, 스트레스 등을 해소하고 잠자리에 들기 위해 수면제를 먹는다. 우리는 지름길만을 원하는 나라에 살고 있다. '화학 약품 세대' 가 되고 있는 것이다.

내가 과장하고 있다고 생각하면 내 첫 번째 저서 《건강하고 유명한 사람들의 라이프스타일 Lifestyle of Fit and Famous》을 읽어보길 바란다. 조사 결과, 처방전의 40%가 60세 이상의 사람들에게 발급되고 있다는 사실을 알게 되었다. 시티즌 헬스 그룹은 또한 60세 이상의 사람들에게 발급되는 처방전은 1년에 평균 15개라고 발표했다. 이들의 37%는 한 번에 5개 이상의 약을 먹고 있으며 20%는 하루에 7개 이상의 약을 처방 받는다고 한다.

건강이 좋지 않는 사람들의 공통점 중 하나가 나쁜 생활 습관을 지니고 있다는 사실이다. 운동 부족, 흡연, 음주, 과식 등으로 나쁘게 변할 수 있다. 우리는 건강해지고 젊게 나이 들기 위한 지름길을 찾고 있다. 이 지름길은 건강한 생활습관에서 멀어지게 하기도 한다. 하루 5분 동안 자신의 식단과 라이프스타일을 살펴봄으로써 체중도 감량하고 기분도 좋아질 수 있다면? 단순한 공식과 간단한 변화에 관심이 있다면 계속해서 이 책을 읽어나가기를 바란다.

이 책에서 성공에 이르는 열쇠 중 하나가 삶의 태도라는 사실을 알게 되었다. 사지가 마비된 후 나는 싸우는 법을 알게 되었다. 내 인생에 책임을 지고 내 건강에 책임을 지는 법을 알게 되었다.

내 인생 목표는 오늘날 사람들이 겪고 있는 건강 위기 문제를 해결하는 것이다. 최근 CNBC는 미국에서 사용되는 약의 최소 20%가 가짜약이라고 보도했다. 마약 판매상은 더 이상 구석진 곳에 위치하고 있지 않다. 미국 대학 캠퍼스에서 가장 인기 있는 약은 아데랄(주의력 결핍장애 치료제)과 자낙스(신경 안정제)라고 한다. 일부에서는 의학용 마리화나 처방전까지도 발급받을 수 있다.

그렇다면 수술을 하지 않고도 젊음을 되찾기 위해서는 어디서부터 시작해야 할까? 전문가들이 우아하게 나이 드는 비법은 과일, 야채, 녹차, 항산화제와 기타 노화를 지연시키는 물질이 풍부한 건강한 음식 등을 파는 식료품 가게에서 찾을 수 있다고 전문가들이 말한 기사를 읽은 적이 있다. 이는 좋은 출발이다. 사람들이 정크 푸드라고 부르는 음식들은 다 이유가 있는 것이다.

"음식은 노화 및 노화와 관련된 질병의 발병을 지연시키는 데 있어 아주 중요합니다. 이 음식 요법을 빨리 시작하면 할수록 우리가 얻을 수 있는 혜택은 더 커집니다."라고 수잔 무어스**Susan Moores** 미국 당뇨병 협회 대변인은 말한다.

우선 섭취하는 음식에 대해 더 잘 이해해야 하며 좋은 음식과 나쁜 음식을 선별할 줄 알아야 한다. 어떤 음식과 음료에는 피토뉴트리언트**PhytoNutrient**라 불리는 식물 영양소가 풍부하게 들어있다. 전문가들은 이 영양소가 장수에 이르는 비법이 될 수 있다고 말한다. 항산화제의 일종인 피토뉴트리언트는 활성산소를 제거해준다. 노화 관련 질병의 발병에 큰 역할을 하는 산소분자를 제거해 주는 것이다.

과학자들은 사람이 나이가 들면 산화부담과 염증으로 인한 장기적 피해에 더 취약해진다고 한다.(신체에는 기본적으로 활성산소가 수없이 많다.) 그들의 주장에 따르면 항산화제를 비롯한 기타 노화를 지연시켜주는 물질은 세포가 활성산소를 물리치고 노화의 영향을 최소로 받는 데 도움을 준다고 한다.

최근에는 항산화제뿐만 아니라 음식에 들어 있는 다른 성분 또한 노화 과정에 영향을 줄 수 있다는 사실이 밝혀졌다.

젊게 나이 드는 법을 연구 중인 저명한 박사로는 니콜라스 페리콘 **Nicholas Perricone** 박사가 있다. 그는 이렇게 말한다. "모든 음식은 세 가지로 분류됩니다. 염증을 유발시키는 음식, 중성 음식, 염증을 억제시키는 음식. 노화로 인한 변화는 항산화제, 소염제 등이 풍부한 음식이나 음료, 예를 들면 한류성 어류나 화려한 색깔의 야채를 섭취함으로써 억제할 수 있습니다."

페리콘 박사의 말에 따르면 우리가 피해야 할 음식은 염증을 유발하고 노화를 촉진시킬 수 있는 음식이라고 한다. 그는 이렇게 말한다. "포화지방이나 트랜스 지방, 설탕, 전분 등을 다량 섭취하면 인슐린 수치가 급증하고 염증이 생기며 노화 속도 또한 증가하게 됩니다."

그렇다. 건강에 이르는 비법은 처방전에서 오는 것이 아니다. 이는 자연에서 온다. 우리는 비만인구가 넘쳐나는 국가가 되어서는 안 된다. 체중을 감량해야 하며 몸을 해독하고 적당한 영양분을 섭취해야 한다.

나는 평생 동안 젊어 보이기 위한 더 나은 방법과 더 쉬운 방법을 찾아다녔다. 현재의 내가 아닌 새로운 나, 더 나은 나, 더 튼튼한 나를 찾아 다녔으며 이제 그 답을 찾았다고 생각한다.

패러다임이 변하면서 사람들의 관심이 질병 치료에서 질병 예방으로 바뀌어 가고 있다. 질병과 노화의 원인에 관심을 갖기 시작한 것이다. 병이 발병

하고 나서 증상을 치유하는 것이 아닌 미리 예방책을 찾아서 원인을 제거하는 것이다.

많은 과학자들이 왜, 어떻게 노화와 질병이 발생하는지 밝혀내고자 연구를 하고 있다. 그들의 목표는 노화 과정을 늦추거나 아예 막을 수 있는 방법을 찾는 것이다. 연구는 매일 진전을 보이고 있다. 그리고 연구 결과 젊은이들과 나이든 사람들 모두의 심리적, 생리적 건강 상태를 연장하는 다양한 방식이 밝혀졌다.

미국인 5명 중 1명이 당뇨병을 앓을 것으로 추정된다. 비만 또한 증가하고 있다. 하지만 이를 막을 수 있다. 체중을 감량하고 신체를 해독하고 새롭고 건강한 세포를 키우면 된다. 과학자들은 새로운 정보가 빠른 속도로, 정기적으로 등장하고 있는 덕분에 노화의 진행을 막는 방법을 알게 되었다.

오늘날, 영양 섭취는 그 어느 때보다도 중요하다. 우리의 신체는 환경 오염물질과 싸워서 이겨야 하는 환경에 처해 있기 때문이다. 게다가 영양 결핍 상태이다. 지나친 경작으로 인해 땅에서 영양분이 많이 고갈된 상태이고 그로 인해 그 땅에서 기른 농작물 또한 영양분이 부족한 상태이기 때문이다.

그러므로 꼭 비타민 보충제를 섭취해야 한다.

1. 음식을 통해 섭취할 수 없는 영양소를 보충하기 위해

2. 최상의 원재료로 만들어진

3. 흡수율을 높인 영양소로 만들어진

4. 자연적으로 불순물을 제거하는 영양소로 만들어진

과학자들과 기업들은 노화의 유전적 비밀을 밝히기 위한 작업 중이다. 이제부터는 과학적인 내용을 다소 언급할 테니 어렵더라도 잘 따라오기 바란다.

세포가 두 개로 분열되면서 재생된다는 것은 모두가 아는 사실이다. 수정이 되는 순간부터 우리가 숨을 거두는 순간까지 모든 세포는 이 과정을 통해 재생된다.

과학자들은 세포가 분열을 거듭하더라도 전체적인 건강과 장수에는 큰 변화가 없음을 밝혀냈다. 신체는 계속해서 스스로를 재생하기 때문이다. 아침에 면도를 하다가 칼에 베일 경우 몸은 어떻게 피를 멈춰야 할지, 어떻게 피부를 치료해야 할지 정확하게 안다. 그래서 다음 날 또 다시 면도를 할 수 있게 되는 것이다.

전문가들은 왜 나이든 사람의 세포가 시간이 지날수록 그 분열 속도가 더뎌지고 결국은 분열을 멈추고 죽고 마는지 연구하고 있다. 세포 분열의 과정이 평생 동안 변하지 않는다면 나이에 상관없이 새로운 세포는 똑같이 보이고 똑같은 기능을 수행해야 하는 것 아닌가?

불행히도 그렇지 않다. 현미경으로 들여다보면 우리는 이제 막 분열된 늙은 세포와 젊은 세포를 구별할 수 있다. 각각의 새로운 세포는 모세포의 정확한 복제품이 아니다. 그렇기 때문에 우리는 나이 드는 것이다.

과학자들은 지난 50년 동안 이 질문에 대한 답을 찾아 연구를 거듭하고 있다. 저명한 의학 저널 네이처지는 1990년, 놀라운 기사를 발표했다. 말단소체라 불리는 유전 메커니즘에 대해 소개한 것이다.

말단소체는 모든 세포의 DNA의 말단 영역이며 DNA는 두 가닥의 염기로 구성되어 있다. 이는 이중 나선 형태를 취하며 여기에 모든 유전 정보가 담겨있다.

말단소체는 구두끈 끝에 달린 플라스틱 부분과도 같다. 이들은 건강한 유전자에서만 그 기능을 한다고 알려져 있었다. 끝 부분이 닳는 것을 막아주는 역할을 하기 때문이다.

하지만 네이처지에 실린 기사는 말단소체가 생체시계의 역할도 한다고 주장했다. 새로운 주장이었다. 세포가 분열할 때마다 말단소체의 일부분은 복제가 되지 않는다. 그래서 말단소체는 시간이 지나면 점점 더 짧아지게 된다. 새로운 세대는 부모세대보다 말단소체가 조금씩 더 짧다. 더 많은 연구 결과 이 사실이 진실임이 확실히 밝혀졌다. 말단소체의 길이는 이제 젊게 나이 드는 법 연구에서 주요 관심사가 되었다.

나는 연구를 시작했다. 하루 5분 동안 말단소체, 아이사제닉스, 젊게 나이 들기 등을 연구했다. 아이사제닉스 덕분에 사람들이 총 약 2449톤의 몸무게를 감량하고 허리 사이즈를 650만 인치 줄였다는 사실을 알게 됐을 때 너무 놀랐다. 비만과 전쟁 중인 나라에서 이는 어마어마한 수치였다.

이 시스템이 다이어트 요법이나 일시적 해결책이 아니라 건강한 생활습관이라는 사실을 알았다. 그리고 평생 동안 건강과 활력을 증진시켜주고 자연스럽게 에너지를 증가시켜 주며 건강에 좋지 않은 음식에 대한 식욕을 줄여준다는 사실을 알게 되었다.

이제 59세인 나는 다시 건강해지기 위해 노력 중이다. 현재의 나이를 즐기면서도 젊게 나이 들기 위해 노력 중이다. 나는 더 튼튼해졌으며 더 활기차졌다. 우리가 약품을 비롯한 기존의 의료 체제와 전쟁 중이라면 건강이라는 무기로 이에 맞서 싸워야 한다. 지금 당장 상상해 보아라. 이 책을 읽고 영감을 받고 동기 부여를 받고 더 건강한 삶을 살겠다는 생각이 든다고. 새로운 삶을 원하고 더 건강해지길 원하고 차이를 만들고 싶지만 어디서부터 시작해야 할지 모르겠는가?

삶을 바꾸는 데에는 5분이면 충분하다. 단 5분을 젊게 나이 드는 법, 더 나은 삶의 방식에 대해 연구하면 이 5분은 가장 가치 있는 투자가 될 것이다.

삶의 질을 향상시키기를 바란다. 이 세상은 우리가 잡아야 할 기회들로 넘쳐난다. 그리고 이 기회는 매일 새로 생겨난다. 이 모든 기회의 핵심은 열망과 에너지를 갖고 행동을 취하는 것이다. 독자 여러분이 지금 당장 행동을 취하길 바란다. 매일 최선을 다하겠다고 다짐하기를 바란다. 반드시 기억해라. 중요한 것은 이 세상을 변화시키는 것이 아니라 나 자신이 변하는 것임을.

삶이라는 경기에서 매일 아침 우리의 계좌에 86,400 달러가 입금된다고 생각해보자. 하지만 이 돈은 다음 날까지 누적되는 것이 아니다. 하루가 끝날 때 이 돈을 다 쓰지 않으면 이 돈은 사라지고 만다. 어떻게 하겠는가? 당연히 모든 돈을 다 써야하는 것이다.

우리 모두에게는 그런 계좌가 있다. 바로 시간이다!

매일 아침 86,400초가 주어진다. 매일 밤 제대로 쓰지 않은 시간은 그저 사라져 버린다. 시간을 낭비한 것이다.

시간은 축적되지 않는다. 매일 우리는 새로운 시간을 부여받는다. 그리고 밤이 되면 이 시간은 모두 소멸하고 만다.

시간을 제대로 활용하지 못하면 우리만 손해 볼 뿐이다. 내일을 위해 시간이 축적되지는 않는다. 오늘 주어진 시간만을 활용해야 한다. 건강, 행복, 성공에 이르기 위해 이 시간을 현명하게 사용해야 한다.

삶이라는 시간은 계속 가고 있다. 오늘을, 매일을 최대로 활용하자. 우리에게 주어진 86,400초를 현명하게 사용하자. 더 많은 돈을 벌수는 있지만 한 번 쓴 시간은 절대로 다시 되돌릴 수 없다.

1년의 가치를 깨닫기 위해서는 진급에 실패한 학생에게 물어보면 된다.
한 달의 가치를 깨닫기 위해서는 조산아를 출산한 엄마에게 물어보면 된다.
한 주의 가치를 깨닫기 위해서는 주간지의 편집장에게 물어보면 된다.
한 시간의 가치를 깨닫기 위해서는 목숨이 위태로운 사람에게 물어보면 된다.
1분의 가치를 깨닫기 위해서는 비행기를 놓친 사람에게 물어보면 된다.
1초의 가치를 깨닫기 위해서는 가까스로 사고를 피한 사람에게 물어보면 된다.

매 초, 매 분, 매 시간, 매일을 감사하게 여겨라. 매일이 마지막인 것처럼 살아라. 나는 죽음의 목전까지 갔었다. 그 후에는 아주 작은 것에도 감사할 줄 알게 되었고 삶은 살기 위한 것이라는 사실을 깨닫게 되었다. 죽음이 임박해 오면 우리에게는 딱 세 가지만 중요해진다. 친구, 가족, 추억이다. 혼수상태였을 때 내가 의지한 것은 바로 이 세 가지였다. 이 세 가지 덕분에 다시 삶을 되찾을 수 있었다. 자신이 이제 곧 죽는다면 가족들과 보내는 한 시간에 얼마의 가치를 부여하겠는가? 그 때가 되면 돈이 아닌 시간이 가장 소중한 것임을 깨닫게 된다.

후회 없는 삶을 살아라. 그리고 친구와 가족에게 감사해라. 그들은 자신의 시간과 인생을 공유하기 때문이다. 그들은 자신의 시간을 우리와 보낼 정도로 우리를 소중히 여기는 것이다.

시간은 아무도 기다려주지도 않음을 기억해라. 마지막 5분은 다음을 기억하는 데 쓰도록 하자.

과거는 이미 지나간 일이고 미래는 알 수 없는 수수께끼로 가득 차 있지만 현재, 지금 이 순간은 축복이자 선물이다. 그렇기 때문에 현재를 '선물 Present'라 부르는 것이다.

나는 독자 여러분이 자신의 선물을 감사히 여기고 최선을 다해 살았으면 한다. 지금 이 순간을 어떻게 사느냐에 따라 미래가 달라진다. 시간을 내어 자신의 목표를 적어보고 이를 달성하기 위한 계획을 세워 보아라. 자신에게 주어진 시간을 현명하게 써라. 자신을 변화시키기 위해서는, 삶을 변화시키기 위해서는 5분이면 충분하다.

삶은 도전이기도 하지만 기회이기도 하다. 삶은 고통과 기쁨, 성공과 실패로 가득 차 있다. 내면에 존재하는 능력을 찾기만 하면 된다. 삶을 즐겁게 살기 바란다. 우리에게는 매일 차이를 만들 수 있는 86,400초가 주어진다. 그 시간을 현명하게 사용해라. 하루 5분 동안 동기부여의 힘, 목표의 힘, 자기 확신의 힘 등을 생각해 보아라. 그러면 내면의 동기 부여자, 내면의 마법사를 깨우게 될 것이다.

시간은 흐르고 있다. 당장 실행에 옮겨보자. 행운을 빈다!

〈보너스 팁〉

❖ 젊게 나이 드는 법

성형수술을 받아야만 젊게 나이들 수 있는 것은 아니다. 정말로 젊어 보이고 건강해 지고 싶은가? 여기에 바로 젊게 나이 들기 위한 10가지 팁이 있다.

❶ 금연해라

금연은 젊게 나이 들기 위해 해야 할 가장 중요한 일 중 하나이다. 내가 할 수 있다면 여러분도 할 수 있다. 내가 시술을 받을 당시 흡연자였다면 나는 죽을 수도 있었다. 폐가 심장만큼이나 중요하다는 사실을 알게 됐다.

현재 담배를 피고 있다면 지금 당장 끊어라. 시간이 지날수록 담배가 우리의 피부에 끼쳤던 안 좋은 영향들이 완전히 사라질 것이다. 올바른 피부 관리, 적절한 영양, 좋은 멀티 비타민만 있으면 우리는 더 젊어 보일 수 있고 건강해질 수 있다. 내가 할 수 있으면 여러분도 할 수 있다.

흡연자들의 피부는 보통 좋지 않다. 자신의 얼굴, 몸, 폐를 혹사시키지 마라. 지금 당장 담배를 끊어라. 침이나 레이저 치료 등으로 금연을 시작해 보아라. 무작정 담배를 끊는 것보다는 이러한 요법들의 도움을 받는 것이 성공확률이 더 높다.

계속해서 담배를 피겠다면 이로 인한 결과를 직시해라. 담배는 콜라겐을 파괴시킴으로써 피부 노화 속도를 증가시킨다. 콜라겐 감소는 피부 노화의 주요 원인이다. 따라서 흡연자들의 피부는 훨씬 더 빨리 노화되는 것이다. 회색빛의 처지고 건조한 피부, 눈 주위의 주름, 일명 '흡연자의 얼굴'이라고 불리는 전체적인 잔주름 등이 그 증상이다.

정말로 그런 현상을 겪고 싶은가?

❷ 태양으로부터 피부를 보호해라.

젊어 보이는 피부의 최대 적은 태양으로 인한 피부 손상이다. 내 친구 쯔웨커 박사는 골프장에서 아직도 나에게 이렇게 소리친다. "모자 좀 써, 선크림 좀 바르고." 나는 어쩌다 주름이 생겼을까? 바로 태양 때문이다. 젊었을 때 나는 뉴저지 벨마비치에서 선탠을 지나치게 많이 했다.

선탠을 하는 것은 광피부 노화로 이어진다. 이는 가죽같이 딱딱하고 질긴 피부에 깊은 주름이 생겨 조기에 노화점이 생기는 것이다.

광역 스펙트럼을 커버할 수 있는 선크림을 사용해라. 그리고 선크림을 항상 지니고 다녀라.

❸ 항산화제가 풍부한 자연음식을 먹어라.

항산화제에는 비타민, 미네랄, 카로테노이드가 들어있다. 이들은 피부 구조를 약화시키는 활성산소로 인한 피해를 막아준다. 젊게 나이 들기 위해서는 신선한 과일, 야채, 통곡물을 먹어라. 그리고 젊어 보이는 피부를 위해서는 비타민 A, C, E와 셀레늄을 충분히 섭취해라. 나는 이것을 ACES라고 부른다. 이 비타민들은 피부에 콜라겐을 다시 생성시켜준다. 우리는 또한 오메가 3 지방산도 많이 섭취해야 한다. 이는 건강한 심장을 위해 필수다. 오메가 3는 세포의 구조와 유동성을 유지해주고 피부가 촉촉해지도록 해준다. 젊게 나이 들기 위한 필수 음식인 것이다.

❹ 젊어 보이는 피부를 위해서는 비타민 보충제를 섭취해라.

매일 보충제를 섭취함으로써 항산화제 섭취량을 늘려라. 젊어 보이는 피부와 전반적인 건강을 위해 주요 비타민과 미네랄 함유량이 가장 높은 보충제를 택해라.

❺ 매일 녹차를 마셔라

녹차를 마시는 것은 젊게 나이 드는 방법 중 하나로 생각해 보지 않았을 것이다. 하지만 녹차는 젊게 나이 들기 위한 아주 강력한 비법이다. 최근 연구결과에 따르면 낮 시간 동안 녹차를 충분히 섭취하면 모든 종류의 암 발병을 막을수 있으며 심장병, 치매 등에 내성이 생기고 지방, 특히 복부 지방을 태우는 능력이 향상된다고 한다. 결국 섭취하는 음식에 아무런 변화를 주지 않아도 체중을 감량할 수 있고 몸의 활력은 넘치게 된다. 압축된 형태의 녹차를 섭취하고 싶으면 녹차 분말을 이용하길 바란다.

❻ 수분을 공급하고 각질을 제거해라.

피부에 수분 공급을 제대로만 하면 활성화 산소로 인한 피해를 막을 수 있다. 자신의 여유 내에서 가장 좋은 수분 공급제를 택해라. 펩티드 같은 입증된 물질 함유량이 높은 것으로 선택해라. 펩티드는 노화 과정을 막고 주름을 줄여줄 것이다.

젊어 보이는 피부를 위해서는 각질 제거도 해야 한다. 각질 제거를 하지 않을경우 수분크림을 아무리 발라도 효과가 없다. 1주일에 적어도 두 번 각질제거를 해라. 그래야 피부가 수분을 흡수할 수 있다.

❼ 운동을 많이 해라.

나는 사고 후 걷는 법을 다시 배워야 했다. 몸의 근육을 사용하는 법과 폐로호흡하는 법을 다시 배워야 했다. 그 결과 운동은 이제 내 삶의 일부가 되었다. 나는 운동 자체보다는 운동 후 내 몸의 변화를 좋아한다. 운동은 젊게 나이 들기 위해서 가장 중요한 팁이다. 운동을 하면 우리는 더 많은 에너지를 얻을 수있다. 근육량은 증가하며 피부에 공급되는 혈류의 양 또한 증가한다. 운동은 또한 고혈압을 예방하고 불안감을 줄여주며 뼈를 튼튼하게 하고 신진 대사율을 증가시켜서 더욱 빠르게 체중 감량을 할 수 있도록 해준다. 유산소 운동 뿐만 아니라 몸통의 힘을 증가시키며 복부, 허벅지, 엉덩이 부위의 지방을 태우는 운동도 해라. 아직 운동을 하지 않고 있다면 운동이 일상이 되도록 해라. 젊게 나이 들기 위한 생활의 일부분이 되도록 해라.

❽ 알코올 섭취량을 조절해라.

우리 부부는 아직도 와인을 즐겨 마신다. 와인에는 페놀화합물과 플라보노이드가 함유되어 있다. 이 둘은 아주 강한 항산화제이다. 하지만 아무리 그렇다 할지라도 적당히 마시는 것이 중요하다. 지나친 음주는 건강에 해롭다는 사실은 모두 알고 있다. 우리가 모르는 사실은 음주는 피부 노화를 가져올 수 있다는 것이다. 알코올은 피부에 좋지 않다. 피부 노화 과정을 촉진시키는 염증 유발 및 수분 증발 작용을 하기 때문이다. 지나친 알코올 섭취는 항산화에 필요한 주요 영양소 섭취를 방해한다. 그러므로 와인 한 잔에는 그 두 배의 물을 마시도록 해라.

❾ 스트레스를 줄여라.

우리 모두는 압박감 속에 산다. 무언가를 해야 한다는 압박감, 좋은 아빠, 좋은 엄마, 좋은 직원이 돼야 한다는 압박감이다. 그리고 성공해야 한다는 압박감도 받는다. 운동선수들은 이겨야 한다는 압박감을 받는다. 이러한 압박감은 삶의 일부이다. 그러므로 이를 받아들여라. 이 압박감에 의식적으로 반응하지 마라. 여기에 집착하기 시작하면 이 압박감이 스트레스가 된다. 스트레스를 받으면 몸은 스트레스 호르몬을 방출한다. 이 스트레스 호르몬은 시간이 흐르면서 몸의 면역체계를 약하게 만들고 노화를 가속화시킨다. 스트레스에 오래

노출되면 피부 세포를 포함한 몸 속 세포들은 재생이 불가능해지고 노화에 더 취약해진다. 그리고 그 결과 주름이 더 많이 생기게 된다. 스트레스는 우리 얼굴에 흠 자국을 내는 것이다. 그러므로 압박감이 들더라도 괜찮다고 생각해라. 하지만 스트레스는 아니다. 스트레스를 효과적으로 다뤄라.

⑩ 물을 많이 마셔라.

이 지구상 어떤 것도 물 없이는 살 수가 없다. 콜라가 아니라 물인 것이다. 우리는 신체, 피부 등에 수분을 공급해 주어야 한다. 피부 세포는 뇌 같은 신체의 다른 부분과 마찬가지로 수분을 필요로 한다. 수분 공급이 충분히 되지 않으면 피부는 건조해지며 젊게 나이 들기 위해 필요한 영양소는 우리 몸에 흡수되지 않는다. 매일 1리터의 물을 마셔야 한다. 땀이나 소변으로 배출되는 물을 보충하기 위해서이다. 오랫동안 건강하고 젊어 보이기 위해서는 물 먹는 것을 젊게 살기 위한 습관으로 삼아야 한다.

피부과 의사들은 피부 건강을 위해, 피부에 수분을 공급해주기 위해 물을 마셔야 한다고 말한다. 에스티 로더의 수석 연구원인 데이얼 마에스 **Daniel Maes** 박사, 니콜라스 페리콘 **Nicholas Perricon**, 무라드 **Murad** 박사 같은 저명한 피부과 의사들은 모두 피부에 수분을 공급하기 위해 물을 꼭 마셔야 한다고 말한다. 촉촉한 피부는 젊어 보이는 피부라는 것은 모두들 알 것이다.

피부에 수분이 충분히 공급되지 않으면 건조함, 당김, 푸석푸석함 등 다양한 증상이 나타난다. 건조한 피부는 재생 능력도 떨어지고 주름에도 취약하다. 피부를 촉촉하게 유지하고 피부 세포에 영양분을 공급해주기 위해 수분은 꼭 필요하다. 피부에 공급되는 수분의 양을 증가시키기 위해 낮 시간 동안 충분한 양의 물을 마셔라. 중요한 것은 낮 시간 동안 규칙적으로 물을 마시는 것이다.

자, 이제 젊게 보이기 위한 10가지 팁을 알게 됐으니 시행만 하면 된다. 하루 5분 동안 실행해 보도록 하자!

❖ 5분 삶의 교훈

1. 우리에게는 몸이 딱 하나만 주어진다. 몸을 사랑할 수도 미워할 수도 있겠지만 평생 동안 이는 자신의 몸이 될 것이다. 이는 우리의 영혼을 담는 그릇이다. 자신의 몸을 좋아하면 몸도 우리를 좋아할 것이다.

2. 삶은 교훈의 연속이다. 우리는 삶이라는 비공식적인 학교에 다니고 있는 것이다. 매일 이 학교에서 교훈을 얻을 수 있는 기회가 있다. 그 교훈을 좋아할 수도 있고 자신과 별 상관없다고 여길 수도 있다. 하지만 매일, 모든 사건에는 좋은 것이든 나쁜 것이든 교훈이 담겨 있다.

3. 삶에는 실수란 없다. 오직 교훈만 있을 뿐이다. 성장은 실험을 통한 시행착오의 과정이다. 실패한 실험도 결국 성공에 이르기 위한 한 과정일 뿐이다.

4. 삶의 교훈은 우리가 그것을 습득할 때까지 반복된다. 교훈은 우리가 그것을 습득할 때까지 다양한 형태로 주어진다. 습득한 후에야 다음 교훈으로 넘어갈 수 있다.

5. 삶의 교훈은 결코 끝나지 않는다. 인생이나 일상에서 교훈이 없는 날은 없다. 살아 있는 한 습득해야 할 교훈이 있기 마련이다. 현명한 사람은 교훈으로부터 배운다.

6. 인생을 어떻게 살지는 우리에게 달려있다. 모두에게는 필요한 도구와 자원이 있다. 그것을 갖고 무엇을 할지는 우리에게 달려 있다.

7. 삶의 질문과 답은 전부 내 안에 있다. 필요한 것은 보고 듣고 믿는 것이다. 우리는 자신의 신체, 마음, 영혼을 믿어야 한다. 내면의 목소리와 내면의 지성이 모든 질문에 대한 답을 제공해 줄 것이다.

❖ 자신의 삶을 사는 5분 팁

자신의 삶을 남과 비교하지 마라.

남들이 어떤 삶을 살고 있는지 우리는 알 수 없다.

우리가 통제할 수 없는 일이나 생각에 대해 부정적인 생각을 하지 마라.

대신 자신의 에너지를 지금 이 순간 긍정적으로 사용해라.

뭐든 지나치게 하지 마라. 자신의 한계를 알아라.

자기에 대해 너무 심각하게 생각하지 마라.

자신의 소중한 에너지를 남을 비방하는 데 쓰지 마라.

깨어있을 때 더 많은 꿈을 꾸어라.

질투는 시간 낭비다. 우리는 필요한 것을 이미 다 갖고 있다.

과거 일은 다 잊어라. 자신의 배우자가 과거에 저지른 실수를 상기시키지 마라. 현재의 행복을 망칠 것이다.

다른 이들을 미워하는 데 시간을 낭비하기에는 삶은 너무 짧다. 다른 이들을 미워하지 마라.

자신의 과거와 화해해라. 그래야 현재를 즐겁게 살 수 있다.

나 아닌 다른 누구도 내 행복에 책임을 질 수 없다.

삶은 학교이며 우리는 배우기 위해 이곳에 있음을 기억해라. 우리가 살면서 겪는 문제들은 수학 수업처럼 커리큘럼의 한 부분이다. 삶에서 우리가 얻는 교훈은 평생 계속될 것이다.

더 많이 웃어라.

모든 논쟁에서 이길 필요는 없다. 다른 의견에도 동의할 줄 알아라.

가족들에게 자주 전화해라.

매일 다른 사람들에게 좋은 것을 주어라.

모든 사람들을 용서해 주어라.

70세 이상과 6세 이하의 사람과 시간을 보내라.

매일 적어도 3명의 사람을 웃게 해라.

다른 사람이 나에 대해 뭐라고 생각하든 신경 쓰지 마라.

우리가 아플 때 내 일이 나를 돌봐주는 것은 아니다. 하지만 친구들은 내가 아플 때 나를 돌봐줄 것이다. 그러므로 친구들과 좋은 관계를 유지해라.

올바른 일을 해라.

유용하지 않고, 아름답지 않고, 즐겁지 않은 일은 당장 집어치워라.

신은 모든 것을 치유한다.

상황이 얼마나 좋고 나쁘던지 이는 항상 변하게 돼 있다.

최고의 순간은 아직 오지 않았다.

아침에 눈을 떴을 때 자신이 아직 살아 있으면 신께 감사해라.

우리는 가슴 속 깊이 늘 행복하다. 그러므로 행복해라.

에릭 카플란 지음

의사이자 연설가, 베스트셀러 작가, 비즈니스 상담가이다

최근 닥터 오즈 쇼, 굿모닝 아메리카, 프라임타임 라이브, 몬텔 윌리암스, CNBC, ABC, NBC, FOX에 출연하였다.

평범한 가정에서 태어나 뉴저지의 길거리를 지나 월스트리트까지 진출했으며

뉴트리시스템이라는 유명한 다이어트 식품 회사를 경영하고 있다.

척추 지압사로 시작하여 6개의 클리닉을 운영하였으며

월스트리트에서 'Clinicorp Medical Centers'와 'Medical Diagnostic Imaging'을 설립했다.

그의 기업가적 능력과 커뮤니케이션 능력으로 나스닥 상장사 'Complete Wellness Centers'의 최고경영자가 되었으며

월스트리트를 떠난 후, 카플란은 세계적으로 유명한 기업 상담가, 프랑스와 이탈리아의 LPG산업의 선구자,

미국의 월스트리트에 영국의 표준시간제를 도입한 개척자로 자리매김했다.

이후 디스크를 치료하는 전문 회사 'Discforce, Inc'를 설립했으며

현재 그는 세계적으로 유명한 상담전문회사 'Concierge Coaches'의 최고경영자이다.

이지민 옮김

고려대학교 건축공학과를 졸업하고 이화여자대학교 통번역대학원 번역학과에 재학 중이다.

현재 전문 통번역가로 활동하고 있다.

5분 인생특강

2015년 11월 5일 1판 1쇄 인쇄
2015년 11월 10일 1판 2쇄 발행

펴낸곳 | 파주 북스
펴낸이 | 하명호
지은이 | 에릭 카플란
옮긴이 | 이지민
주   소 | 경기도 고양시 일산서구 대화동 2058-9호
전화 | (031)906-3426
팩스 | (031)906-3427
e-Mail | dhbooks96@hanmail.net
출판등록 제2013-000177호
ISBN 979-11-86558-02-7 (03320)
값 15,000원